세상의 끝, 파타고니아

세상의 끝, 파타고니아

2025년 12월 10일 초판 1쇄 펴냄

지은이 배인철(무차쵸스)
발행인 김산환
책임편집 윤소영
디자인 윤지영
펴낸곳 꿈의지도
출력 태산아이
인쇄 다라니
종이 월드페이퍼

주소 경기도 파주시 경의로 1100, 604호
전화 070-7535-9416
팩스 031-947-1530
홈페이지 blog.naver.com/mountainfire
출판등록 2009년 10월 12일 제82호

ISBN 979-11-6762-132-0-13980

이 책의 판권은 지은이와 꿈의지도에 있습니다.
지은이와 꿈의지도 허락 없이는 어떠한 형태로도 이 책의 전부, 또는 일부를 이용할 수 없습니다.
※ 잘못된 책은 구입하신 곳에서 바꾸시면 됩니다.

화폐 표기

칠레 페소는 CLP, 아르헨티나 페소는 ARS로 표기. 참고로 칠레 1,000CLP는 한화 1,500원(2025년 10월 기준)이다. 아르헨티나 페소(ARS)는 가치가 매우 변동적이라 미국 달러(USD)를 주요 표기로 하면서 같이 병기했다.

PATAGONIA
세상의 끝, 파타고니아

배인철 지음

꿈의지도

> 여는 글

파타고니아 Patagonia

　만약 당신이 모험을 좋아하는 여행자라면 분명 이 다섯 글자를 들어봤을 것이다. 혹여나 아웃도어 활동을 즐기지 않는 당신이라면 아마 파타고니아를 유명하고 힙한 의류 브랜드로 알고 있을지도 모르겠다. 무엇이 됐든 괜찮다. 지금 이 책을 펼친 당신과 함께 지구 반대편, 세상의 끝이라 불리는 파타고니아로 떠나보려고 한다. 이제 당신의 신발 끈을 꽉 조여 맬 시간이다.

　발 아래로는 대서양, 어깨에는 태평양을 품고, 머리 위로는 장엄한 안데스 산맥이 솟아 있는 곳! 이곳은 지구 반대편 남미 대륙의 끝 파타고니아다. 2018년 오랫동안 동경해 왔던 이 미지의 땅을 처음 밟았다. 파타고니아의 관문인 푼타 아레나스 공항 문을 나설 때 나를 세차게 반겨주던 바람의 촉감과 그때의 감정은 지금까지도 생생하다.

　시시각각 변해 가늠조차 어려운 날씨 속에 파타고니아의 길을 묵묵히 걸었다. 내 시선 하나하나가 닿은 모든 곳이 눈부셨다. 웅장한 설산과 광활한 들판이 나타났

고, 에메랄드보다 빛나는 호수가 있었고, 또 눈이 시리게 반짝이는 빙하와 맹렬히 떨어지는 폭포를 만났다.

숨이 턱까지 차오를 때쯤 서서히 보이던 그 하얗고 거대한 바위 봉우리, 억겁의 시간이 빚어낸 빙하를 담아 마시는 위스키 한 모금, 무성영화처럼 끊임없이 흘러가는 버스 창밖의 풍경, 까만 하늘을 빼곡히 채워 빛나던 은하수, 새하얀 설산을 빨갛게 물들이던 황홀한 일출까지. 파타고니아에서 마주한 모든 순간순간은 내 기억 깊숙이 새겨졌다.

그 매력에 이끌려 2023년 다시 파타고니아를 찾았다. 그리고 2년 뒤, 파타고니아의 매력을 한 권의 책으로 만들기 위해 또 다시 파타고니아의 길 위에 서 있다. 오늘도 신발끈을 고쳐 묶고, 배낭을 단단히 동여맨다. 당신도 이 책과 함께 눈부신 파타고니아의 길을 걸어보길 바란다.

배인철

Contents

프롤로그 ·· 006

STEP 01

파타고니아를 꿈꾸다

파타고니아 하이라이트 10 ······································ 014
대자연의 대명사 파타고니아 ···································· 018
파타고니아 역사 ·· 020
파타고니아 자연 환경 ··· 024
파타고니아 동식물 ··· 028

STEP 02
파타고니아를 그리다

파타고니아 한눈에 담기 — 032
파타고니아의 국립공원들 — 035
파타고니아 주요 트레킹 대상지 — 038
파타고니아 여행 시기 및 날씨 — 045
파타고니아 여행 준비 — 048
파타고니아 여행 일정 및 루트 — 052
도시별 이동 방법 — 057
추천 렌터카 여행 코스 — 060
여행 예산 — 062
통신 & 여행 정보 — 066
꼭 먹어봐야 할 음식 — 068
서바이벌 스페인어 — 074

STEP 03
파타고니아를 누비다

01 산 카를로스 데 바릴로체 San Carlos de Bariloche

TRAVEL INFO — 080
SEE & ACTIVITY — 086
바릴로체 맥주 투어 — 092
나우엘 우아피 호수 따라 떠나는 투어 — 096
TREKKING_샤오샤오 주립공원 — 098
EAT — 102
SLEEP — 104

02 엘 칼라파테 El Calafate

TRAVEL INFO — 108
SEE & ACTIVITY — 112
TREKKING
로스 글라시아레스 국립공원 주요 빙하 — 117
페리토 모레노 빙하 100배 즐기기 — 120
페리토 모레노 빙하 전망대 투어 — 121
페리토 모레노 빙하 투어 — 124
페리 타고 가는 웁살라 & 스페가치니 빙하 투어 — 130
EAT — 131
SLEEP — 134

03 엘 찰텐 El Chaltén

TRAVEL INFO — 138
TREKKING
엘 찰첸 트레킹 명소 — 144
콘도르 전망대 트레킹 — 146
피츠로이 트레킹 — 148
라구나 토레 트레킹 — 154
로마 델 필레헤 툼바도 트레킹 — 158
EAT — 162
SLEEP — 164

04 푸에르토 나탈레스 Puerto Natales

TRAVEL INFO — 168
SEE & ACTIVITY — 172
TREKKING
토레스 델 파이네 국립공원 — 176
토레스 델 파이네 트레킹 시즌 — 177
토레스 델 파이네 찾아가기 — 178
토레스 델 파이네 당일 트레킹 — 182

토레스 델 파이네 O트레킹	186
토레스 델 파이네 트레킹 주요 구간별 통제 시간	200
토레스 델 파이네 국립공원 주의사항	201
토레스 델 파이네 W트레킹	202
토레스 델 파이네 트레킹 준비물	206
토레스 델 파이네 캠핑장 예약하기	208
토레스 델 파이네 인터넷으로 캠핑장 예약하기	210
토레스 델 파이네 국립공원 캠핑장 이용 ABC	216
EAT	217
SLEEP	220

05 푼타 아레나스 Punta Arenas

TRAVEL INFO	224
SEE & ACTIVITY	228
푼타 아레나스에서 떠나는 투어	232
TREKKING	
산 이시드로 등대 트레킹	235
몬테 탄 트레킹	238
EAT	242
SLEEP	246

06 우수아이아 Ushuaia

TRAVEL INFO	250
SEE & ACTIVITY	254
우수아이아에서 떠나는 스페셜 투어	258
TREKKING	
티에라 델 푸에고 트레킹	263
마르티알 빙하 트레킹	270
에스메랄다 호수 트레킹	272
EAT	274
SLEEP	276

STEP
01

파타고니아를 꿈꾸다

파타고니아
하이라이트 10

01

토레스 델 파이네 트레킹하기

세계 10대 트레일이자 파타고니아 여행의 진수 토레스 델 파이네 국립공원 트레킹. 파타고니아의 대자연을 온몸으로 느끼며 걸어보자! 한 걸음 한 걸음 걷다 보면 당신이 파타고니아에 있음을 매 순간 실감할 것이다.

02

'불타는 고구마' 직관하기

세계 5대 미봉 파타고니아 피츠로이. 일출과 함께 붉게 물들어 불타오르는 봉우리, 소위 '불타는 고구마'를 만나야 한다. 끝까지 포기하지 않고 정상까지 오른 당신에게 주는 파타고니아의 선물이다.

03

눈부신 빙하 위를 걸어보기

억겁의 시간과 자연이 빚어낸 새파란 빙하 위를 직접 걸어보자. 난생 처음 밟아보는 빙하의 생경한 촉감은 정말 짜릿하다. 온 몸이 아릴 만큼 차가운 빙하수를 바로 떠 마시고, 빙하 한 조각 담은 위스키를 마셔보는 잊지 못할 순간이 기다린다.

04

RUTA 40 달려보기

파타고니아를 남북으로 관통하는 국도 RUTA 40. 차를 렌트해서, 혹은 용기를 내어 자전거로 달려봐도 좋다. CG보다 더 비현실적인 파타고니아의 풍광이 영화처럼 펼쳐진다.

05

사랑스러운 펭귄 친구들 만나보기

파타고니아에서는 수족관에서나 보던 펭귄을 실제로 볼 수 있다. 그것도 셀 수 없을 만큼 많은 펭귄을 말이다. 펭귄 서식지에 도착하면 다큐멘터리의 한 장면 속으로 들어온 듯한 착각을 받게 될 것이다. 뒤뚱뒤뚱 귀엽게 걸어오는 펭귄과 인사해 보자.

06

세상의 끝 등대에 걱정 묻어두기

"그곳엔 슬픈 사람들이 가서 그 슬픔을 벗어 놓고 온다." 영화 〈해피 투게더〉에 나오는 대사다. 세상의 끝이라 불리는 우수아이아에 홀로 서 있는 세상의 끝 등대에 걱정과 근심을 모두 묻고 오자. 그곳에 놓고 온 걱정거리들은 절대 당신을 다시 찾아올 수 없을 것이다.

07

파타고니아 양조장에서 맥주 마시기

설산으로 둘러싸인 천혜의 자연환경 파타고니아에서는 와인보다 시원한 맥주가 정말 잘 어울린다. 물 좋기로 유명한 파타고니아의 다양한 맥주 양조장에 들러보자. 그리고 풍경 만큼 청량한 맥주 한 모금 들이켜보자.

08

바릴로체 빙하 호수에서 수영하기

남미의 스위스라고 불리는 아르헨티나 산 카를로스 데 바릴로체. 산 봉우리들의 만년설이 녹아 흐르는 투명한 빙하 호수로 과감하게 뛰어들자. 수영에 자신이 없다면 카약을 타며 예쁜 풍경 속에서 여유를 부려도 좋다.

09

아사도 바비큐 실컷 먹기

사람보다 소가 더 많다는 아르헨티나. 돈 있으면 맥도널 햄버거, 돈 없으면 소고기를 먹는다고 할 정도로 소고기가 대중적이다. 대부분의 숙소와 캠핑장에는 아르헨티나식 소고기 바비큐 아사도Asado를 해먹는 장비가 구비되어 있다. 장작에 불을 피워 육즙 가득한 소고기를 원 없이 구워 먹어보자.

10

남극 크루즈

인생에 꼭 한 번은 남극에! 우수아이아에서 떠나는 남극 크루즈는 거친 바다를 넘어 순백의 대륙으로 가는 세상에서 가장 특별한 항해다. 인류가 닿을 수 있는 가장 순수한 곳 남극. 거대한 빙산과 그 위를 뛰노는 펭귄들, 고요 속에 울려 퍼지는 고래의 숨소리. 그 신비로운 숨소리가 만들어내는 경이로운 순간을 마주해보자.

대자연의 대명사 파타고니아

이 세상 모든 모험가에게 동경의 대상인 파타고니아. 이곳은 지구 반대편, 남미 대륙의 남부에 자리 잡은 광활한 지역을 부르는 이름이다. 구체적으로 남위 40도 이남, 칠레 푸에르토 몬트와 아르헨티나 콜로라도강을 잇는 선을 기점으로 남아메리카 대륙 끝까지 뻗어 있는 지역이다. 한반도의 열 배 크기인 이 땅은 거대한 안데스 산맥이 솟아 흐르고, 그 아래로는 너른 고원과 평원이 펼쳐진다. 단 1초도 쉬지 않고 세차게 불어오는 바람이 파타고니아를 지금의 모습으로 빚었다. 모든 것을 압도하는 거대한 바위 봉우리, 빛나는 호수와 빙하 그리고 그 속에 사시사철 변하는 자연의 모습까지. 날것 그대로의 매력을 내뿜는 파타고니아의 대자연은 전 세계 여행자들의 마음을 일렁이게 한다.

흥미로운 점은 '파타고니아'는 국가명이 아니다. 하지만 이곳의 모든 여행자는 칠레 또는 아르헨티나를 여행한다고 말하지 않는다. 하나 같이 파타고니아를 여행한다고 말한다. 그만큼 파타고니아는 남미의 대자연과 경이로운 모험을 대표하는 아이콘이 되었다. 칠레와 아르헨티나를 아우르는 파타고니아를 여행하다 보면 두 나라 국경을 여러 차례 건너는 재미와 수고를 덤으로 경험하게 된다.

우리에게 익숙한 아웃도어 브랜드 '파타고니아'도 이 지역의 자연 환경과 모험 정신에서 영감을 받아 탄생한 것으로 알려졌다. 특히 파타고니아 로고에 새겨진 산 모양은 파타고니아에서 가장 드라마틱한 모습을 하고 있는, 해돋이 여명을 받아 황금빛으로 빛나는 피츠로이 연봉을 본 떠 디자인 한 것이다.

파타고니아의 역사

인류가 처음 파타고니아 땅을 밟은 것은 지금으로부터 약 1만2,000년 전이다. 1만 5,000년 전 몽골리언이 얼어붙은 베링해협을 건너 아시아에서 알래스카로 간 뒤 남하를 시작해 북미를 거쳐 남미 끝 파타고니아까지 내려갔다고 알려졌다.

파타고니아에 정착한 초기 원주민들은 혹독한 추위와 척박한 자연환경에서 사냥과 채집을 통해 살아남았다. 파타고니아의 원주민들은 넓은 초원과 산악지대에 흩어져 살았다. 대표적으로 파타고니아 중남부에는 테우엘체Tehuelche, 마푸체Mapuche족이, 남부 해안가에는 셀크남Selk'nam, 야간Yaghan족이 자리 잡았다. 원주민들은 극한의 환경 속에서 그들만의 생존 방식으로 삶을 개척해 나갔다.

파타고니아는 16세기 들어 유럽의 해양 탐험과 식민지화가 진행되면서 처음으로 유럽인의 발길이 닿았다. 파타고니아를 밟은 최초의 유럽인은 탐험가 페르디난드 마젤란Ferdinand Magellan이다. 그는 1520년 남미 대륙을 남단하면서 이 지역을 방문했다. 당시 유럽 원정대는 파타고니아 원주민을 '거인'으로 묘사했다. 이는 중남부에 살던 테우엘체족의 키가 매우 컸기 때문으로 알려졌다. 그래서 원정대는 원주민들을 과거 스

파타고니아에서 수렵과 채집으로 살아가던 원주민들

페인 문학 속에 등장하는 상상의 거인 파타곤Patagon이라 불렀고, 이는 지금의 '파타고니아'라는 이름의 기원이 되었다. 그 이후 여러 유럽의 탐험가들이 파타고니아를 방문했지만, 척박한 환경으로 큰 관심을 받지 못했다. 그러나 시간이 흐르면서 남미의 모든 나라가 그랬던 것처럼 이 땅도 식민지화되는 것을 막을 수는 없었다.

19세기 스페인으로부터 독립한 칠레와 아르헨티나는 파타고니아에 대해 관심을 갖기 시작했다. 결국 파타고니아를 자신의 영토로 만들기 위한 침략 전쟁이 발발했다. 파타고니아 중남부에 자리 잡고 있던 마푸체족은 칠레와 아르헨티나에 맞서 끝까지 맹렬히 싸웠지만, 결국은 모두 정복되었다. 1881년 칠레와 아르헨티나 두 국가는 '파타고니아 분할 조약'을 맺고 지금의 모습대로 나누어 통치하기 시작했다.

20세기 초 파타고니아에도 본격적인 개발이 진행됐다. 초창기는 양이나 소를 키우는 목축업이 주를 이뤘다. 1960년대 이후 파타고니아 자연 환경이 주목받으면서 이를 보호하기 위한 노력이 본격화된다. 대표적으로 1959년 칠레는 토레스 델 파이네를 국립공원으로 지정하였고, 아르헨티나도 국립공원을 여럿 지정해 환경 보호에 나섰다. 21세기 들어서면서 파타고니아는 지속 가능한 생태 관광의 대표적인 지역으로 부상했다. 세계 각지의 여행자들이 파타고니아의 장엄한 자연을 직접 느끼고 경험하기 위해 찾고 있다.

유럽인으로 파타고니아를 최초로 밟은 탐험가 마젤란 동상

드라마틱한 자연을 압축해 보여주는 토레스 델 파이네와 트레커들

파타고니아 자연 환경

파타고니아는 바람의 땅으로 불릴 만큼 항상 세찬 바람이 분다

대자연과 모험의 대명사인 파타고니아는 독특한 자연환경을 가지고 있다. 지구상의 다른 지역들과 구별되는 파타고니아만의 몇 가지 특징이 있다.

우선 바람이다. '파타고니아=바람'이라고 할 만큼 쉴 새 없이 몰아치는 강풍은 파타고니아의 상징이다. 안데스 산맥을 넘어 불어오는 바람은 시속 100km를 넘기도 한다. 다른 지역과 다르게 이런 강풍이 끊임 없이 부는 이유는 파타고니아가 남반구에서 가장 강력한 편서풍이 부는 지대(Westerlies)에 걸쳐 있기 때문이다. 여기에 서쪽에서 불어오는 바람을 안데스 산맥이 막고, 바람이 산맥을 넘어 동쪽으로 넘어가면서 푄 현상이 일어나 바람이 강력해지고 비나 눈을 내리게 한다. 이 바람은 남극과 가까워 '남극 순환풍'에 의해 더욱 강해진다.

흥미로운 점은 여름철(12월~2월)에 이 바람의 세기가 더욱 강해지고, 겨울(6월~8월)에는 비교적 약해진다는 것이다. 어찌되었건 파타고니아를 밟는 순간 세찬 바람과의 싸움이 시작된다. 그리고 이 거센 파타고니아의 바람은 트레커들에게 매우 큰 역경과 도전을 안겨주면서도, 설명할 수 없는 짜릿함과 성취감을 선물해준다.

그 다음은 빙하다. 오랜 세월 내린 눈이 다져져 만들어진 빙하는 극지방을 대표하는 자연이다. 푸른색을 띠며 눈부시게 빛나는 빙하는 바라보고 있으면 누구나 매료될 수밖에 없다. 파타고니아는 이런 빙하를 가까이서 만날 수 있는 특별한 여행지다. 특히, 페리토 모레노 빙하Glaciar Perito Moreno 는 지구 온난화로 대부분의 빙하들이 빠르게 녹고 있는데 반해, 빙하의 규모가 유지 및 증가되고 있는 특이한 빙하다. 페리토 모레노 빙하는 규모가 어마어마하다. 아르헨티나 수도 부에노스 아이레스보다 크다고 하니 감히 상상도 되지 않는 크기다. 파타고니아에는 페리토 모레노 빙하 외에도 크고 작은 빙하가 곳곳에 있다. 특히 파타고니아의 빙하는 비교적 쉽게 접근하고 조망할 수 있는 것이 큰 매력이다. 트레킹을 하며 만나는 설산 속 빙하의 풍경은 그야말로 장관이다.

마지막으로 안데스 산맥의 드라마틱한 경관도 파타고니아 대자연의 특징이다. 남미 대륙을 관통하는 안데스 산맥은 세계에서 가장 긴 산맥으로도 유명하다. 약 7,200km에 달하는 안데스 산맥은 베네수엘라 북부에서 시작해 페루, 볼리비아, 칠레, 아르헨티나를 가로질러 파타고니아에서 끝을 맺는다. 이처럼 안데스 산맥은 남미를 남북으로 관통하고 있어 남아메리카 대륙을 설명하는 데 결코 빼놓을 수 없다. 특히 안데스 산맥은 세계 산악 지형 중에서도 특별하다. 파타고니아 피츠로이Fitz Roy와 토레스 델 파이네Torres del Paine 같은 봉우리는 웅장하면서도 독특한 아름다움으로 세계적으로 유명하다. 거대하면서도 날카로운 화강암 봉우리들과 그 주변을 둘러싼 빙하와 호수의 조화는 파타고니아의 트레이드 마크라고 할 수 있다.

파타고니아는 남미 대륙 끝에 위치한 탓에 오랫동안 고립되어 있었다. 그 덕분에 다른 지역에 비해 상대적으로 잘 보전되어 있다. 인간에 의해 크게 훼손되지 않은 자연 그대로의 상태를 유지하고 있어 이를 경험할 수 있는 특별한 장소임에 틀림없다. 전 세계의 트레커와 여행자들이 먼 길을 마다하지 않고 힘들여 이곳을 찾는 이유다.

파타고니아를 상징하는 아르헨티나 피츠로이 연봉과 엘 찰텐 마을

파타고니아의 동식물들

파타고니아는 지리적, 기후적 특성 덕분에 매우 독특하면서도 다양한 생태계를 가지고 있다. 산맥, 빙하, 초원, 해안선까지, 파타고니아의 척박하고 독특한 자연에 적응한 동식물들을 만나볼 수 있다.

주요 동물

과나코 Guanaco

파타고니아에서 가장 쉽게 볼 수 있는 대표적인 초식 동물이다. 라마의 친척으로, 겉보기에는 비슷하게 생겨 착각할 수 있다. 하지만 파타고니아에 서식하는 토착종이다.

퓨마 Puma

파타고니아에 서식하는 최상위 포식자다. 주로 과나코를 먹이로 삼으며, 사람을 피해 야행성으로 활동하는 경향이 있다. 쉽게 볼 수는 없지만, 볼 수 있다면 특별한 행운이다. 특히 겨울철에 토레스 델 파이네 국립공원에서 종종 목격된다.

우에물 Huemul

남방 안데스 사슴으로 칠레와 아르헨티나 남부, 특히 안데스 산맥과 파타고니아 지역에 주로 서식한다. 칠레의 국가 문양에 새겨질 정도로 칠레에서는 중요한 동물로 여겨진다. 멸종위기종으로 분류된다.

레아 Rhea

남미의 타조로 불리는 큰 새다. 오직 아메리카 대륙에만 서식한다. 조류이지만 날지는 못한다. 타조와 비슷한 외모지만 작고 다리가 짧다.

안데스 콘도르 Andean Condor

남미를 상징하는 대형 맹금류다. 세계에서 가장 큰 날개를 가진 새 중 하나다. 파타고니아 산악 지대에서 서식하며 시체를 먹는 청소부 역할을 한다.

마젤란 딱따구리 Carpintero magallánico

파타고니아 원시림에 서식하는 딱따구리로 밝은 붉은색 머리가 특징이다. 먹이를 찾기 위해 두꺼운 나무 껍질을 쪼는 소리가 숲에 울려 퍼지니 주의를 기울이면 쉽게 찾아 볼 수 있다.

주요 식물

칼라파테 Calafate

파타고니아에서 자생하는 관목이다. 아르헨티나 파타고니아의 대표적인 도시와 이름이 같다. 칼라파테는 파란 열매를 맺는다. 이 열매로 잼, 와인 등 다양한 음식을 만든다. 현지 전설에 따르면 칼라파테 열매를 먹으면 다시 파타고니아로 돌아온다고 한다.

코이론 Coirón

파타고니아의 광활한 초원 지대에서 흔히 볼 수 있는 토종 식물. 거친 바람과 척박한 환경에서도 잘 적응하며 자라는 풀이다. 과나코를 비롯한 파타고니아 초식동물의 주된 먹이가 된다. 트레킹을 할 때 가장 많이 볼 수 있는 황금빛 풀이기도 하다. 코이론이 파타고니아의 세찬 바람을 맞으며 물결처럼 흔들리는 풍경은 매우 아름답다.

코이후 Coihue

파타고니아 고지대 숲에 서식하는 나무다. 강한 바람과 추위에도 잘 견딘다. 키가 40~50m까지 크게 자라 파타고니아 숲의 상징이 된다. 빙하 근처에 서식하기도 한다.

니레 Ñirre

파타고니아의 추운 기후에 잘 적응한 나무로 바람 많고 척박한 토양에서도 잘 자라는 강한 생존력이 특징이다. 계속되는 강풍으로 옆으로 누운 채 자라는 경우가 많다. 다른 식물이 자라기 힘든 곳에서 가장 먼저 자라 파타고니아 생태계 형성에 기반이 된다. 가을이 되면 단풍이 장관을 이룬다.

렌가 Lenga

파타고니아 전역, 안데스 산맥의 중고산 지역에 널리 퍼져 자란다. 낙엽성 큰 나무로 고산 지역에서의 중심 수종이다. 단단하면서도 부드러운 목재의 특징 때문에 건축자재로 많이 사용된다.

STEP
02

파타고니아를 그리다

파타고니아 한눈에 담기

산 카를로스 데 바릴로체 San Carlos de Bariloche

남미의 스위스로 불리는 휴양도시. 파타고니아 중심 지역에서 멀리 떨어져 있지만 도시 자체가 아름답고 볼거리가 많다. 위에서 아래로 남미 여행하는 여행자들은 꼭 거쳐간다.

엘 찰텐 El Chaltén

아르헨티나 파타고니아를 대표하는 피츠로이 봉우리가 있는 곳. 피츠로이 암봉을 중심으로 다양한 트레킹 코스가 있다.

엘 칼라파테 El Calafate

아르헨티나 파타고니아에서 가장 번화한 도시이자 파타고니아로 가는 관문. 페리토 모레노 빙하가 가깝다. 엘 찰텐, 푸에르토 나탈레스, 우수아이아 등 파타고니아 주요 도시로 버스가 연결된다.

푸에르토 나탈레스 Puerto Natales

칠레 파타고니아를 대표하는 토레스 델 파이네 국립공원으로 가는 관문 도시. 토레스 델 파이네 트레킹은 파타고니아 대자연의 장관을 만날 수 있는 가장 완벽한 곳으로 전 세계 트레커들의 성지다.

푼타 아레나스 Punta Arenas

칠레 파타고니아를 대표하는 도시. 대서양과 태평양을 잇는 마젤란 해협에 자리해 있으며, 주변에 다양한 트레킹 코스가 있다. 펭귄섬 투어, 고래 관찰 같은 특별한 여행도 할 수 있다.

우수아이아 Ushuaia

'세상의 끝'이라 불리는 도시. 남미의 끝이란 상징성 하나만으로도 여행자를 설레게 한다. 남극으로 떠나는 관문이자 극지방의 특별한 체험을 할 수 있는 곳이다.

토레스 델 파이네 페호에 호수와 '파타고니아의 뿔'로 불리는 쿠에르노스 봉우리

'불타는 고구마'로 불리는 피츠로이의 아침 일출 장관

파타고니아 여행의 핵심 트레킹

　　파타고니아 여행의 진정한 매력은 대자연의 품속에서 펼쳐지는 경이로운 트레킹이라고 할 수 있다. 광활한 대지 위에 눈부시게 푸른 호수와 하늘을 찌를 듯한 봉우리 사이를 누비며 자연과 하나되어 걷는 그 순간, 진정 파타고니아에 왔음을 실감한다. 한 걸음 한 걸음 내딛을 때마다 감탄으로 가득 차는 이곳에서의 트레킹은 단순히 고생스러운 행위가 아닌, 생애 잊지 못할 특별한 추억으로 기억된다. 파타고니아 대자연과 눈을 맞추고 가슴으로 교감하는 다양한 트레킹을 경험해보자. 파타고니아의 주요 국립공원과 티켓 구매, 트레킹 코스에 대해 소개한다(트레킹 코스에 대한 자세한 해설은 3장 도시 별 국립공원과 트레킹 코스 참조).

파타고니아의 국립공원들

칠레와 아르헨티나 남부를 아우르는 파타고니아에는 세계적으로 그 가치를 인정받고 미래 세대를 위한 유산으로서 보호되고 있는 국립공원이 많다. 이곳의 국립공원은 저마다 풍경과 특징이 다르다.

칠레

칠레에는 베르나르도 오이긴스Bernardo O'Higgins, 파타고니아 국립공원Parque Nacional Patagonia, 토레스 델 파이네Torres del Paine 국립공원이 대표적이다. 베르나르도 오이긴스 국립공원은 칠레에서 가장 큰 국립공원으로 거대한 세라노 빙하 투어가 유명하다. 또한 최근에 지정된 코이아이케Coyhaique의 파타고니아 국립공원은 과나코, 푸마 등 야생 동물 관찰로 유명하다. 그 중 칠레 파타고니아의 상징은 토레스 델 파이네 국립공원이다. 전 세계의 트레커들이 꼭 걸어보고 싶어 하는 길, 이 트레킹을 위해 파타고니아를 찾는다고 해도 과언이 아니다. 당일 코스부터 7박 8일의 서킷 트레킹까지 가능하고 산장 및 캠핑장 시설이 잘 갖추어져 있다.

칠레 국립공원 홈페이지(www.conaf.cl)에서 국립공원 입장권을 미리 구매할 수 있다. 국립공원마다 가격은 다르다. 토레스 델 파이네 국립공원이 가장 비싸다. 토레스 델 파이네 국립공원 3일권(국립공원 내 3일까지 체류)이 3만2,400CLP(4만8,000원), 3일을 초과하면 4만6,200CLP(6만8,000원)이다.

 칠레 국립공원 입장권 예매

1 토레스 델 파이네 국립공원　**2** 베르나르도 오이긴스 국립공원　**3** 파타고니아 국립공원

아르헨티나

파타고니아 지역에 있는 아르헨티나 국립공원은 나우엘 우아피Nahuel Huapi, 티에라 델 푸에고 Tierra del Fuego, 로스 글라시아레스Los Glaciares 국립공원이 대표적이다. 세 곳 모두 각기 다른 특색과 아름다움으로 전 세계의 여행자들을 불러모은다. 나우엘 우아피 국립공원은 아르헨티나에서 가장 오래된 국립공원으로 바릴로체 지역을 감싸고 있는 푸른 호수와 안데스 산맥이 어우러진 곳이다. 티에라 델 푸에고 국립공원은 파타고니아 최남단 국립공원으로 세상의 끝으로 불리는 우수아이아에서 갈 수 있는 곳이다. 안데스 산맥이 끝나는 지점이자 남극과 가까운 지역이라 색다른 풍경을 만날 수 있다. 로스 글라시아레스 국립공원은 아르헨티나 파타고니아의 하이라이트라고 할 수 있다. 거대한 페리토 모레노 빙하를 쉽게 접근해 관람할 수 있으며, 세계 5대 미봉 피츠로이 트레킹을 비롯해 파타고니아의 자연 속을 걷는 다양한 트레일들이 있다. 입장권 가격은 국립공원마다 다르다. 로스 글라시아레스 국립공원 4만5,000ARS(5만5,000원), 티에라 델 푸에고 국립공원 3만ARS(3만7,000원), 나우엘 우아피 국립공원 2만ARS(2만5,000원).
아르헨티나 국립공원 홈페이지 www.parquesnacionales.gov.ar

 아르헨티나 국립공원 입장권 예매

눈부신 빙하를 가까이서 볼 수 있는 페리토 모레노 빙하

1 페리토 모레노 빙하 위를 걷는 투어를 하고 있는 트레커들
2 세계 5대 미봉으로 불리는 피츠로이
3 남미의 스위스로 불리는 바릴로체의 나우엘 우아피 호수

> **TIP**
>
> ### 아르헨티나 국립공원 입장권 종류
>
> 아르헨티나 국립공원은 칠레와 다르게 입장권 종류가 나눠져 있고, 종류도 다양하다. 입장권 구매 시 본인 일정에 맞게 구매해야 한다.
>
> **일일 입장권(Pase Diario)** 구매일 기준 해당 국립공원을 자유롭게 입장할 수 있다. 입장 후 국립공원 내에서 체류하는 기간은 며칠이고 상관 없다.
>
> **플렉시 패스(FLEXI PASS)** 구매 후 6개월 내 해당 일수만큼 동일한 국립공원을 연속적으로 방문할 수 있는 티켓이다. '연속적'이라는 조건이 중요한데, 패스를 개시하면 그날을 기준으로 연속적으로 날짜가 카운트된다. 6개월 내 원하는 날짜를 골라 입장한다는 의미가 아니다. 같은 국립공원을 여러 날에 걸쳐 여러 번 입장할 계획이라면 이 패스가 경제적이다. 플렉시 패스는 양도 불가능한 티켓으로 3일권이 7일권이 있다. 가격은 국립공원마다 다르다.
>
> **연간 입장권(Pase Anual)** 구매 후 12개월 동안 아르헨티나 모든 국립공원 입장 가능한 티켓이다. 장기간 머물면서 아르헨티나의 여러 국립공원을 방문할 계획이라면 이 입장권이 유리하다. 가격은 190USD(내국인과 외국인 동일)다.
>
> **2회차 방문 50% 할인** 일일 입장권으로 국립공원 방문 후 72시간 내 동일 국립공원 재입장 시 50% 할인해 준다. 할인을 받으려면 사용한 일일 입장권을 제출해야 한다.

파타고니아 주요 트레킹 대상지

토레스 델 파이네 Torres del Paine _ 칠레

토레스 델 파이네는 파타고니아를 대표하는 트레킹 대상지다. 미지의 땅, 파타고니아를 가장 가까이, 그리고 깊숙이 느껴볼 수 있는 곳이다. 입장 인원을 제한하고 자연보호가 엄격한 이 지역에 들어서면 고요하고도 거대한 자연의 심장 속을 걷는 것 같은 기분이 든다. 매일 눈 앞에 펼쳐지는 들판과 빙하, 그리고 설산 봉우리들은 전 세계 트레커들을 매료시킨다. 파타고니아에 오는 가장 큰 이유 중 하나가 바로 이 토레스 델 파이네 트레킹이라고 해도 과언이 아니다. 짧게는 3박4일, 길게는 8박9일 동안 걷게 되는 토레스 델 파이네 트레킹은 파타고니아의 대자연을 직접 대면하는 마법 같은 경험이 된다.

토레스 델 파이네를 돌아보는 트레킹 코스는 크게 W와 O로 구분한다. 이는 트레킹 코스의 모양 대로 알파벳 대문자를 이름으로 만들어 붙인 것이다. W트레킹은 짧은 시간에 토레스 델 파이네의 대표 포인트를 경험하며 파타고니아의 아름다움을 만끽하는 코스다. O트레킹은 일주일에 걸쳐 토레스 델 파이네를 한 바퀴 도는 고난도 트레킹이다. O트레킹을 하려면 체력은 물론 트레킹 장비도 완벽하게 준비되어야 한다. W와 O트레킹 차이와 장단점은 다음 표를 참조하자. 만약 시간이 없거나 며칠씩 계속되는 트레킹을 감당할 수 없다면 토레스 델 파이네의 가장 핵심 봉우리만 보고 오는 당일 트레킹도 가능하다.

W트레킹과 O트레킹

W트레킹	O트레킹
3박4일, 약 70km	7박8일, 약 130Km
대부분의 트레커들이 선택하는 3박4일 코스. W 모양처럼 주요 명소를 찾아 오르내리며 트레킹한다. 토레스 델 파이네 국립공원의 명소인 그레이 빙하 Grey Glaciar, 프란세스 밸리Valle del Francés, 라스 토레스Las Torres를 3일 동안 하루에 한 곳씩 트레킹한다. W트레킹으로 도달하는 세 곳 전망대에는 각기 다른 황홀한 파타고니아 풍경을 만날 수 있다.	O트레킹은 알파벳 모양 그대로 토레스 델 파이네 국립공원을 한 바퀴 도는 서킷 형태의 트레킹이다. W트레킹의 주요 지점은 물론, 국립공원 북쪽과 외곽 지역을 지나며 한층 더 고립되고 원시적인 파타고니아의 자연을 경험할 수 있다. W트레킹보다 더욱 깊고 날 것의 자연으로 들어가며, 캠핑장이나 편의시설도 비교적 열악하고 트레커들도 많지 않다.
W트레킹은 중상급 난이도로 쉬운 트레일 코스는 아니다. 하지만 트레킹 초보자도 도전할 수 있게 롯지와 캠핑장 등 편의시설이 잘 갖춰져 있다. 숙박과 식사를 미리 예약하면 짐을 줄일 수 있어 좀 더 편하게 트레킹할 수 있다.	난이도가 높은 트레킹 코스다. 트레커가 많지 않은 고립된 지대와 어려운 코스도 통과해야 한다. 특히 거센 바람과 변덕스러운 날씨에 대처하고, 식량과 장비도 충분히 준비해야 해서 트레킹 경험이 많고 높은 체력을 필요로 한다.

1 O트레킹에서 볼 수 있는 그레이 빙하
2 라스 토레스 전망대로 가는 길목에 있는 칠레노 산장
3 일명 '삼봉'으로 불리는 라스 토레스 봉우리

피츠로이 Fitz Roy _ 아르헨티나

아르헨티나 파타고니아의 작은 시골마을 엘 찰텐은 매년 여름 전 세계에서 몰려온 트레커들로 가득찬다. 이들은 세계 5대 미봉 중 하나인 피츠로이Fitz Roy를 만나기 위해서 찾아온 것이다. 피츠로이 트레킹은 엘 찰텐 마을을 출발해 피츠로이 봉우리와 마주하는 라구나 데 로스 트레스Laguna de Los Tres까지가 가장 유명하다. 왕복 20km 정도의 트레킹으로 고도도 높지 않고 트레킹 코스도 꽤 수월한 편이다. 하지만 트레킹을 하며 경험하게 되는 파타고니아의 아름다움은 이곳이 단연 으뜸이다. 피츠로이 봉우리와 함께 전망하는 로스 글라시아레스 국립공원의 풍경은 매 순간 감탄을 자아낸다. 피츠로이 트레킹은 초급자부터 중급자 모두 도전할 수 있는 파타고니아 하이라이트 코스인 만큼 놓쳐서는 안 된다.

피츠로이는 한국인 트레커 사이에서 일명 '불타는 고구마'로 더 유명하다. 일출의 햇살에 웅장하고 거대한 피츠로이 봉우리가 불에 타오르듯 천천히 붉게 물들어가는 모습을 표현한 별명이다. 이 모습을 실제로 마주했을 때의 감동과 전율은 평생 기억될 것이다. 이 모습을 보기 위해 캄캄한 새벽에 랜턴 불빛에 의지해 트레킹을 하고, 전망대에서 추위에 떨며 해가 뜨기를 기다리는 고생을 감수한다. 그런 고생 끝에 운이 좋아 진짜 '불타는 고구마'를 보게 된다면, 감히 말하지만 이보다 더한 황홀한 경험은 없을 것이다.

피츠로이는 당일 또는 1박2일 코스로 트레킹할 수 있다. 트레킹 코스의 80%는 평이한 수준이다. 다만, 라구나 데 로스 트레스까지 한 시간 정도 걸리는 마지막 구간이 매우 가파르다. 이 구간만 돌파하면 환상적인 피츠로이의 전망과 마주할 수 있으니 꼭 도전해 보자! 하지만 체력적으로 힘들다면 반드시 끝까지 오르지 않아도 된다. 트레킹 중간 지점에 있는 전망대에서도 피츠로이의 풍경을 감상할 수 있다.

라구나 토레 Laguna Torre _ 아르헨티나

엘 찰텐에서 피츠로이 트레킹과 함께 많은 사랑을 받고 있는 트레킹 코스다. 세계에서 가장 오르기 힘든 봉우리라는 세로 토레Cerro Torre를 전망할 수 있는 라구나 토레Laguna Torre까지 걷는 코스다. 하늘을 찌를 듯 서 있는 날카로운 세로 토레 봉우리는 마치 한폭의 그림같다. 또 라구나 토레 호수에는 부서진 유빙들이 떠다녀 신비롭기까지 하다. 엘 찰텐에서 라구나 토레까지는 왕복 19km 정도로 당일로 충분히 다녀올 수 있다. 난이도도 수월한 편이라 초보자도 부담 없이 파타고니아의 절경을 즐길 수 있다. 특히 4월에는 붉게 물든 가을 단풍이 정말 아름답다.

페리토 모레노 빙하 Glaciar Perito Moreno _ 아르헨티나

억겁의 시간이 쌓인 빙하 위에서 건배를! 파타고니아의 심장부, 로스 그라시아레스 국립공원 깊숙이 자리 잡은 페리토 모레노 빙하는 대자연의 신비를 그대로 품고 있다. 반짝이는 푸른빛의 얼음이 만들어내는 신비로운 풍경은 시공간이 멈춘 듯한 느낌마저 준다. 그 고요한 빙하 위에 서면 얼음의 숨결이 발끝에서부터 전해진다. 그리고 그 위를 직접 걷는 순간, 대자연의 경이로움 속으로 한 발짝 더 들어가는 기회를 맞이한다.

페리토 모레노에서는 빙하 위를 직접 걸어보는 특별한 경험을 할 수 있다. 페리토 모레노 빙하 트레킹은 미니Mini와 빅Big 두 가지로 나누어진다. 빙하 트레킹 가격은 상당히 비싸다. 그런데도 성수기에는 예약하기 쉽지 않을 정도로 많은 여행자가 찾는다. 파타고니아 여행자라면 누구라도 빙하 위를 직접 걸어보는 특별한 경험을 하고 싶어 하기 때문이다. 빙하 트레킹은 사전 예약 필수로 전문 가이드와 함께 진행된다. 빙하 탐험은 빙하에서 떼어낸 얼음 조각에 위스키를 부어 건배하는 것으로 마무리된다.

티에라 델 푸에고 Tierra del Fuego _ 아르헨티나

남미 대륙의 끝이자 지구의 끝으로 불리는 우수아이아. 이곳에서 조금만 발걸음을 옮기면 '불의 땅'이라 불리는 티에라 델 푸에고Tierra del Fuego 국립공원이 펼쳐진다. 이곳은 마치 세상의 마지막 페이지를 읽는 듯한 고요함으로 가득 차 있다. 바다와 숲이 조화를 이루며 그림 같은 풍경을 선사한다. 지구 끝의 대자연 속을 걷고 있다는 그 순간의 느낌과 감정은 이곳이 아니면 느낄 수 없을 것이다.

티에라 델 푸에고는 파타고니아의 여느 트레킹과 다르다. 이곳은 고난도의 캠핑이나 높은 봉우리를 올라가는 격한 코스를 걷는 게 아니다. 둘레길처럼 편안한 코스를 걷는 것이라 초급자도 부담 없이 즐길 수 있다. 티에라 델 푸에고 국립공원에는 크게 5개의 트레킹 코스가 있다. 각 코스마다 난이도와 풍경이 조금씩 다르다. 원하는 코스를 골라 트레킹을 하면 된다. 만약 2개 이상의 코스를 트레킹한다면 국립공원 내 무료 캠핑장에서 캠핑을 할 수도 있다. 세상의 끝에서 가벼운 일정으로 파타고니아의 자연을 즐겨보자.

파타고니아
여행 만들기

파타고니아는 우리나라와 정 반대, 지구 반대편에 있다. 계절도 정반대다. 한국이 겨울일 때 이곳은 여름이다. 지구 반대편에 있어 찾아가기도 어렵다. 직항은 없다. 어느 나라, 어느 대륙을 경유하더라도 최소 30시간이 걸린다. 또 칠레와 아르헨티나 두 개의 국가에 걸쳐 있어 환전이나 유심칩 등 여행 준비도 꼼꼼하게 해야 한다. 특히, 극지방의 산악형 지형이라 극심한 일기변화도 있다. 이에 따른 의류 등 보온과 방한 장비도 세심하게 준비해야 한다. 이처럼 멀고 낯선 곳인 만큼 긴 호흡을 가지고 차근차근 준비하자.

여행 시기 및 날씨

파타고니아는 시기별로 날씨와 자연환경이 크게 변해 여행 스타일도 달라진다. 게다가 남극과 가까운 극지방이라 날씨가 변화무쌍하다. 여름에도 갑자기 눈이 퍼붓기도 하고, 아침저녁으로 기온이 영하로 뚝 떨어지기도 한다. 이처럼 날씨가 변덕스럽지만 그래도 여름이 여행하기에 적합하다. 늦가을부터 봄까지는 많은 트레킹 코스와 주요 액티비티들이 중단되어 여행하기가 쉽지 않다. 파타고니아의 여행 시기와 날씨를 성수기(여름 시즌)와 비수기(겨울 시즌)로 나누어 보면 다음과 같다.

여름철 성수기 (11월~3월)

파타고니아는 우리나라와 반대인 남반구에 위치해 있어 모든 계절이 반대다. 우리의 겨울은 그곳의 여름, 우리의 여름은 그곳의 겨울이다. 따라서 파타고니아 여행 최적 시즌은 여름에 해당하는 11월~3월이다. 이때가 전 세계의 배낭여행자들과 모험가들이 파타고니아로 몰려드는 성수기다. 성수기에는 매년 물가가 오를 뿐만 아니라 숙박, 교통, 액티비티 등의 예약이 필수다. 일정이 정해진다면 최대한 빠르게 예약하는 것을 추천한다. 특히 토레스 델 파이네 트레킹 캠핑 사이트, 산장 등은 수개월 전부터 매진된다. 현장에서 예약하는 것은 사실상 불가능하다. 도시간 이동하는 버스도 일정이 넉넉하지 않은 여행자라면 미리 인터넷으로 예매하길 권한다. 인기 구간의 버스 티켓은 매진되는 경우가 많다. 버스가 없다면 딱히 장거리를 이동할 대체 방법이 없기 때문에 발이 묶일 수 있다.

파타고니아의 여름 시즌은 여행하기 상당히 쾌적한 날씨를 보인다. 극지방이라 여름에도 매우 추울 것이라고 상상할 수 있지만, 낮 시간에는 햇볕이 강하고 건조해 트레킹을 하면 더워진다. 한국의 여름처럼 무덥고 비가 많이 오는 습한 여름이 아니다. 하지만 아침·저녁으로는 온도가 상당히 내려가 후리스나 경량 패딩을 입어야 할 정도로 일교차가 크다. 또한 파타고니아의 변화무쌍한 날씨는 항상 신경 써야 한다. 언제든 날씨가 순간적으로 변할 수 있다. 화창하다가도 금세 굵은 비가 쏟아지기도 하고, 또 언제 그랬냐는 듯 맑은 하늘에 무지개가 뜬다. 세찬 바람이 불어 바람막이 또는 재킷이 필수다. 이렇듯 파타고니아에서는 하루에 사계절을 다 만날 수 있다고 하는 말이 전혀 허풍은 아니다. 결론적으로 화창한 여름 속 낮은 습도로 쾌적한 환경이지만, 언제든 비가 올 수 있으며 항상 세찬 바람이 분다는 것을 명심하자.

겨울철 비수기 (6월~9월)

파타고니아의 겨울은 극지방답게 매우 춥고 건조하며 눈도 많이 내린다. 길거리에서 여행자들을 보는 것조차 쉽지 않을 만큼 조용한 시즌이다. 그래서 많은 상점, 숙박 시설, 여행사 등이 문을 닫거나 단축 영업을 한다. 지역간 버스 운행도 상당히 축소된다. 또한 파타고니아의 주요 트레킹 코스와 액티비티가 제한적으로 이루어지거나 중단된다.

하지만 겨울 시즌이라고 해서 파타고니아 여행이 불가능한 것은 아니다. 오히려 차분하고 조용한 파타고니아의 겨울 분위기를 만끽할 수 있다. 겨울의 파타고니아는 모든 산봉우리에 눈이 쌓여 하얗게 빛나는 수많은 설산들로 절경을 이룬다. 여행자들이 많이 없기 때문에 숙소나 버스, 액티비티 등을 이용하기가 용이하다. 특히 숙박료가 성수기 절반 정도로 저렴해진다. 파타고니아의 겨울 날씨를 너무 두려워할 필요는 없다. 한반도의 매서운 겨울을 버텨내는 한국인에게는 충분히 감내할 정도의 추위다.

파타고니아 지역 연간 날씨

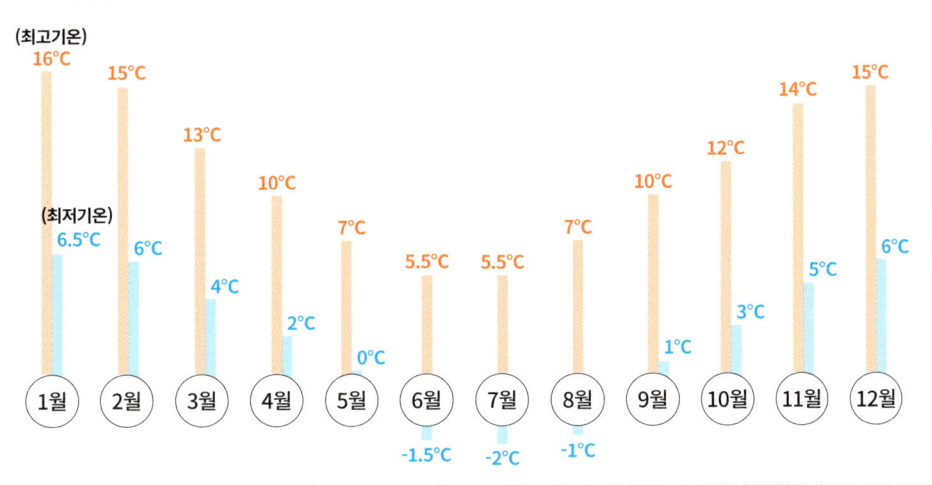

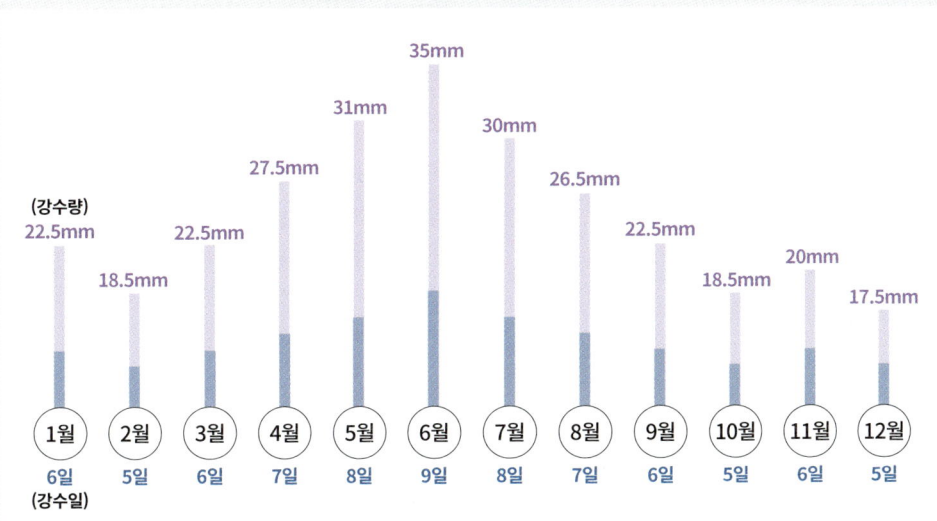

	1월	2월	3월	4월	5월	6월	7월	8월	9월	10월	11월	12월
일출	05:45	06:15	07:00	07:45	08:30	09:30	09:40	08:50	07:30	06:30	05:45	05:30
일몰	21:45	21:20	20:30	19:30	18:45	17:50	17:55	19:00	19:30	20:40	21:20	21:50

* 일러두기

위 연간 날씨 통계는 매우 넓은 파타고니아의 지역 중 주요 트레킹 포인트와 관광 명소가 많은 칠레 푸에르토 나탈레스와 아르헨티나 엘 칼라파테를 기준으로 작성되었다. 도시와 지역에 따라 일정 정도의 차이가 있을 수 있다. 트레킹을 하는 산속에서는 온도가 더 내려가고 갑작스럽게 비가 내리는 경우가 잦다는 것을 기억하자.

파타고니아 여행 준비

트레킹 준비물

파타고니아의 여행 준비물은 일반적인 여행과는 다르다. 기본적으로 대자연을 만나러 가는 트레킹 위주의 여행이라 그에 필요한 것들과 적합한 가방을 가져가야 한다. 특히, 여름에도 사계절을 체험할 수 있는 변화무쌍한 날씨를 보이는 극지방이라 날씨 변화에 대응할 수 있는 단단한 채비를 하고 가야 한다. 히말라야나 알프스 같은 산악 지형을 여행한 경험이 있다면 큰 도움이 될 것이다. 물론 파타고니아 현지에서 배낭이나 등산화, 침낭 같은 장비를 빌릴 수도 있다. 하지만 국내에서 확실히 준비해서 가는 게 좋다.

배낭

파타고니아 여행 목적이 대자연을 만나고 트레킹을 하는 것이라 캐리어보다는 배낭을 추천한다. 또 수월한 트레킹을 위해 짐을 최소화하는 것이 매우 중요하다. 가능하다면 배낭은 40~50리터 정도의 크기를 추천하고, 짐은 그 용량에 맞추도록 하자. 배낭의 가격이 중요하진 않다. 다만, 너무 저렴하고 낮은 퀄리티의 배낭은 피하자. 가볍고 튼튼한 재질로 단단한 허리벨트와 침낭, 등산스틱 등을 배낭 외부에 추가적으로 수납할 수 있는 기능을 꼭 체크하자. 비 올 때를 대비하여 배낭 커버도 필수로 있어야 한다.

• 배낭 짐 꾸리기

배낭 바닥에 무거운 짐을 몰아넣으면 중심이 맞지 않는다. 무거운 짐을 가운데 넣고 위, 아래로 비교적 가볍고 부피가 큰 침낭이나 매트 등을 넣어주면 좋다. 보통 큰 배낭은 침낭을 가장 밑에 배치하도록 설계되어 있다. 자주 쓰는 장비나 헤드랜턴, 비상 용품은 배낭 헤드 주머니에 넣는다.

• 배낭 허리 벨트 조정

배낭의 모든 끈과 벨트를 풀고 어깨에 걸친다. 그런 다음 배낭 허리 벨트가 골반에 살짝 걸치는 느낌으로 위치하게 한 후 단단히 조인다. 허리 벨트는 배낭의 무게를 하체로 분산시켜 주고, 걸을 때 배낭이 흔들리지 않게 중심을 잡아준다.

• 어깨끈 스트랩 조정

무조건 어깨 스트랩을 최대한 조이는 것이 아니라 어깨 사이에 손가락 하나가 살짝 들어갈 수 있는 공간이 만들어질 수 있게 어깨 스트랩을 조정하여야 한다. 그래야 어깨의 피로가 덜하다.

• 마지막 점검

가슴 스트랩을 조정해 버클을 채운 뒤 배낭이 몸에 잘 맞는지 체크한다.

> **TIP**
>
> **배낭 제대로 메는 방법**
>
> 좋은 배낭을 구매했더라도 짐 싸기와 메는 법을 제대로 할 줄 알아야 기능을 100% 발휘할 수 있다. 특히 장시간 배낭을 메고 트레킹을 할 계획이면 배낭이 내 몸에 착 달라붙게 하면서 무게는 분산되게 짐을 꾸려야 한다. 배낭 사용법이나 짐 꾸리는 법을 잘 모른다면 배낭 구매 시 물어보자.

트레킹 의류

파타고니아 트레킹을 위해 적절한 의류를 준비하는 것은 아주 중요하다. 특히 날씨가 시시각각 급변하기 때문에 이런 요소들을 고려해서 준비해야 한다. 상의는 기본적으로 날씨와 온도 변화에 맞춰 옷을 껴입을 수 있는 레이어링 시스템으로 준비해야 한다. 하의 역시 급작스런 날씨 변화에 대응할 수 있는 아웃터나 방수 팬츠를 준비한다. 여기서는 여름을 기준으로 설명한다. 겨울에는 추가적으로 패딩류, 방한용품, 동계용 트레킹 장비 등을 더 준비하면 된다.

• 상의

날씨 변화가 심한 파타고니아에서 상의는 보통 레이어링 시스템에 맞춰 기능성 의류를 준비한다. 레이어링 시스템은 여러 겹으로 의류를 착용하여 온도를 조절하는 방법이다. 트레킹이나 백컨트리 스키처럼 날씨 변화가 심하거나 격렬한 활동을 동반한 아웃도어를 할 때 변하는 환경에 맞춰 수시로 옷을 껴입거나 벗어서 체온 조절하는 게 좋다. 여름철 파타고니아는 강한 햇빛과 트레킹 활동으로 반팔을 입을 정도로 덥다. 하지만 갑자기 강풍이 불거나 비가 내리면 기온이 급격히 내려간다. 이때는 여러 겹의 의류를 껴입어 체온을 유지해야 한다. 레이어링 시스템은 보통 베이스, 미드, 아웃터 세 가지로 구분한다. 각각의 용도에 맞는 기능성 의류를 준비해 상황과 컨디션에 맞게 그때그때 조정하도록 하자.

• 하의

일반적인 트레킹 바지를 준비하면 된다. 여름철에는 많이 춥지 않아 기모 소재까지는 필요 없다. 너무 두껍지 않고 통기가 잘 되는 소재의 바지를 입는 것이 좋다. 여성의 경우 레깅스를 입어도 크게 무리는 없다. 남성도 트레킹용 레깅스를 입고 그 위에 반바지를 입어도 괜찮다. 트레킹을 하는 동안에는 반바지를 입어도 춥지는 않다. 다만, 비가 내리거나 하면 체온 유지를 위해 긴바지를 입는 게 좋다. 또 반바지만 입을 경우 뾰족한 가시나 벌레 등에 노출될 수도 있다는 것을 고려하자.

> **TIP**
>
> ### 레이어링 시스템
>
> **베이스 레이어**
> 몸 바로 위에 입는 내의 개념의 의류다. 몸에 밀착되는 기능성 의류를 입는 것이 좋다. 땀을 빠르게 흡수하고 배출하는 재질이어야 한다. 수분을 배출하지 못하는 면으로 된 의류는 피한다.
>
> **미드 레이어**
> 체온 유지와 보온성을 위해 베이스 레이어 위에 입는 의류다. 보통 플리스 소재의 가벼우면서도 따뜻한 옷을 입으면 된다. 또한 땀을 잘 배출해야 몸을 쾌적하게 유지한다. 단, 미드 레이어는 너무 두꺼울 필요는 없다.
>
> **아웃터 레이어**
> 바람과 비로부터 보호해 주는 의류로 마지막에 입어준다. 아웃터는 통기성이 있으면서도 방수 및 방풍 기능이 있는 재킷이어야 한다. 가격이 비싸지만 고어텍스 소재 재킷이 가장 확실하다.

신발

트레킹용 신발을 신도록 하자. 가능하면 발목까지 올라오는 하이커 부츠로 방수 기능까지 확인해야 한다. 고어텍스 소재의 방수 트레킹 부츠가 가장 좋다. 장시간 트레킹을 위해서는 본인의 발 사이즈보다 한 사이즈 크게 신는 것을 추천한다. 너무 딱 맞는 신발을 신으면 발이 붓거나 내리막길에서 발이 매우 피로하고 아프다. 만약 트레킹화를 준비하지 못하는 상황이라면 패션용 신발은 안 되며, 운동용 신발로 준비하도록 하자. 이 신발로도 트레킹이 불가능하지는 않다.

악세서리

- **모자**

강한 햇볕을 차단하기 위해 필수다. 캡 스타일 또는 챙이 넓은 디자인이 좋다. 추위를 많이 탄다면 비니를 챙기자. 아침, 저녁으로 유용할 수 있다

- **선글라스**

강한 햇볕이나 빙하, 설산으로 인한 눈부심을 피하기 위해 필수다. 특히, 바람이 불 때도 먼지 등으로부터 눈을 보호하고, 눈이 쉽게 건조해지는 것을 막아준다. 패션용 선글라스보다는 가벼우면서 얼굴에 밀착되는 아웃도어 스타일을 추천한다.

- **버프**

강한 바람으로부터 얼굴을 보호하기 위해 사용하면 좋다. 마스크 또는 헤어밴드처럼 다용도로 사용할 수 있기에 매우 유용하다.

- **작은 앞가방**

트레킹 시 핸드폰이나 간식 등 부피가 작고 자주 사용하는 물품을 보관해 사용하면 편리하다. 가슴이나 허리에 착용하는 것을 준비한다.

- **등산 양말**

장시간 트레킹을 위한 두툼하고 통기성이 있는 등산 양말을 추천한다.

- **등산용 장갑**

두껍지 않으면서 신축성이 좋은 등산용 장갑이 있으면 매우 유용하다.

백패킹 준비물

파타고니아 트레킹을 하면서 산장, 롯지 등을 이용할 수 있지만, 예약이 마감되는 경우도 많고 비용도 상당히 비싸다. 이럴 때는 텐트를 가져가 백패킹을 하면 비용도 절약할 수 있을 뿐만 아니라 대자연 속에서 오롯이 나만의 시간을 보낼 수 있다. 한국에서 준비해 가지 않아도 현장에서 대여가 가능하다.

텐트	3계절 또는 4계절 텐트를 선택한다. 너무 무거운 제품보다는 1~2kg 내외의 경량 제품이 좋다. 크기는 본인의 여행 상황에 맞게 선택하자.
침낭	여름 시즌(12월~2월)은 3계절용으로도 백패킹이 가능하다. 침낭을 고를 때는 충전재, 필파워, 내한 온도 3가지를 고려하자. 충전재는 침낭 속을 채운 재료로 구스다운, 덕다운이 가볍고 보온성이 뛰어나다. 화학 충전재는 가격은 저렴하지만 보온성이 떨어지고 부피도 크다. 필파워는 압축한 후 부풀어 오르는 복원력을 말한다. 높을수록 적은 털로도 풍성하고 보온력이 좋은 침낭이 된다. 내한 온도는 Comfort 기준 -2도~-6도 사이로 선택하는 것이 좋다. 침낭은 백패킹에 매우 중요한 장비로 너무 저렴한 제품은 피하자.
매트	수면 시 바닥의 차가움과 불편함을 위해 반드시 필요하다. 부피를 고려하면 바람을 넣어 사용하는 에어 매트(자충 매트)가 좋다.
등산스틱	험난한 돌길과 내리막 길에서 몸의 중심을 잡아주는 데 아주 유용하다. 스틱 사용법을 몸에 익히지 않으면 오히려 짐이 되기도 한다.
우의	갑자기 비가 오는 경우가 많으니 우의는 필수다. 비닐로 된 1회용 제품이 아닌 배낭까지 다 덮고 편하게 이동할 수 있는 판쵸우의 스타일로 준비하자. 아웃터가 방수 방풍이 되는 재킷이라면 우의 대신 사용해도 된다.
랜턴	캠핑장에서 생활할 때 꼭 필요하다. 너무 크지 않은 소형으로 준비한다. 태양광 충전식 LED 렌턴이나 광량을 조절해 사용 시간을 늘일 수 있는 제품이 좋다.
헤드랜턴	야간에 활동하거나 일출을 보기 위해 새벽에 트레킹할 때 반드시 필요하다.
선크림	극지방과 가까워 자외선 지수가 매우 높으므로 선크림을 반드시 발라야 한다.
캠핑용 버너	백패킹 시 라면, 커피 등 간단한 조리가 가능하도록 준비하자. 가볍고 작은 제품이 좋다.
조리기구 (코펠)	무게가 가벼운 재질 (티타늄 등)으로 접이식 형태가 백패킹에 적합하다.
물통	파타고니아의 트레일에서는 계곡의 물을 바로 떠서 마셔도 괜찮을 정도다. 물을 담을 물통이 있어야 한다. 접히는 실리콘 재질 물병은 부피를 줄일 수 있어 유용하다.
스포츠 수건	얇고 빠르게 건조되는 기능성 수건을 추천한다. 트레킹 시 면 수건은 추천하지 않는다.
긴급용 은박담요	비상시에 추위로부터 몸을 보호해 주는 긴급용 은박담요를 챙기도록 하자.
멀티 콘센트	칠레와 아르헨티나 모두 우리나라와 콘센트 모양이 다르니 꼭 멀티 콘센트를 챙겨야 한다.
보조 배터리	트레킹 시 핸드폰은 필수기 때문에 하나 정도 챙기는 것이 좋다. 너무 무겁고 큰 용량보다는 작은 사이즈의 10,000mh 정도가 좋다.

파타고니아 여행 일정 및 루트

입국 도시 및 여행 루트 정하기

지구 반대편에 위치한 파타고니아로 가는 길은 상당히 멀다. 최소 2~3회 환승을 해야만 하고, 비행 시간도 최소 30시간 이상 걸린다. 인천에서 출발하는 여정이라면 왕복 이동시간만 3일 이상 소요된다. 파타고니아는 칠레와 아르헨티나가 국경을 공유하는 지역이다. 따라서 파타고니아를 갈 때는 입국 국가(도시)를 정해야 한다. 파타고니아로 가기 위해 우선적으로 입국하는 도시는 칠레 산티아고 또는 아르헨티나 부에노스 아이레스로 정한다. 인천에서 두 도시로 가는 항공편은 주로 미국, 캐나다, 유럽을 경유한다. 입국 도시를 정할 때는 본인의 관심 지역과 여행 일정을 고려해 선택하자.

주요 입국 도시

푼타 아레나스

푼타 아레나스는 칠레 파타고니아로 들어서는 가장 주요한 도시이다. '푼타 아레나스 IN'은 여행기간이 10일 내외로 길지 않고, 파타고니아 핵심 트레킹인 토레스 델 파이네 국립공원에 중점을 두고 싶은 여행자들에게 적합하다. 칠레 산티아고에서 푼타 아레나스까지 라탐(LATAM), 스카이(SKY) 항공 국내선이 매일 운행한다. 비용도 편도 10만~20만 원으로 합리적이다. 토레스 델 파이네 트레킹만을 위해 산티아고에서 푸에르토 나탈레스 공항(PNT)로 바로 갈 수도 있다. 하지만 푸에르토 나탈레스로 가는 직항이 적고 가격도 2~3배 비싸다. 푼타 아레나스를 이용하는 것이 여러모로 편리하다. 푼타 아레나스에서 시작해 토레스 델 파이네 트레킹을 마친 후 버스(육로) 이동으로 아르헨티나 지역의 엘 칼라파테, 엘 찰텐 피츠로이 트레킹까지 파타고니아의 핵심 지역을 대략 10일 내외의 일정으로 여행할 수 있다.

파타고니아 여행 루트

인천발 남미행 주요 항공편	대한항공+델타항공 : 미국(애틀란타) 경유 산티아고 행 / 부에노스 아이레스 행 라탐(LATAM)항공 : 미국(LA) 경유 산티아고 행 터키항공 : 이스탄불, 상파울루 경유 부에노스 아이레스 행 루프트한자 : 프랑크푸르트 경유 부에노스 아이레스 행			
1차 도착지	칠레 산티아고 (SCL)	아르헨티나 부에노스 아이레스 (EZE)		
최종 도착도시	푼타 아레나스 (PUQ)	우수아이아 (USH)	엘 칼라파테 (FTE)	산 카를로스 데 바릴로체 (BRC)
여행 루트	토레스 델 파이네 트레킹 및 파타고니아 핵심 코스	파타고니아 최남단에서 위(북쪽)로 올라가는 루트	모레노 빙하와 피츠로이 트레킹 등 아르헨티나 파타고니아의 핵심 코스	파타고니아 북단에서 아래(남쪽)로 내려가는 루트
특징	파타고니아 핵심 트레킹만 여행할 경우	파타고니아 여행 후 남미 여행을 계속할 경우	짧은 트레킹과 빙하 체험 위주에 적합	파타고니아 여행으로 남미 여행을 마무리하는 경우
추천 일정	10일 내외	20일 이상	7일 내외	20일 이상

우수아이아

우수아이아는 남극으로 가는 기항지로 남미 대륙 최남단 도시이다. 파타고니아에서부터 남미 여행을 시작한다거나, 20일 이상의 일정으로 파타고니아 전체를 여행하려는 여행자에게 '우수아이아 IN'을 추천한다. 최남단에 위치한 우수아이아부터 북쪽 방향으로만 이동하며 파타고니아를 여행할 수 있어 시간과 비용적인 면에서 효율적이다. 아르헨티나 항공이 부에노스 아이레스에서 우수아이아까지 매일 다양한 시간대로 운행한다.

엘 칼라파테

엘 칼라파테는 아르헨티나 파타고니아의 가장 핵심적인 도시다. '엘 칼라파테 IN'은 여행 일정이 7일 정도로 짧지만, 파타고니아 트레킹과 빙하와 같은 대자연을 만끽하고 싶은 사람들에게 추천한다. 일주일 정도의 짧은 일정으로는 칠레 토레스 델 파이네처럼 장기간 트레킹은 쉽지 않다. 하지만 엘 칼라파테에서 페리토 모레노 빙하 투어가 바로 가능하고, 버스로 3시간 거리인 엘 찰텐에서는 피츠로이 트레킹이 가능하다. 피츠로이 트레킹은 초보자도 큰 무리 없이 도전해 볼 수 있다. 따라서 엘 칼라파테를 기점으로 하는 여행은 일정이 짧지만 파타고니아의 매력을 압축적으로 체험해보고 싶은 여행자에게 적합하다. 빙하부터 트레킹까지 파타고니아 대자연의 핵심을 짧은 시간에 즐길 수 있다.

산 카를로스 데 바릴로체

산 카를로스 데 바릴로체는 파타고니아에서 가장 북쪽 끝에 위치해 있다. 아르헨티나 부에노스 아이레스에서 항공편으로 1시간 30분 거리다. 칠레 산티아고에서 버스로 약 20시간이면 갈 수 있다. '바릴로체 IN'은 우수아이아 경우와 반대로 남미 여행을 하던 여행자들이 파타고니아 여행을 시작하기에 적합하다. 보통 페루, 볼리비아, 칠레 등을 여행하고 파타고니아로 내려오면 만날 수 있는 첫 도시가 바릴로체다. 바릴로체를 기점으로 우수아이아까지 남쪽으로 내려가며 파타고니아의 주요 도시를 여행하면 된다.

바릴로체는 '남미의 스위스'라 불릴 만큼 자연이 아름다운 곳이라 그 자체로도 매력적인 여행지다. 다만 같은 파타고니아라고는 하지만 위에서 언급한 파타고니아 핵심 도시들과 바릴로체는 아주 멀리 떨어져 있다. 만약 바릴로체 여행 후 파타고니아 핵심 지역을 여행하려면 바릴로체에서 엘 칼라파테로 가는 항공권을 미리 예매해 놓는 것이 좋다. 성수기가 되면 항공권이 점차 비싸지고, 좌석을 구할 수 없는 경우도 있다. 그렇게 되면 어쩔 수 없이 버스를 타고 파타고니아 중심 여행지로 가야 한다. 바릴로체에서 엘 칼라파테까지는 버스로 30시간 정도 걸리는 매우 힘든 여정이다. 항공권을 미리 예매하면 버스비와 크게 차이나지 않는다.

입국 비자

한국 여권 소지자는 칠레와 아르헨티나에 무비자로 입국해 최대 90일까지 체류할 수 있다. 따라서 별도로 비자를 발급받지 않아도 된다. 다만 미국이나 캐나다를 경유해서 간다면 반드시 해당 국가의 전자 여행비자(미국 ESTA, 캐나다 ETA)를 받아야 한다.
칠레는 입국 시 이민청(PDI)에서 입국 영수증을 준다. 이 영수증은 출국 시 반드시 제출해야 하니 잘 보관해야 한다. 분실 시 과태료를 내거나, 이민청에서 일정 비용을 내고 다시 발급받아야 한다. 아르헨티나는 입국 시 여권에 입국 스탬프를 찍지 않는다. 장기 여행자는 체류 기간이 90일을 초과하지 않도록 유의한다. 체류 기간을 넘기면 불법 체류 등의 문제가 발생한다. 또한 여권 유효기간이 최소 6개월 이상 남아 있도록 준비하자.

칠레의 깐깐한 검역

칠레는 세계에서 검역이 가장 엄격한 나라 중 하나다. 자연적으로 고립된 지리적 특성과 국가경제의 핵심인 농업의 보호를 위해 검역을 매우 철저하고 엄격하게 한다. 따라서 칠레 입국 시 반입 금지 품목을 철저하게 확인하고 실수하지 않아야 한다. 신고할 사항이 있다면 반드시 검역관에게 신고하여 벌금 등의 불이익을 받지 않도록 하자. 주요 반입 금지 품목은 과일, 채소, 씨앗 및 견과류 등 신선 농산물, 그리고 햄, 치즈, 요거트, 달걀 등 가공되지 않은 육류 및 유제품이다. 특히 한국인이 자주 가져가는 음식류 중 조리되지 않은 생쌀, 현미, 미숫가루, 발아 가능한 씨앗류로 참깨, 들깨 등이 불가하니 유념하자.

파타고니아 치안

남미 여행을 떠올리면 바로 드는 생각이 '치안은 괜찮을까?'다. 남미 일부 국가의 경우 치안이 크게 불안하다고 알려졌기 때문이다. 그러나 너무 걱정할 필요는 없다. 칠레와 아르헨티나는 남미 다른 국가에 비하면 비교적 치안 관리가 잘 되고 있다. 특히, 파타고니아 지역은 치안에 대해 걱정하지 않아도 될 정도로 안전하다. 다만, 어디를 가도 좀도둑은 있다. 항상 본인 소지품은 잘 보관해야 한다. 카페나 레스토랑 등 공공장소에서는 항상 소지품을 휴대하고 있어야 한다. 또 도심에서는 밤늦게 혼자 다니는 것은 삼가하자. 혼자 여행을 한다면 가급적 다른 여행자들과 동행을 이뤄 트레킹이나 이동을 하는 것도 좋은 방법이다.

도시별 이동 방법

파타고니아는 넓다. 도로는 단순하며, 아직 비포장인 곳도 많다. 따라서 주요 목적지까지는 항공으로 접근하는 것이 편리하다. 파타고니아를 구석구석 여행하는 장기 여행자들은 장거리 버스를 즐겨 이용한다. 단, 장거리 버스는 시간이 만만치 않게 걸린다. 일주일, 혹은 보름 정도 일정의 여행자들은 이동 시간을 최소화해야 한다. 일행이 여럿이라면 렌터카도 좋은 대안이다. 렌터카는 버스로 접근할 수 없는 파타고니아의 구석구석을 여행할 수 있다.

항공

푼타 아레나스와 토레스 델 파이네 트레킹 거점 푸에르토 나탈레스를 제외하면 파타고니아의 주요 도시 대부분은 아르헨티나에 속해 있다. 따라서 아르헨티나 도시를 이용해 파타고니아를 여행한다면 국내선 항공을 미리 예매하자. 아르헨티나항공, 플라이본디Flybondi 같은 아르헨티나 국내선을 이용하면 합리적인 요금으로 이동이 가능하다. 2~3개월 전에 항공권을 구매하면 장거리 버스와 비교해 가격도 큰 차이가 나지 않는다. 일정이 정해진다면 최대한 빨리 항공권을 구매하는 것을 추천한다. 사전 구매 추천 구간은 아르헨티나 바릴로체~엘 칼라파테, 엘 칼라파테~우수아이아, 우수아이아~부에노스 아이레스, 칠레 푼타 아레나스(푸에르토 나탈레스)~산티아고다.

장거리 버스

파타고니아의 주요 도시는 모두 버스로 이동이 가능하다. 장거리 버스는 우리나라 고속버스 정도 수준으로 매우 청결하고 편리하다. 버스 운행 스케줄은 성수기와 비수기에 따라 달라진다. 도시마다 Terminal de Autobús 또는 Omnibús 같은 버스터미널이 있다. 대부분의 장거리 버스는 이곳을 통해 승차권 구매 및 탑승을 할 수 있다. 미리 인터넷으로도 구매할 수도 있다. 성수기에는 원하는 날짜에 버스 자리가 없는 경우가 많이 발생한다. 따라서 일정에 맞게 미리 예매하는 것이 좋다. 현지에서 버스표를 구매한다면, 여행 기점이 되는 도시에 도착하는 그날 바로 버스터미널에서 다음 도시로 이동할 버스표를 예매하는 것이 좋다.

남미의 버스터미널을 이용할 때 주의할 점이 있다. 우리나라는 행선지만 선택하고 키오스크를 통해 결제하는 시스템이지만, 이곳은 다르다. 터미널 내부에 다양한 버스 회사들이 각자의 창구를 운영한다. 회사마다 노선, 시간, 가격이 모두 다르기 때문에 원하는 행선지에 따라 맞는 회사 창구를 찾아가 표를 구매해야 한다. 또한 같은 행선지를 간다고 해도 회사마다 가격이 상이하기 때문에 반드시 몇 군데 가격을 비교할 필요가 있다.

파타고니아 주요 버스 회사

버스 수르 Bus Sur _ 칠레

칠레 파타고니아 도시를 비롯해 아르헨티나 도시까지 연결해 주는 가장 주요한 버스 회사다. 우수아이아부터 푼타 아레나스, 푸에르토 나탈레스, 엘 칼라파테 등을 연결하며 시간대가 다양한 편이다. 대부분의 파타고니아 여행자들이 이 버스를 이용한다. www.bussur.com

마가 탁사 Marga Taqsa _ 아르헨티나

바릴로체, 엘 칼라파테, 우수아이아 등 아르헨티나 파타고니아 도시들을 연결한다. 가장 인기 많은 엘 칼라파테~엘 찰텐, 엘 칼라파테~푸에르토 나탈레스 구간을 운행한다. 장거리부터 짧은 거리 구간까지 운영해 편리하게 이용할 수 있다. www.taqsa.com.ar

주요 구간별 버스 이동 시간 및 운임

출발지	도착지	소요 시간	요금
바릴로체	엘 칼라파테	30시간	180USD
엘 칼라파테	우수아이아	21시간	100USD
엘 칼라파테	엘 찰텐	3시간	32USD
우수아이아	푼타 아레나스	11시간	60USD
푼타 아레나스	푸에르토 나탈레스	3시간 30분	9USD
푸에르토 나탈레스	엘 칼라파테	6시간	35USD

렌터카

광활한 대자연과 끝없이 펼쳐진 도로를 자유롭게 달릴 수 있다는 점에서 렌터카는 파타고니아를 여행하는 좋은 방법 중 하나다. 하지만 렌터카 여행은 제약이 있다. 우선 다른 지역에 비해 렌터카 가격이 비싼 편이다. 칠레와 아르헨티나에 걸쳐 있는 파타고니아 특성상 국경을 넘나들면서 문제가 발생할 수도 있다. 그러나 4인이 여행한다면 렌터카를 고려할 만하다. 4인이 렌터카를 이용하면 버스를 이용하는 것과 비교해 가격이 비슷하거나 저렴하다. 반면 버스 일정에 얽매이지 않고 훨씬 자유로운 여행이 가능하다. 렌터카 대여료는 성수기 기준 오토매틱 차량 1일 15만~25만 원 정도다. 인터넷으로 예약하는 것이 현지에서 직접 렌트하는 것보다 저렴한 편이다.

렌터카 대여 시 고려 사항

렌터카를 대여할 때는 렌터카 업체 방문 전에 스카이스캐너, 카약닷컴 같은 인터넷 검색 사이트를 활용해 전반적인 가격을 체크하자. 그런 다음 렌터카 업체를 방문해 인터넷 사이트에서 확인한 가격과 얼마나 차이가 나는지 비교하자. 보통은 온라인 가격이 저렴한 경우가 많다. 하지만 온라인에서 체크한 가격과 업체에서 제시한 가격이 비슷하다면 업체에서 직접 예약한다. 렌터카 예약을 할 때는 주의 사항을 잘 체크하자. 가장 중요한 것은 보험 여부(가능하면 풀커버로 가입한다), 주행 거리 제한 여부다. 렌터카는 보통 운전자 두 명까지는 무료로 등록이 가능하니 모두 등록해 두자. 렌트를 위해서는 여권, 영문 운전면허증, 국제운전면허증, 본인 명의의 신용카드가 꼭 필요하다. 렌터카 수령 시에는 반드시 직원과 함께 차량 상태를 꼼꼼히 확인하자. 그리고 핸드폰으로 차량의 상태를 영상으로 찍어 놔야 나중에 불상사가 생기지 않는다.

영문 운전면허증 사용 불가

우리나라에서 발급하는 영문 운전면허증 사용 가능 국가에 칠레와 아르헨티나는 포함되지 않는다(25년 10월 기준). 하지만 실제 대여 시 여권과 영문 운전면허증만으로 렌트가 가능했다. 하지만 공식적으로는 국제운전면허증이 필요하다. 파타고니아에서 렌터카 여행을 할 계획이라면 꼭 국제운전면허증을 발급해서 가자.

Special Page

추천 렌터카 여행 코스

할 수만 있다면 렌터카 여행은 파타고니아의 매력을 제대로 즐기는 가장 확실한 방법이다. 이동의 자유는 물론, 자동차를 타고 가면서 만나는 풍경은 두고두고 기억에 남는다. 파타고니아의 매력을 느낄 수 있는 렌터카 여행 추천 코스를 소개한다.

아르헨티나 RUTA 40

아르헨티나를 남북으로 가로지르는 대표적인 국도 RUTA 40을 달려보자! RUTA 40의 파타고니아 구간은 세계적으로도 멋진 드라이브 코스로 손꼽힌다. 특히 엘 칼라파테~엘 찰텐 구간은 길도 잘 되어 있고, 왕복 500km 거리라 당일 또는 1박2일로 다녀올 수 있어 많은 여행자들이 렌터카 여행을 선택한다. 옥빛의 아르헨티나 호수와 비에드마 호수를 바라보며 쾌청한 하늘 아래 막힘 없이 달리는 순간은 잊을 수 없는 파타고니아 여행을 만들어준다. 엘 찰텐에 가까워지면 쭉 뻗은 도로와 피츠로이 봉우리가 한눈에 들어와 사진에서 보던 압도적인 풍경이 펼쳐진다. 바릴로체~엘 볼손 구간도 경치가 매우 좋아 드라이브 코스로 추천한다.

칠레 카레테라 아우스트랄

카레테라 아우스트랄(Carretera Austral, Ruta 7)은 칠레 파타고니아 북쪽 푸에르토 몬트부터 비야 오이긴스까지 이어주는 1,240km 거리의 도로다. 칠레 파타고니아의 대자연을 관통하는 전설적인 도로로 자동차, 오토바이, 그리고 자전거 여행자까지 모두가 꼭 달려보고 싶어 하는 곳이다. 다만 도로 70%가 비포장 도로이고, 중간중간 페리를 타고 호수를 건너가야 곳도 많다. 전체 구간을 여행한다면 2주 이상 잡아야 한다. 렌터카는 4륜 구동 차량을 추천한다. 또 주유소가 드물어 주유소가 나올 때마다 항상 연료를 가득 채우도록 하자. 만약 캠핑 장비를 준비해 와일드 캠핑으로 여행하면 더욱 추억에 남을 것이다.

📍 칠레 RUTA 9~Y-150

칠레 파타고니아 절경을 만끽하는 코스다. 푸에르토 나탈레스부터 토레스 델 파이네와 그 주변을 찾아간다. 거리는 80~150km로 토레스 델 파이네 국립공원이 바라보이는 다양한 전망대를 들러간다. 이곳들은 대부분 버스로는 갈 수 없고 투어를 이용해야만 갈 수 있다. 다만 이 코스는 비포장 구간도 많고 강한 바람이 불기 때문에 운전에 주의해야 한다.

● 파타고니아 렌터카 여행 시 고려할 점 ●

수동 & 자동
남미 대부분의 렌터카는 수동 차량이다. 만약 수동 운전에 미숙하다면 안전을 위해 반드시 오토 차량을 선택해야 한다. 오토 차량은 수동 차량에 비해 가격이 1.5배 이상 비싸다. 차량도 많지 않아 구하기 힘든 경우가 종종 있다.

주행 가능 거리
일부 렌터카 업체는 1일 주행 가능 거리에 제한을 두는 경우가 있다. 보통 200~300km로 제한을 걸고 그 제한을 넘을 시 1km당 추가 요금을 받는다. 렌터카 대여 시 반드시 이 점을 확인해야 한다. 인터넷 예약 또는 업체 방문 시 무제한 마일리지 옵션을 꼭 확인하자.

국경 통과 허가증
렌터카로 칠레와 아르헨티나 국경을 넘으려면 '국경 통과 허가서'가 필요하다. 추가 보험 가입을 할 수도 있다. 이 서류들이 없으면 렌터카로 국경을 넘을 수 없다. 국경을 넘을 계획이라면 우선 렌터카 회사에 국경 이동이 가능한지 문의한 후 필요한 절차에 따른다.

주유소
파타고니아는 주유소가 매우 드물게 있다. 따라서 주유소가 있다면 연료를 항상 가득 채워 놓는 것이 좋다. 장기간 렌터카 여행을 한다면 비상시를 대비해 연료통을 구매해 비상용 연료를 가지고 다니는 것도 고려해야 한다.

강한 바람과 비포장 도로
파타고니아는 운행하는 차량이 많이 없어 자칫하면 과속하기 쉽다. 하지만 강한 바람과 비포장 도로, 야생동물 같은 돌발상황에 대비해 항상 방어운전을 한다. 시도 때도 없이 부는 파타고니아의 바람은 차가 흔들릴 만큼 강력해 절대 방심하면 안 된다. 또한 비포장 도로가 많아 타이어 펑크나 먼지로 인한 시야 확보의 어려움 등에 대비해야 한다. 과나코 같은 야생동물이 갑자기 튀어나올 수도 있다.

여행 예산

파타고니아 여행 시 예산을 세부적으로 계획하는 것은 매우 어렵다. 분명한 것은 아르헨티나와 칠레 다른 지역에 비해 물가가 비싸다. 그 이유는 파타고니아가 지역적으로 매우 멀고 고립되어 있으며, 관광업 외에는 별다른 산업이 없는 곳이기 때문이다. 여기에 전 세계 각지에서 모여드는 여행자들로 인해 물가는 매년 오르고 있다. 또한 파타고니아는 칠레와 아르헨티나 두 나라에 걸쳐 있어 여행을 할 때는 두 나라의 화폐와 물가를 모두 고려해야 한다. 따라서 이 책의 예상 비용은 파타고니아 물가를 파악하고 예산을 고려하는 데 대략적인 참고용으로 사용하는 것이 좋다.

기본적인 물가

아르헨티나는 소고기가 질이 좋고 저렴하다. 하지만 기타 식재료나 공산품 등은 싸지 않다. 칠레의 물가는 전반적으로 우리나라와 비슷하거나 조금 저렴하다. 그 중 과일, 채소류는 상당히 저렴하다. 아래 표에 나온 기본적인 물가를 보면 파타고니아의 전반적인 물가를 느껴볼 수 있을 것이다. 매 끼니 식당을 이용하기 부담스러운 배낭여행자들은 주로 마트에서 식재료를 사서 호스텔이나 캠핑장에서 요리를 해먹는 경우가 많다. 파타고니아는 마트에서 구입하는 물품 가격도 다른 지역에 비하면 비싸지만, 그래도 식비를 많이 절약할 수 있다.

주요 제품 가격

	칠레	아르헨티나
빅맥 버거 세트	1만 원	1만 6,000원
커피(아메리카노)	3,500원	5,000원
식당 내 생맥주 500ml 한 잔	4,500원	7,500원
소고기 1kg	2만 5,000원 내외	1만 5,000원~
돼지고기 1kg	1만 원 미만	1만 원~
맥주 1캔	1,500원	3,000원~
와인 1병	5,000원~	7,000원~
콜라 1캔	1,500원	3,000원
계란 12개	8,000원	5,000원
우유 1L	1,500원	3,000원
물 1.5L	1,500원	2,000원
사과 1kg	3,000원	6,000원

숙박비

여행에서 가장 큰 부분을 차지하는 숙박비는 국가와 시기에 따라 차이가 크다. 파타고니아는 기본적으로 다른 남미 지역에 비해 상대적으로 숙박비가 비싸다. 성수기에는 그 가격이 더 오른다.

숙박시설과 숙박료

캠핑장	텐트, 침낭 등 캠핑 장비가 있다면 캠핑이 가장 경제적이다. 조리 공간, 샤워장 등의 부대시설을 이용하는 캠핑장은 1박에 인당 1만~2만 원이다.
호스텔&게스트하우스	보통 4~8개의 도미토리 베드를 공유하는 호스텔이나 게스트하우스는 1박에 3만~5만 원 정도 한다.
중간급 호텔&에어비앤비	2인 이상 여행하는 경우 중간급 호텔 또는 적당한 크기의 에어비앤비를 많이 사용한다. 1박에 보통 8만 원 내외면 적당한 가격이다. 시설이 좋거나 규모가 더 크면 10만 원 이상이다
고급 호텔&롯지	자연 경관을 감상하고 고급 시설을 누릴 수 있는 호텔 및 롯지는 1박에 20만 원 이상이다. 또한 국립공원 내 입지한 고급 호텔은 비용이 매우 비싸다.

식비

파타고니아는 지역적으로 고립되었고 대부분의 재료와 물품을 외부에서 조달하기 때문에 다른 지역에 비해 비싼 편이다. 식당에서 사 먹는 가격은 우리나라 물가와 비슷하거나 조금 더 비싸다고 생각하면 된다.

식사 클래스와 가격

저렴한 식사	작은 레스토랑이나 푸드트럭에서 엠파나다(남미식 만두), 파스타, 햄버거와 같은 간단한 현지 음식은 한끼에 1만~3만 원으로 해결이 가능하다. 카페에서 커피와 빵 종류를 먹는 간단한 아침 식사는 1만 원 이하로 가능하다.
중간급 식사	비교적 괜찮은 레스토랑에서 맥주나 와인을 곁들여 먹는 중간급 식사는 보통 한 끼에 3만~5만 원 내외라고 생각하면 된다. 아르헨티나에서는 전통 방식으로 고기를 구워 주는 바비큐 아사도, 칠레에서는 해산물이나 국물 요리를 먹을 수 있다.
고급 식사	고급 호텔이나 레스토랑에서 현지 특산 요리, 고급 와인 등을 페어링해서 즐기는 고급 식사는 끼니당 10만 원 이상으로 생각하면 된다. 물론 식당에 따라 천차만별일 수 있다.

환전 및 카드 사용

2025년 하반기 기준 환율
칠레 1,000CLP＝1USD＝1,450원
아르헨티나 1,200ARS＝1USD＝1,450원

칠레나 아르헨티나에서는 미국 달러를 환전해서 가는 것이 좋다. 그 중에서도 100달러 지폐는 가장 좋은 환율로 바꿀 수 있다. 주요 도시의 여행자 거리에는 까사 데 깜비오Casa de Cambio라고 부르는 환전소가 많다. 이곳에서 환전을 하면 된다. 환전 후 직원 바로 앞에서 정확한 금액을 받았는지 반드시 체크하자. 환전소 주변에는 여행자들을 노리는 소매치기가 많으니 항상 주의해야 한다.
달러를 현금으로 많이 소지한 채 여행하기 부담스럽다면 웨스턴 유니언 송금 서비스를 활용하면 좋다. 현재 하나은행, 카카오뱅크 등에서 이 서비스를 제공한다. 본인의 계좌에서 웨스턴 유니언 송금으로 최대 7,000USD까지 가능하다. 수수료는 1회 5USD다. 송금 시 수취자(본인)의 성, 이름, 송금 받는 국가(칠레 또는 아르헨티나)를 정확히 입력한다. 현지에서 웨스턴 유니언을 방문해 입금 정보와 여권을 제출하면 입금한 USD 금액만큼 페소로 환전해서 현금으로 준다. 웨스턴 유니언의 환율은 상당히 좋은 편이다. 주의할 점은 너무 큰 금액은 현금 부족 등의 사정으로 환전을 거부하는 경우가 있다. 웨스턴 유니언 서비스 이용 시 1회 200~300USD 정도가 적당하다. ATM기를 이용해 현금을 인출할 수도 있으나 수수료가 매우 비싸서 추천하지 않는다.
칠레와 아르헨티나 모두 신용카드 사용에는 큰 문제가 없다. 호텔, 마트, 식당은 물론 작은 슈퍼, 노점까지 사실상 거의 모든 곳에서 신용카드 사용이 가능하다. 종종 현금만 받는 재래시장이나 택시도 있기는 하다.

초 인플레이션 아르헨티나 물가에 대하여

아르헨티나는 정치, 경제적 문제로 인해 매년 높은 인플레이션 문제를 겪고 있다. 2023년 하비에르 말레이 대통령 취임 후 환율이 어느 정도 안정되었다고는 하나 매달, 매년 모든 것의 가격이 오른다고 생각하면 된다. 따라서 아르헨티나는 항상 물가 상승과 환율 변동이 있다는 점을 고려해야 한다. 이 책에서 아르헨티나 여행지의 경우 아르헨티나 화폐 단위인 페소(ARS) 전에 미국 달러(USD)로 표시하는 것도 이 때문이다. 인플레이션이 발생해 아르헨티나 페소의 가치가 떨어져도 달러 가격은 어느 정도 유지되기 때문이다.

아르헨티나는 나라에서 지정하는 공식 환율과 실제 거래되는 암환율(Blue Dolar)에 차이가 있다. 불과 1년 전만 해도 공식 환율보다 암환율이 두 배 정도 좋아 여행자들에게 매우 유리한 상황이었다. 하지만 현재는 그 차이가 많이 줄었다. 그래도 여전히 암환율의 환율이 더 좋기 때문에, 대부분의 여행자들은 사설 업체에서 암환율로 달러를 아르헨티나 페소로 환전해서 사용한다. 환율은 매일매일 달라지는데 아르헨티나 페소의 가치는 지속적으로 떨어진다. 따라서 환전을 할 때는 한 번에 많은 금액을 환전하지 말고 100~200USD 정도 필요한 만큼만 환전해서 사용하기를 권한다. 아르헨티나 페소 환율은 구글에 BLUE DOLAR를 검색하거나 www.lanacion.com.ar/dolar-hoy에서 확인할 수 있다.

신용카드를 사용한다면 공식 환율과 암환율 사이의 환율 정도를 적용받는다. 큰 금액이 아니라면 신용카드를 사용해도 큰 손해를 보지 않는다. 하지만 아르헨티나를 여행할 때는 달러를 환전해서 가는 것이 가장 좋다. 100달러 신권에 환율을 가장 높게 쳐준다.

통신 & 여행 정보

유심 및 데이터 충전

칠레와 아르헨티나에서 전화 및 데이터를 사용하려면 유심을 구매해야 한다. 두 나라가 파타고니아라는 여행지로 묶여 있다고 해도 나라별로 각각 유심을 구매, 개통하여 사용해야 한다. 또 두 나라의 추천 회사 및 개통 방법도 다르다.

칠레

추천 유심: Entel
기간: 30일
용량: 10기가
가격: 7,000CLP

대형 마트에 가면 통신사별 선불칩(Prepago)을 판매한다. 가격은 3,000원 정도로 저렴하다. 유심을 꽂고 설명서에 쓰인 번호로 전화를 걸면 자동으로 개통이 된다. 개통 문자에 본인의 전화번호가 안내된다. 개통 후 회사 Entel 어플리케이션을 다운받아 부여받은 전화번호를 등록, 원하는 플랜으로 충전하면 된다. 어플을 시작한 후 먼저 Recargar Saldo를 눌러 잔액을 충전해야 한다. 그런 다음 Comprar Bolsas로 들어가 충전된 금액으로 원하는 플랜(데이터 용량)을 선택한다. 만약 충전하는 방법이 어렵다면 마트에서 선불칩을 구매한 후 Entel 지점을 찾아가 개통 및 충전을 해도 된다.

아르헨티나

추천 유심: Movistar
기간: 30일
용량: 10기가
가격: 4.5USD(6,500ARS)

아르헨티나에서 선불칩을 사려면 작은 슈퍼 개념인 키오스코로 가야 한다. 키오스코에 통신사 유심칩을 판다고 씌어 있거나 스티커가 붙어있다. Movistar 선불칩은 2,000원 미만으로 살 수 있다. 아르헨티나에서는 개통하는 방법이 조금 까다롭다. 스페인어에 익숙하지 않다면, 유심칩 구매 후 근처의 Movistar 지점을 찾아가는 것이 좋다. 개통을 위해서는 반드시 여권을 지참해야 한다. 개통한 후 충전 방법은 칠레와 동일하다. 어플리케이션 설치 및 번호 등록 후 Recargar Saldo를 눌러 잔액을 충전한다. 그런 다음 Arma tu Pack으로 들어가 원하는 데이터와 기간을 선택하면 된다.

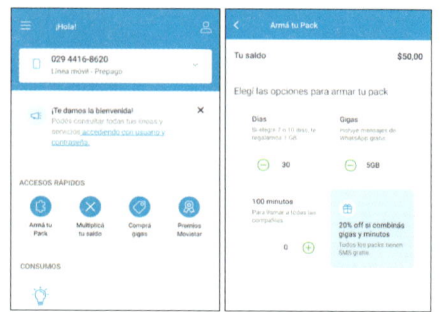

파타고니아 통신 사정

파타고니아 지역의 통신 사정은 한국과는 많이 다르다. 주요 도시나 관광지에서는 비교적으로 안정적인 데이터 사용이 가능하다. 하지만 조금만 외곽으로 나가도 데이터 사용이 불가능하며 심지어 전화 신호마저 잘 안 잡히는 경우가 많다. 트레킹을 하는 국립공원 대부분의 지역은 신호가 없고, 일부 캠핑장이나 산장에서 제한적으로 가능하다. 또한 카레테라 아우스트랄이나 루타 40 같은 장거리 도로에서는 수십~수백 km 동안 신호가 끊길 수 있다. 이러한 이유로 대부분의 호텔, 호스텔, 레스토랑, 버스터미널에서는 무료 와이파이를 제공한다. 이마저도 우리나라처럼 속도가 빠르지 않다. 많은 사람이 접속하면 끊길 수 있다. 국립공원 내 캠핑장에서는 와이파이가 없는 경우가 많고, 제공하더라도 유료로 서비스한다.

따라서 파타고니아 여행 시에는 구글지도 오프라인 다운로드 서비스, Maps.me(오프라인 지도 어플) 등을 활용해야 한다. 또한 갑작스럽게 인터넷이 없을 때를 대비해 숙소 주소, 연락처, 투어 바우처 등은 캡처해서 저장해 두는 것이 좋다.

추천 어플

Maps.me
트레킹할 때 반드시 필요한 어플이다. 미리 지도를 다운로드해 두면 신호가 잡히지 않는 산속에서도 실시간으로 위치 파악을 하며 갈 수 있다.

Whatapp
해외에서 사용하는 카카오톡 같은 메신저 어플이다. 파타고니아 여행 시 종종 투어 예약, 문의 등을 왓츠앱으로 하는 경우가 있어 유용하게 사용할 수 있다.

Google Maps
해외 여행 시 필수 어플이다. 인터넷이 안 되는 경우를 대비해 오프라인 지도도 다운받을 수 있다.

Wikiloc
현지인이 기록한 트레일 정보가 상당히 많다. 코스의 난이도, 거리, 예상 시간 등 상세한 경로를 제공한다.

iOverlander
캠핑장, 무료 주차 장소, 주유소, 샤워 시설 등의 정보를 찾을 수 있다. 백패커, 자전거 여행자에게 매우 유용하다.

Windy
실시간 날씨 정보를 확인하기 좋은 어플이다. 특히 바람 정보를 확인할 수 있어 강풍이 잦은 파타고니아에서 매우 유용하다.

AllTrails
트레킹 코스 추천 및 길 찾기에 많이 사용된다. 피츠로이, 토레스 델 파이네 등 주요 트레킹 코스도 확인 가능하다.

꼭 먹어봐야 할 음식

파타고니아는 칠레와 아르헨티나에 걸쳐 있다. 두 나라는 이웃해 있지만 음식문화에서는 큰 차이를 보인다. 태평양에 접한 칠레는 싱싱한 해산물을 재료로한 음식이 발달했다. 반면, 세계 최대의 팜파스 초원이 있는 아르헨티나는 질 좋은 소고기를 이용한 요리가 유명하다. 특히, 두 나라는 와인도 유명하다. 칠레의 다양한 종류의 와인은 음식 스타일에 따라 골라 마실 수 있다. 아르헨티나 말벡 와인은 소고기 스테이크와 환상적인 궁합을 이룬다. 또 칠레는 독일 이민자들이 들여온 맥주가, 아르헨티나는 개성 넘치는 수제 맥주가 유명하다. 파타고니아는 세계적인 여행지인 만큼 글로벌 스타일의 음식문화도 있다. 여행지의 레스토랑이나 카페에서 파스타와 피자, 빵 등 서구식 음식을 쉽게 만날 수 있다. 파타고니아 여행에서 꼭 먹어봐야 할 음식을 알아보자.

칠레 Chile

카수엘라 Cazuela

칠레의 전통적인 스튜 혹은 국물요리이다. 우리에게 친숙한 뚝배기 같은 그릇을 칠레에서는 '카수엘라'라고 부른다. 이 그릇에 고기, 해산물 등을 넣고 푹 끓여 국물과 함께 먹는 음식이다. 따뜻한 국물이 그리울 때 먹으면 좋다.

소파 데 마리스코스 Sopa de Mariscos

칠레의 대표적인 해산물 수프다. 신선한 해산물을 듬뿍 넣어 만든 진하고 맛있는 국물 요리다. 해산물에 토마토, 양파, 허브 등을 넣고 끓여 시원하다. 한국인 입맛에도 잘 맞는다.

세비체 Ceviche

생선이나 해산물을 레몬이나 라임 주스와 함께 마리네이드하여 만드는 요리다. 상큼하고 신선한 맛이 매력적이다. 우리나라처럼 회로 만들기도 하고 살짝 데친 해산물을 이용하기도 한다. 칠레는 길고 아름다운 해안선을 가지고 있는 국가라 어딜 가도 신선한 세비체를 맛볼 수 있다.

파스텔 데 초클로 Pastel de Choclo

칠레의 전통적인 옥수수 요리로 곱게 간 옥수수에 고기와 여러 재료를 넣어 만든 요리다. 여름철 옥수수 수확기에 주로 먹으며 고기와 옥수수의 단짠단짠한 조화가 특징이다.

콤플레토 Completo

현지인들이 가장 편하고 빠르게 먹는 음식으로 칠레식 핫도그라고 보면 된다. 빵 사이에 소시지를 넣고 잘게 썬 토마토, 아보카도, 마요네즈, 소금에 절인 양배추 등을 올려준다. 칠레의 길거리에서 쉽게 볼 수 있다. 가벼운 간식이나 야식으로 좋다.

모테 콘 우에시요 Mote con Huesillo

말린 복숭아로 만드는 칠레의 여름 음료다. 우리나라의 식혜, 수정과와 비슷한 개념의 칠레 전통음료다. 달콤하고 시원한 맛이 특징으로 칠레 전역의 길거리나 마트에서 찾아볼 수 있다.

피스코 사워 Pisco Sour

'피스코'라는 칠레의 대표적인 브랜디에 레몬 주스, 설탕, 계란 흰자 등을 넣어 만든 칵테일이다. 부드럽고 상큼한 맛이 좋다. 현재 칠레와 페루 두 국가가 자신들이 피스코 사워의 원조라고 주장하고 있다. 페루와 달리 칠레의 피스코 사워는 좀 더 깔끔하고 부드러운 맛이 특징이다.

칠레 와인 Chile Wine

칠레는 남미를 대표하는 와인 국가다. 까베르네 쇼비뇽, 피노 누아, 카르메네르 등 다양한 품종의 포도로 와인을 생산하며 가격과 품질 모두 만족스럽다. 레스토랑이나 숙소에서 부담 없이 맛볼 수 있다. 추천 와인 브랜드는 Casillero del Diablo, Santa Rita 120, Santa Carolina.

아르헨티나 Argentina

아사도 Asado

아르헨티나를 대표하는 음식이다. 소고기, 돼지고기, 양고기 등을 숯불에 구워 먹는 전통 방식의 바비큐다. 아르헨티나는 합리적인 가격에 질 좋은 고기를 먹을 수 있다. 특히 다양한 허브와 기름, 식초로 만든 아르헨티나 전통 소스 치미추리Chimichurri와 곁들여 먹으면 좋다.

파리샤 Parrillada

아사도의 변형된 바비큐 형식이다. 숯불을 지피고 철판 위에 여러 가지 고기 부위를 구워 먹는다. 고기뿐 아니라 소시지, 내장, 채소, 해산물 등 다양한 재료를 함께 구워 먹는다. 특히 우리나라 피순대와 비슷한 모르시샤Morcilla도 맛보길 추천한다.

밀라네사 Milanesa

아르헨티나식 돈가스. 주로 소고기나 닭고기를 이용하며, 고기를 얇게 펴 튀긴다. 우리나라의 경양식 돈까스 스타일과 흡사하다. 토핑에 따라 다양한 종류가 있지만 토마토 소스와 치즈를 덮은 밀라네사 나폴리타나Milanesa Napolitana가 인기가 좋다.

초리판 Choripan

아르헨티나식 핫도그이다. 매우 두툼하고 큼직한 수제 소시지가 들어가며, 케첩이 아닌 아르헨티나 전통 소스 치미추리를 올려 먹는다. 주로 길거리 간식으로 많이 먹는다. 한끼 식사로도 든든하다.

말벡 와인 Malbec Wine

말벡은 아르헨티나를 대표하는 레드 와인 품종으로 전 세계적으로 유명하다. 아르헨티나 멘도사Mendoza 지역이 대표적인 생산지이다. 말벡 와인은 풍부하고 묵직한 바디감이 특징이고 스테이크와 같은 육고기와 잘 어울린다. 아르헨티나에서는 다양한 브랜드의 말벡 와인을 마셔볼 수 있다. 가격도 합리적이라 부담 없다. 추천 와인 브랜드는 Catena Zapata, Bodega Norton, Trapiche.

챤돈 스파클링 와인
Chandon Sparkling Wine

세계적인 샴페인 모엣&샹동Moet&Chandon의 자매 브랜드로 아르헨티나에서 생산되는 스파클링 와인이다. 가격이 매우 합리적이면서 샴페인과 견줄 만큼 품질도 좋다. 취향에 따라 다양한 맛을 즐길 수 있으니 아르헨티나에서 꼭 마셔보자.

카페 콘 레체&메디아 루나
Café con Leche y Media Luna

아르헨티나 스타일 카페 라떼와 크로와상이다. 거의 모든 카페에서 이렇게 세트로 판매한다. 아침식사나 오후 간식으로 좋다. 커피는 일반 라떼보다 맛이 연한 편. 빵은 폭신해 부드러운 식빵 같은 스타일로 커피와 잘 어울린다.

엠파나다 Empanada

아르헨티나를 비롯해 남미의 많은 국가에서 흔히 먹는 음식이다. 만두와 비슷한 음식으로 고기, 감자, 채소, 치즈 등을 넣는데, 속재료에 따라 맛이 달라진다. 다른 나라의 엠파나다보다 맛있는 고기를 듬뿍 넣는 아르헨티나 엠파나다가 월등히 맛있다.

알파홀 Alfajor

두 개의 쿠키 사이에 아르헨티나 대표 잼 둘세 데 레체Dulce de Leche를 넣은 샌드 형식의 디저트이다. 우유와 설탕을 카라멜화시켜 만든 잼 둘세 데 레체가 들어가 머리가 띵할 만큼 극강의 단맛이 특징이다.

칠레와 아르헨티나의 팁문화

칠레와 아르헨티나에서는 카페나 레스토랑 이용 시 팁을 주는 문화가 있다. 일반적으로 10%를 팁으로 준다. 칠레는 보통 계산서 영수증이 아예 팁 10%를 포함해서 청구된다. 이 점을 확인하고 팁이 포함된 채로 결제한 후 중복해서 팁을 주지 않도록 주의하자. 아르헨티나는 계산서와 따로 팁을 받는 경우가 많다. 카드로 결제하더라도 팁은 현금으로 요구한다. 결제 금액의 대략 10%되는 금액을 테이블에 두고 가면 된다.

레스토랑 관련 스페인어

메뉴판 : 카르타 Carta

메뉴 : 메누 Menú

아침 : 데사유노 Desayuno

점심 : 알무에르소 Almuerzo

저녁 : 쎄나 Cena

전식 (스타터) : 엔트라다 Entrada

본식 (메인 메뉴) : 플라토 프린시팔 Plato Principal

후식 (디저트) : 포스트레 Postre

고기류 : 카르네 Carne

생선류 : 페스카도 Pescado

해산물 : 마리스코 Marisco

밥 (쌀) : 아로즈 Arroz

국 (수프) : 소파 Sopa

계산서 : 라 쿠엔타 La Cuenta

팁 : 프로피나 Propina

아르헨티나 소고기 부위

아르헨티나는 말 그대로 소고기의 천국이다. 아르헨티나에는 사람보다 소가 더 많다는 말이 우스갯소리가 아니다. 그만큼 질 좋은 소고기를 저렴하게 먹을 수 있다. 3만~5만 원 정도면 푸짐한 스테이크 또는 모듬 고기구이를 먹을 수 있다. 부위별 명칭을 공부하고 더 맛있게 즐겨보자.

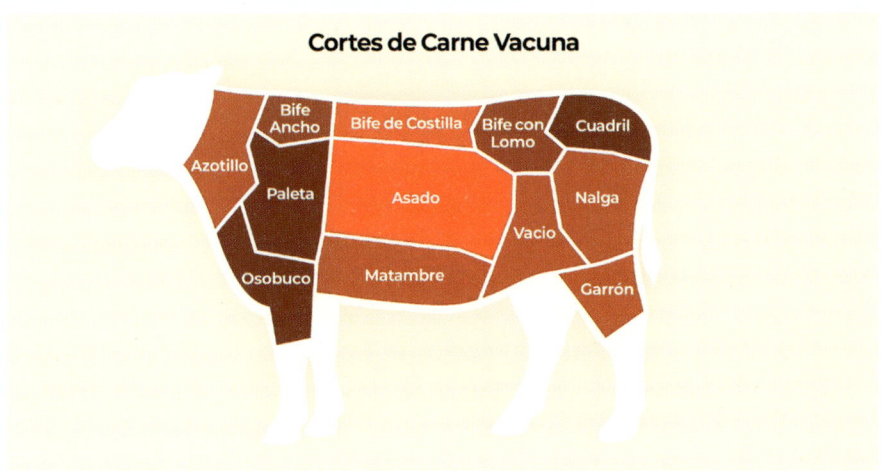

주요 부위

비페 안초/오호 데 비페 Bife ancho/Ojo de Bife : 등심

비페 콘 로모 Bife con Lomo : 안심

비페 데 초리초 Bife de Chorizo : 채끝 등심

팔레타 Paleta : 앞다리살

팔다 Falda : 양지+부챗살

바씨오 Vacío : 토시살

티라 Tira : 갈비 부위

콰드릴 Cuadril : 우둔살

날가 Nalga : 설도

마탐브레 Matambre : 양지

오소부코 Osobuco : 사태

스테이크 굽기 주문

로호 Rojo : 레어

메디오 크루다 Medio Cruda : 미디엄 레어

메디오 Medio, 아푼토 A Punto : 미디엄

트레스 콰르토 Tres Cuarto : 미디엄 웰던

비엔 코시도 Bien Cocido : 웰던

서바이벌 스페인어

파타고니아를 포함해 남미 지역을 여행할 때는 간단한 스페인어를 공부하는 것이 좋다. 영어로 아예 소통이 안 되는 경우도 종종 있으며, 외향적인 남미 사람들에게 스페인어로 먼저 다가가면 분명 더 즐거운 여행이 될 것이다. 트레킹 중 사고에 대비해 긴급상황 의사표현은 핸드폰에 저장해 두자.

기본 인사

Hola(올라) … 안녕하세요.

Buenos días(부에노스 디아스) … 좋은 아침입니다.

Buenas tardes(부에나스 타르데스) … 좋은 오후입니다.

Gracias(그라시아스) … 감사합니다.

Por favor(포르 파보르) … 제발 / 부탁드립니다.

Disculpa(디스쿨파) … 실례합니다 / 죄송합니다

Hablas inglés?(아블라스 잉글레스?) … 영어할 줄 아세요?

Soy de Corea del Sur(소이 데 코레아 델 수르) … 저는 한국에서 왔어요.

방향과 길 안내

Dónde está...?(돈데 에스타...?) … ㅇㅇㅇ은 어디에 있나요?

Cómo llego a...?(코모 예고 아...?) … ㅇㅇㅇ에 어떻게 가나요?

Este es el camino correcto?(에스테 에스 엘 카미노 코렉토?) … 이 길이 맞나요?

Izquierda(이스키에르다) … 왼쪽

Derecha(데레차) … 오른쪽

Recto/Derecho (렉토/데레초) … 직진

Cerca(세르카) … 가까이

Lejos(레호스) … 멀리

> **TIP**
>
> **스페인어 표기와 현지 발음의 차이**
>
> 이 책에서는 외래어 표기법에 따라 된발음을 순화시켜 표기했다. 그러나 현지에서는 K, C, P 같은 영문 알파벳은 스페인어로 발음할 때 ㄲ,ㅆ,ㅃ 같은 된발음이 더 정확한 표현이다. 따라서 현지에서 말할 때는 이 점을 감안해서 좀 더 된발음을 내는 것이 좋다. 예를 들면 Cuánto tiempo falta?(얼마나 더 남았나요?)는 '콴토 티엠포 팔타?'라고 적었지만, 현지에서 발음할 때는 '꽌또 띠엠포 팔따?'로 하는 것이 훨씬 더 의사소통에 도움이 된다. 또한 스페인어의 명사는 남성과 여성으로 구분되고, 이에 따라 앞에 붙는 관사와 명사의 끝도 다르다. 명사 앞에 붙는 관사는 남성은 엘(El), 여성은 라(La)가 붙는다. 명사는 보통 남성형은 '도', 여성형은 '다'로 끝난다. 예를 들어 '길을 잃었다'는 뜻의 에스토이 페르디도(Estoy perdido/a)를 말할 때 화자가 남자라면 '페르디도', 여성이라면 '페르디다'로 말한다. 조금 복잡하지만, 스페인어는 남성과 여성의 구분이 있다는 것을 알아두자.

트레킹 관련 표현

La montaña(라 몬타냐) … 산

El sendero(엘 센데로) … 트레일/길

La cumbre(라 쿰브레) … 정상

El refugio(엘 레푸히오) … 산장/대피소

El agua potable(엘 아구아 포타블레) … 식수

El mirador(엘 미라도르) … 전망대

La tienda de campaña(라 티엔다 데 캄파냐) … 텐트

Cuánto tiempo falta?(콴토 티엠포 팔타?) … 얼마나 더 남았나요?

Está permitido acampar aquí?(에스타 페르미티도 아캄파르 아키?) … 여기에 캠핑해도 되나요?

Cuánto cuesta la entrada al parque?(콴토 쿠에스타 라 엔트라다 알 파르케?) … 공원 입장료는 얼마인가요?

Hay áreas para hacer fuego?(아이 아레아스 파라 아세르 푸에고?) … 불을 피울 수 있는 구역이 있나요?

날씨 관련 표현

Cómo está el clima hoy?(코모 에스타 엘 클리마 오이?) … 오늘 날씨가 어때요?

Hace buen tiempo(아쎄 부엔 티엠포) … 날씨가 좋아요.

Hace mucho frío(아쎄 무쵸 프리오) … 매우 춥습니다.

Hace calor(아쎄 칼로르) … 덥습니다.

Está nublado(에스타 누블라도) … 흐립니다.

Hace viento(아쎄 비엔토) … 바람이 불어요.

Va a llover?(바 아 요베르?) … 비가 올까요?

Está lloviendo(에스타 요비엔도) … 비가 오고 있어요.

Está nevando(에스타 네반도) … 눈이 오고 있어요.

긴급 상황

Ayuda!(아유다!) … 도와주세요!

Estoy perdido/a(에스토이 페르디도/페르디다) … 길을 잃었어요.

Me he caído(메 에 카이도) … 저 넘어졌어요.

Estoy cansado/a(에스토이 칸사도/칸사다) … 저 피곤해요.

Tengo frío(탱고 프리오) … 추워요.

Tengo calor(탱고 칼로르) … 더워요.

Tengo hambre(탱고 암브레) … 배가 고파요.

Tengo sed(탱고 세드) … 목이 말라요.

Necesito descansar(네세시토 데스칸사르) … 쉬어야 해요.

Estoy mareado/a(에스토이 마레아도/마레아다) … 어지러워요.

Me duele…(메 두엘레…) … ㅇㅇㅇ가 아파요.

Me duele la pierna(메 두엘레 라 피에르나) … 다리가 아파요.

Me duele la cabeza(메 두엘레 라 카베사) … 머리가 아파요.

Hay un médico cerca?(아이 운 메디코 세르카?) … 가까이에 의사가 있나요?

Dónde está el hospital más cercano?(돈데 에스타 엘 오스피탈 마스 세르카노?) … 가장 가까운 병원이 어디에 있나요?

Ambulancia!(암불란시아!) … 구급차 불러주세요

STEP
03

파타고니아를 누비다

01
산 카를로스 데 바릴로체
San Carlos de Bariloche

산 카를로스 데 바릴로체는 남미의 스위스로 불리는 안데스 산맥의 보석이다. 자연의 경이로움과 유럽 문화의 매력이 조화롭게 어우러진 도시이다. 이곳의 경치는 마치 그림 속에서 튀어나온 듯한 아름다움을 자랑한다. 빙하가 녹아 만들어진 호수에는 투명한 물결이 반짝이고 그 뒤로는 하얀 산이 끝없이 펼쳐진다. 사계절 내내 다양한 액티비티와 트레킹을 즐길 수 있으며, 초콜릿, 수제 맥주, 파타고니아 전통 요리도 여행자들에게 잊지 못할 추억을 선물한다.

TRAVEL INFO

산 카를로스 데 바릴로체(이하 바릴로체)는 아르헨티나 사람들에게 최고로 손꼽히는 휴가지 중 한 곳이다. 여름이면 트레킹과 시원한 호수를 찾아, 겨울엔 스키와 보드를 즐기려는 사람들로 항상 붐비는 여행지다. 나우엘 우아피 국립공원Parque Nacional Nahuel Huapi에 자리 잡은 이 도시에서는 다양한 트레킹과 액티비티를 즐기고, 또 여유롭게 파타고니아의 풍경을 바라보며 쉬어가도록 하자.

• 공항

매일 아르헨티나의 수도인 부에노스 아이레스를 비롯해 주요 도시에서 바릴로체까지 국내선 운행을 한다. 성수기엔 매우 인기 많은 노선이니 서둘러 예약하는 것이 좋다. 특히 바릴로체를 시작으로 파타고니아 여행을 시작한다면, 바릴로체~엘 칼라파테 구간 국내선을 최대한 빨리 구매하는 것을 추천한다.

공항에서 시내 중심까지는 택시 16USD(2만ARS)로 약 20분 정도 걸린다. 또는 버스 72번이 1~2시간 간격으로 운행한다. 공항 출구로 나가면 바로 버스정류장이 있다. 버스는 아르헨티나 교통카드 SUBE 카드로만 탑승이 가능하며, 공항 2층 내 상점 라 칸델라La Candela에서 구매 가능하다. 공항 내 무료 와이파이가 있다.

72번 공항 버스 출발 시간
07:20, 09:15, 10:50, 12:15, 13:45, 15:00, 16:15, 17:30, 18:50, 20:45, 22:20
요금 4USD(4,800ARS)

• 버스터미널

바릴로체는 파타고니아의 인기 여행지답게 칠레와 아르헨티나 주요 도시와 버스로 연결된다. 칠레 발디비아, 푸에르토 몬트, 아르헨티나 멘도사, 엘 칼라파테에서 장거리 버스가 바릴로체를 오간다. 특히 푸에르토 몬트(칠레)~바릴로체, 바릴로체~엘 칼라페테 구간은 성수기에 일찍 매진되는 경우가 많으니 주의하자.

버스터미널 내부에는 관광 안내소 부스가 있어 필요한 정보를 얻을 수 있다. 매점에서는 아르헨티나 교통 카드 SUBE 카드를 살 수 있다. 버스터미널 출구 오른쪽 건너에 버스정류장이 있다. 센트로까지는 20번, 70번 버스를 탑승하면 된다. 버스 요금은 목적지에 따라 다르며, 기사에게 행선지를 말하면 된다. 버스터미널부터 센트로까지는 약 15분 정도 걸리고, 요금은 1,600ARS다.

만약 버스터미널에서 SUBE 카드 충전을 못했다면 시내에서 해도 된다. Av.12 de Octubre 도로를 따라 시내 방향으로 약 1km 가면 작은 로터리가 나오는데, 이곳에 SUBE 카드를 충전할 수 있는 작은 슈퍼 키오스코가 몇 곳 있다. 이곳에서 충전하고 그 앞 버스정류장에서 버스를 타도 된다. 버스터미널에서 센트로까지 택시 요금은 약 6USD(5,000ARS)이다. 버스터미널에는 30분 간 무료 와이파이가 되며 우버 사용도 가능하다.

주소 Av. 12 de Octubre 2400

바릴로체 버스 시간표

출발지	도착지	요금	소요시간	출발시간(요일)	버스 회사
바릴로체	부에노스 아이레스	95USD (11만4,400ARS)	25시간	08:00, 09:30, 14:05, 15:10, 19:30(매일)	Via Bariloche
	멘도사	53USD (6만4,000ARS)	18시간	08:00, 09:30, 13:00, 14:05, 15:15(매일)	Via Bariloche
	엘 칼라파테	215USD (25만8,000ARS)	30시간	08:00(매일)	MARGA TAQSA
	푸에르토 몬트 (칠레)	34USD (4만1,250ARS)	7시간	10:30, 12:00, 14:30 (매일)	Andesmar

• 시내버스

바릴로체는 파타고니아의 다른 도시들과 다르게 규모가 크다. 트레킹이나 액티비티를 하는 곳까지 버스를 타고 이동해야 하는 경우가 많다.

주요 시내버스 노선

캄파나리오 전망대: 10C번, 20번
파뉴엘로 항구Puerto Pañuelo: 20번
콜로니아 스위스Colonial Suiza: 10A, B, C번
카테드랄 산Cerro Catedral: 55번
바릴로체 공항: 72번

TIP

아르헨티나 대중교통 필수 SUBE 카드

아르헨티나에서는 버스를 비롯해 모든 대중교통을 SUBE 카드로만 탑승이 가능하다. 현금은 절대 받지 않으니 주의하자. 바릴로체는 관광 명소나 트레킹 포인트가 시내 중심에서 멀리 떨어져 있어 버스를 자주 이용할 수밖에 없다. 따라서 SUBE 카드는 필수다.
부에노스 아이레스 같은 아르헨티나 다른 도시를 여행하며 SUBE 카드를 구매해서 사용했다면 바릴로체에서도 그대로 충전해 사용하면 된다. 만약 SUBE 카드 없이 바릴로체에 도착했다면 버스터미널 내 매점, 공항 내 매점, 센트로 시비코Centro Cívico SUBE 사무실에서 구매할 수 있다. SUBE 카드 가격은 구매 장소마다 다르다. 간이 매점 키오스코에서 구매하면 5USD(6,000ARS) 정도 한다. 센트로 시비코에 있는 공식 사무실에서 구매하면 1.2USD(1,500ARS)로 구매할 수 있으며, 반드시 여권을 지참해야 한다.
SUBE 카드는 현금으로만 충전이 가능하다. 키오스코에서 할 수 있는데, 가게 중에 'RECARGA SUBE' 마크가 붙어 있는 곳에서 충전이 가능하다. 마크가 붙어 있어도 충전 서비스를 하지 않는 곳도 있다.
아르헨티나 버스는 거리에 따라 요금이 다르다. 버스를 탈 때 기사에게 목적지를 말하면 거리에 따른 요금을 설정해 준다. 운전기사가 요금 설정을 하면 버스 안에 있는 SUBE 카드 태그기에 태그하면 된다. 우리나라처럼 내릴 때 다시 태그할 필요는 없다. 카드 1장으로 여럿이 사용 가능하다. 만약 SUBE 카드가 없는 상황에서 버스를 타야 한다면, 버스를 기다리는 현지인에게 혹시 현금을 줄 테니 카드를 1회 태그해 줄 수 있는지 물어보자. 대부분의 사람들이 흔쾌히 도와준다.

1, 2 SUBE 카드를 충전할 수 있는 키오스코(작은 슈퍼) **3** SUBE 카드 판매 및 충전 마크

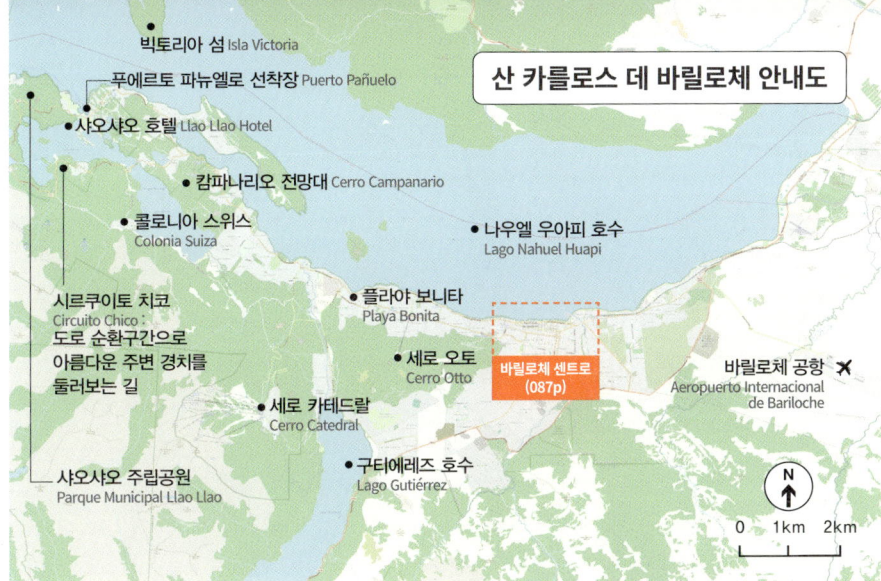

• 관광 안내소

바릴로체의 중심 광장 센트로 시비코Centro Civico 앞 관광청 건물 1층에 위치해 있다. 바릴로체에 방문했다면 반드시 들러보길 추천한다. 궁금한 점이나 필요한 정보를 아주 친절하게 설명해 준다. 또 바릴로체 지도를 무료로 주는데, 매우 유용하다. 관광 안내소 바로 옆 SUBE 카드 판매 사무실이 있다.

···▶

주소 Libertad 56
운영 시간 매일 09:00~19:00

• 나우엘 우아피 국립공원 안내소

바릴로체를 둘러싼 나우엘 우아피 국립공원 트레킹에 대한 정보를 얻고 싶다면 방문해 안내를 받을 수 있다. 바릴로체 시내에서 당일로 가능한 세로 카테드랄Cerro Catedral, 라고 구티에레즈Lago Gutiérrez 트레킹부터 5일이 걸리는 상급자 코스인 세로 트로나도르Cerro Tronador 등의 코스가 안내되어 있다. 상세한 트레킹 지도와 캠핑장 정보도 얻을 수 있다.

···▶

주소 San Martín 24
운영 시간 매일 09:00~14:00

Photo Sketch

MOUNTAIN TRIP

1 남미의 스위스로 불리는 바릴로체와 나우엘 우아피 호수 전경
2 광장 앞 나우엘 우아피 호숫가에서 휴식을 취하는 사람들
3 시비코 광장에 있는 바릴로체 시청
4 바릴로체 글자 앞에서 인증샷을 남기는 관광객
5 캄파나리오 전망대에서 바라본 나우엘 우아피 국립공원
6 바릴로체 대성당과 나우엘 우아피 호수

TRAVEL MORE

SEE & ACTIVITY

시비코 광장 Centro Cívico

바릴로체의 중심 광장으로 항상 사람들로 북적거리는 활기찬 곳이다. 광장 중심에 펄럭이는 아르헨티나 국기와 이를 둘러싸고 있는 스위스풍 건물들이 매우 이국적이다. 또한 광장 바로 앞으로 펼쳐진 눈부신 호수와 설산은 감탄이 절로 나오게 한다. 광장에서는 항상 다양한 이벤트가 펼쳐진다. 관광 안내소도 바로 앞에 있어 바릴로체 여행의 출발점으로 좋다.

주소 Centro Cívico, R8400 San Carlos de Bariloche

수공예품 시장 Feria Artesanal Municipal de Bariloche

바릴로체 중심가에 있는 수공예품을 판매하는 상설 시장이다. 지역 특산품을 비롯해 각종 핸드 메이드 기념품을 사기에 좋다. 센트로를 걷다 보면 보이는 곳이니 한 번 들러보면 좋다.

주소 Moreno, Villegas y
오픈 10:00~20:00(일요일 휴무)

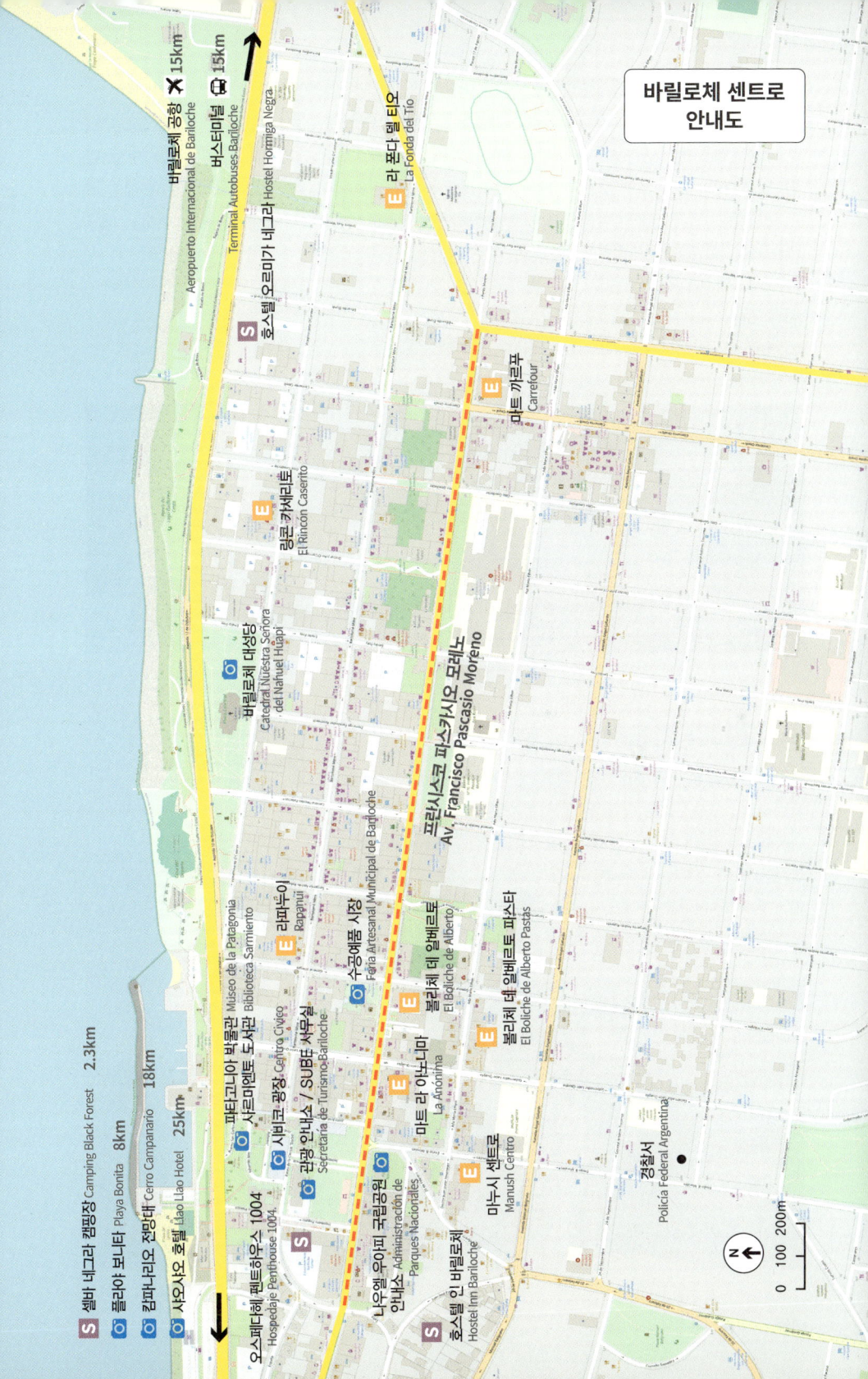

바릴로체 대성당 Catedral Nuestra Señora del Nahuel Huapi

바릴로체 센트로를 대표하는 대성당이다. 규모가 엄청 큰 성당은 아니지만, 아름다운 호수와 어우러져 매우 동화스러운 풍경을 만들어낸다. 바릴로체가 있는 이 지역은 본래 마푸체 원주민이 거주하던 곳으로 17세기 후반 스페인 선교사들이 도착하면서 기독교 신앙이 전파되기 시작했다. 20세기 초반 바릴로체가 유럽 이민자들의 정착지로 성장하면서 1946년 바릴로체 대성당이 건설되었다. 네오고딕 양식으로 지어진 바릴로체 대성당은 내부의 스테인드글라스가 매우 아름답다. 매일 오전 11시, 오후 10시에 미사가 진행된다.

주소 Vice Almte. O'Connor 500
찾아가기 센트로 시비코에서 호수를 따라 동쪽으로 도보 5분

파타고니아 박물관 Museo de la Patagonia

파타고니아의 역사와 자연사에 대한 전시물을 관람할 수 있다. 자연사실, 선사시대실, 토착민 역사실, 모레노 파빌리온, 지역 역사실로 구분해 전시되어 있다. 파타고니아의 다양한 동식물들을 접해볼 수 있다. 그 중 특히 다양한 동물 안내가 있는 자연사실이 흥미롭다. 작은 박물관이지만 다른 도시들의 비해 전시 규모가 큰 편이며 계속해서 확장 및 시설 개선을 진행 중이다.

주소 Centro Cívico S/n
오픈 10:00~12:30, 14:00~17:00 (토, 일요일 휴무) **요금** 2.5USD (3,000ARS) **찾아가기** 센트로 시비코 광장 내

사르미엔토 도서관 Biblioteca Sarmiento

파타고니아 박물관과 붙어 있는 도서관이다. 도서관에 시에서 주관하는 다양한 공연을 하는 소극장이 있는데, 매우 저렴한 가격에 퀄리티 좋은 공연들을 관람할 수 있다. 공연 티켓은 보통 6~8USD 정도다. 특히 매주 목요일 21:30에 열리는 탱고 공연이 인기다. 라이브 연주와 매혹적인 탱고를 볼 수 있어 추천한다. 도서관 앞에 공연 팜플렛이 붙어 있어 공연 내용과 가격을 확인하고 티켓을 구매하면 된다.

주소 Centro Cívico S/n
매표소 오픈 10:00~20:00(공연 1시간 전)

캄파나리오 전망대 Cerro Campanario

바릴로체 최고의 전망과 풍경을 감상할 수 있는 전망대다. 만약 바릴로체에서 꼭 한 곳만 가야 한다면 바로 이 전망대에 올라야 할 정도로 아름다운 곳이다. 아르헨티나 내에서도 최고의 전망대로 꼽히는 곳이다. 탁 트인 전망대에 오르면 바릴로체를 둘러싼 설산과 호수들이 360도로 펼쳐져 환상적인 파노라마 뷰를 감상할 수 있다. 바릴로체의 상징 나우엘 우아피 호수Lago Nahuel Huapi와 남쪽 모레노 호수Lago Moreno, 서쪽으로는 이곳의 최고봉 트로나도르 산Cerro Tronador을 비롯해 웅장한 안데스 산맥이 펼쳐진다. 해발 1,039m인 캄파나리오 전망대는 걸어서 갈 수도 있고, 리프트로 올라가도 된다. 걸어간다면 약 40분쯤 걸린다. 주차장 오른편에 등산로 입구가 표시되어 있어 쉽게 찾을 수 있다. 정상에는 커피와 간식 등을 파는 카페테리아가 있다.

주소 Confitería Cerro Campanario, Av. Exequiel Bustillo 17500
리프트 운영 09:00~18:00
찾아가기 센트로에서 10번, 20번 버스로 약 30분 소요
리프트 요금 성인 왕복 12.5USD(1만5,000ARS) / 12세 미만 8.5USD(1만ARS)

플라야 보니타 Playa Bonita

나우엘 우아피 국립공원의 호수를 따라 이어져 있는 바릴로체에는 중간중간 비치가 있다. 그 중 가장 인기가 많은 곳이 플라야 보니타다. 깨끗하고 청량한 호수에서 수영도 하고 휴식을 취하기 좋다. 비치 주변에 맥주 양조장과 레스토랑 등이 많다. 여행 기간에 여유가 있다면 반나절 정도 한가로이 일광욕을 즐기면 좋다. 빙하수가 녹은 호수는 매우 차갑지만, 파타고니아에서의 짜릿한 냉수마찰에 도전해보자.

주소 Av. Exequiel Bustillo 8000
찾아가기 센트로에서 10번, 20번 버스로 약 20분 소요

콜로니아 스위스 Colonia Suiza

바릴로체 근교에 위치한 작은 마을로 19세기 후반 스위스 이민자들이 정착하며 형성되었다. 스위스풍의 목조 건물과 정원이 아름답다. 주말마다 공예시장이 열려 수제 초콜릿, 치즈, 조각품 등 핸드메이드 기념품을 구매하기도 좋다. 또한 스위스 이민자들이 만든 퀴멜라Kümmel라는 향신료 리큐어도 인기다.

찾아가기 센트로에서 10번 버스로 약 40분

샤오샤오 호텔 Llao Llao Hotel

바릴로체를 상징하는 호텔로 이 도시의 랜드마크다. 호텔이 관광지가 될 정도로 건물과 주변 풍경이 아름답다. 목조로 지어진 스위스풍 호텔과 주변에 펼쳐진 산맥과 호수는 마치 엽서 속 장면 같다. 이 호텔을 기점으로 샤오샤오 주립공원 트레킹을 시작할 수도 있다. 또 호텔 앞에 빅토리아 섬을 오가는 페리를 탈 수 있는 선착장 푸에르토 파뉴엘로Puerto Pañuelo가 있다.

주소 Av. Ezequiel Bustillo Km. 25, R8401
찾아가기 센트로에서 20번 버스로 약 50분(버스 종점에 위치)

세로 오토 Cerro Otto

바릴로체의 대표적인 산 중 하나로 해발 1,405m 정상에 전망대가 있다. 안데스 산맥과 눈부신 호수들이 끝없이 펼쳐진 광활한 뷰를 감상할 수 있다. 이 산에서는 스키, 하이킹 등 다양한 액티비티도 가능하다. 정상까지는 케이블카로 오를 수 있다. 케이블카 운행 거리는 2.1km. 정상에는 회전 전망대 겸 카페 레퓨지오 이 콘피테리아 히라토리아Refugio y Confitería Giratoria를 비롯해 다양한 시설이 있다. 바릴로체 시내에서 케이블카 탑승장까지 무료 셔틀버스를 운행한다.

세로 오토 정상까지 트레킹을 원한다면 걸어서 오를 수도 있다. 걸어가면 편도 약 2~3시간 걸린다. 하지만 트레일이 숲 속으로 난 것이 아니라 케이블카 기둥을 따라 올라가는 단순한 흙길이라 추천하지는 않는다. 또한 걸어간다고 해도 전망대 등의 시설에 입장할 때 입장료 21USD(2만 5,000ARS)을 받는다. 케이블카를 타고 가는 것이 가격적으로도 훨씬 낫다.

케이블카 탑승권은 센트로 내 두 곳의 부스에서 구매할 수 있다. 센트로 시비코 광장에서 위로 올라와 산 마르틴San Martin 도로와 만나는 곳과 라파누이 초콜릿집 맞은편에 부스가 있다.

주소 Av. de los Pioneros 5000 **케이블카 운행 시간** 10:00~16:30(마지막 하산 18:00)
찾아가기 센트로 세로 오토Cerro Otto 판매 부스에서 셔틀버스로 케이블카 탑승장까지 무료 이동
케이블카 왕복 요금(시설 입장료 포함) 성인 25USD(3만ARS), 5~12세 17USD(2만ARS), 5세 미만 무료

자전거 대여

바릴로체는 주요 관광 포인트가 시내에서 떨어져 있어 버스를 주로 이용해야 하는데, 자전거를 대여해 여행하는 것도 좋은 방법이다. 바릴로체 중심가에서 외곽을 연결하는 도로는 호수를 따라 하나로 이어져 있다. 길이 단순해 목적지까지 찾아가기 쉽다. 시내 구간은 자전거와 차량 도로가 구분되지 않고, 차량이 많은 곳도 있어 조금 혼잡할 수 있다. 하지만 시르쿠이토 치코Circuito Chico 도로부터는 한적하고 신나게 라이딩하며 파타고니아의 풍경을 만끽할 수 있다. 버스 시간에 얽매이지 않고 멋진 풍경 속을 자전거로 달리며 자유롭게 여행해보자.

또한 바릴로체에서는 산악자전거(MTB)도 즐길 수도 있다. 산악자전거 코스는 세로 카테드랄Cerro Catedral과 구티에레즈 호수Lago Gutiérrez 구간이 유명하다. 투어를 이용할 수 있고, 개별적으로 대여해서 달려도 된다. 바릴로체 시내 중심가에 자전거 대여점이 3~4곳 있다. 자전거 대여점에서 루트별 가이드 투어도 진행한다. 자전거 대여료는 1일 25USD(3만ARS) 이상이다.

바이크 렌탈 어드벤쳐 BIKE RENTAL ADVENTURE
홈페이지 www. circuitochicoadventure.com
가격 산악자전거 1일 25USD(3만ARS)

파타고니아의 청정 빙하수로 만든
바릴로체 맥주

바릴로체는 아르헨티나에서 수제 맥주 Cerveza Artesanal 문화가 가장 발달한 도시다. 파타고니아의 자연 속 곳곳에 크고 작은 크래프트 맥주 양조장과 펍이 많아 맥주 애호가들에게는 천국과 같은 곳이다. 바릴로체는 19세기 말부터 독일과 스위스 이민자들이 정착하면서 그들의 양조 기술을 함께 가지고 왔다. 특히 독일식 라거, 바이젠비어(밀맥주) 등을 주로 만들었다. 이들의 맥주 제조 기술에 날개를 달아준 것은 물이다. 깨끗한 파타고니아의 자연 환경에서 청정한 빙하가 녹아내린 미네랄이 풍부한 물을 사용해 맥주의 맛이 더욱 좋다. 이러한 이유로 바릴로체에는 유명한 맥주 양조장이 많으며, 가이드 투어를 진행하는 곳도 있다. 바릴로체에서는 꼭 호수와 설산을 바라보며 시원하게 수제 맥주를 마셔보자.

바릴로체 수제 맥주 종류

맥주 종류	맛
골든 에일 Golden Ale, 페일 에일 Pale Ale	가장 대중적인 맥주. 가볍고 청량한 맛.
IPA (India Pale Ale)	강한 홉 향과 쌉싸름한 맛이 특징.
보크 Bock, 포터 Porter, 스타우트 Stout	짙은 색 맥주. 초콜릿이나 커피 향이 나는 묵직한 맛.
트리고 Trigo	독일식 바이젠비어. 부드럽고 산뜻한 맛이 특징인 밀맥주

● 수제 맥주 보는 법 ●

바릴로체의 수제 맥주는 쓴맛과 도수, 색깔로 구분한다. 맥주를 마시는 데 이렇게까지 해야 하나 싶지만, 제대로 알고 마시면 맛도 더 좋은 법! IBU(International Bitterness Unit)는 맥주의 쓴맛을 나타내는 단위다. 홉에서 나온 이소알파산 성분을 수치화한 것으로, 쓴맛이 강할수록 숫자가 높다. ABV(Alcohol By Volume)은 맥주의 알코올 도수를 나타내는 단위다. 흔히 말하는 술의 도수라고 이해하면 된다. SRM(Standard Reference Method)는 맥주의 색상을 구분하는 지수다. 2~40의 범주에서 숫자가 높을수록 빛깔이 진하다.

● 바릴로체 수제 맥주 맛집 ●

세르베사 파타고니아 바릴로체 Cerveza Patagonia - Bariloche

세르베사 파타고니아Cerveza Patagonia는 파타고니아를 대표하는 맥주 브랜드다. 파타고니아 주요 도시마다 매장이 있지만, 세르베사 바릴로체에서는 양조장에서 제조한 신선한 맥주를 바로 마실 수 있다. 세르베사 바릴로체는 아름다운 호수와 설산의 경치를 감상할 수 있는 특별한 공간이다. 이곳에서는 바릴로체의 자연에서 영감을 받은 '파타고니아 24.7' 맥주를 꼭 마셔보자. 맥주 이름은 바릴로체 중심부터 양조장까지의 거리가 24.7km라는 것에서 연유했다. 세르베사 바릴로체는 인기가 매우 높다. 실내에서 식사를 하며 맥주를 마시고 싶다면 홈페이지에서 예약하는 것을 추천한다. 간단한 스낵과 맥주만 마신다면 야외에서 호수 경치를 바라보며 마시는 것도 정말 좋다.

주소 Av. Ezequiel Bustillo Km. 25, R8401
오픈 12:00~24:00 **찾아가기** 센트로에서 10C번 버스로 약 60분
가격 맥주 6.5USD(8,000ARS), 버거 및 샌드위치류 17USD(2만ARS)~

마누시 센트로 Manush Centro

바릴로체 중심가에 위치한 맥주집이다. 도심에 있고, 가격도 합리적이라 현지인과 관광객들이 많이 찾는다. 아르헨티나 전통 음식도 맛있지만, 치맥을 좋아한다면 프라이드 치킨과 함께 맥주를 마셔볼 것을 추천한다. 맥주 종류가 정말 다양하고 퀄리티가 좋아 취향에 맞춰 골라 마시면 된다. IPA류 맥주와 빅토리아 레드 라거Victoria Red Lager를 추천한다.

주소 Dr. Juan Javier Neumeyer 20 **오픈** 월~수 17:00~02:00, 목~일 13:00~02:00 (해피아워 매일 17:00~19:30) **가격** 맥주 3USD(4,000ARS)~, 버거 및 샌드위치류 12.5USD(1만5,000ARS)~, 프라이드 치킨 12USD(1만3,900ARS)

블레스트 4km Blest Km4

정통적인 양조법으로 만들어 맥주 맛의 균형이 좋다는 평가를 받는 곳이다. 다양한 스타일의 맥주가 있어 여러 취향을 만족시킬 수 있다. 라즈베리 과일 향을 느낄 수 있는 프람브레사Frambresa 맥주가 독특하면서 특이한 맛이다. 진한 홉의 향을 느끼고 싶다면 IPA 또는 APA를 추천한다. 편안한 분위기 속에서 맛있는 음식과 맥주를 마시기 좋다. 항상 사람이 붐비는 것이 단점이다.

주소 Av. Exequiel Bustillo 3850 **오픈** 12:00~01:00 (해피아워 18:00~20:00)
가격 맥주 4USD(5,100ARS)~, 피자류 14USD(1만 7,000ARS)~

쿤스만 Kunstmann

쿤스만은 칠레에서 가장 사랑받는 맥주 브랜드 중 하나다. 본점은 칠레 발디비아에 있는데 바릴로체에서도 매장을 운영하고 있다. 독일 정통 방식의 양조로 유명하고, 나무로 꾸민 아늑한 비어 하우스 분위기도 정말 좋다. 독일 스타일 맥주 하우스답게 독일 정통 음식도 맛볼 수 있다. 추천하는 맥주는 쿤스만의 대표 맥주 토로바요Torobayo다. 암버 라거Amber Lager로 풍부한 몰트 향과 부드러운 맛이 특징이다. 매장 앞에 호숫가 비치 플라야 보니타Playa Bonita도 있어 함께 방문하길 추천한다. 해피아워에는 맥주 40% 할인.

주소 Av. Exequiel Bustillo 7966
오픈 11:00~01:00 (해피아워 18:00~20:00)
가격 맥주 4USD(5,000 ARS), 슈니첼 19USD(2만3,000ARS)~

나우엘 우아피 국립공원

아르헨티나 파타고니아 북부에 위치한 나우엘 우아피 국립공원은 빙하가 깎아 만든 호수와 안데스 산맥의 웅장한 풍경, 그리고 다양한 야생동물이 공존하는 곳이다. 이곳은 아르헨티나에서 가장 오래된 국립공원이자 바릴로체를 중심으로 한 대표적인 자연 관광지다. 특히 '아르헨티나의 호수지대'로 불릴 만큼 눈부시도록 투명하고 빛나는 호수들이 이 국립공원의 상징이다. 과거에 빙하가 후퇴하면서 만들어진 빙하호가 많아 경이로운 물빛을 뽐낸다. 나우엘 우아피 국립공원은 파타고니아의 극한 자연을 경험하는 남부 지역과는 달리 비교적 온화한 기후와 대도시 바릴로체를 끼고 있어 접근하기 편리하다. 본격적인 파타고니아 여행을 시작하기 전에 몸 풀기 여행지로 좋다. 국립공원에서는 트레킹, 스키, 카약, 낚시 등 사계절 내내 매력적인 액티비티가 가능하다.

나우엘 우아피 국립공원 엠블럼

나우엘 우아피 국립공원 기본 정보

소재지 아르헨티나 리오 네그로 주 & 네우켄 주Río Negro & Neuquén
면적 7,172.61㎢
지정연도 1934년
특징
① 아르헨티나 최초의 국립공원
② 나우엘 우아피 호수를 비롯해 푸른 물빛의 빙하호와 여러 개의 섬
③ 겨울에는 스키, 여름에는 트레킹까지 사계절 내내 즐길 수 있는 액티비티 천국
입장료 17USD(2만ARS)

Special Page

푸에르토 파뉴엘로 선착장에서
나우엘 우아피 호수 따라 떠나는 투어

푸에르토 파뉴엘로Puerto Pañuelo는 바릴로체 중심에서 버스로 약 1시간 정도 떨어진 작고 예쁜 선착장이다. 눈부시게 아름다운 나우엘 우아피 호수Lago Nahuel Huapi와 주변의 멋진 자연을 만나러 가는 관문이다. 현재 이 선착장에서는 두 개의 노선이 운행되고 있다. 선착장 안에 카페테리아도 있어 꼭 페리를 타지 않더라도 주변 풍광을 감상하기에 좋은 곳이다. 페리를 타고 출항하면 나우엘 우아피 국립공원 입장료(17USD)를 내야 한다. 푸에르토 파뉴엘로에서 떠나는 3가지 투어를 소개한다.

📍 푸에르토 블레스트 Puerto Blest

나우엘 우아피 호수에 있는 트레킹 포인트다. 푸에르토 파뉴엘로 선착장에서 나우엘 우아피 호수를 가로질러 약 1시간쯤 서쪽으로 가면 도착한다. 이곳은 빙하와 울창한 숲으로 둘러싸인 아름다운 곳으로 다양한 트레일이 있다. 그 중 칸타로스 폭포Cascada de Los Cántaros를 지나 칸타로스 호수Lago Los Cántaros까지 이어지는 2.5km 길이의 트레킹 코스가 매력적이다. 또 프리아스 호수Lago Frías를 추가 옵션으로 선택할 수 있다.

투어 시간 10:00~17:00(성수기 13:00~20:00 추가)
투어 가격 100USD(12만ARS)
투어사 Turisur(www.turisur.com.ar)

빅토리아섬과 아라야네스 숲
Isla Victoria y Bosque de Arrayanes

나우엘 우아피 호수 중앙에 있는 빅토리아섬과 아라야네스 숲 두 곳을 탐방한다. 선착장을 출발해 먼저 아라야네스 숲을 방문한다. 이곳은 붉은 나무 껍질로 유명한 아라야네스 나무들이 군락을 이룬 독특한 숲이 있다. 디즈니 애니메이션 <밤비> 배경이 된 숲이라고 알려졌다. 두 번째로 빅토리아섬으로 간다. 이곳은 섬 전체가 국립공원으로 지정되어 보호되는 곳이다. 섬에는 여러 트레일이 있어 독특한 생태계를 관찰하며 걸을 수 있다.

투어 시간 10:30~17:30, 14:30~19:20
투어 가격 100USD(12만ARS)
투어사 Turisur(www.turisur.com.ar)

크루세 안디노 Cruce Andino

바릴로체에서 나우엘 우아피 호수를 가로질러 칠레 푸에르토 바라스Puerto Varas까지 국경을 넘는 투어다. 크루세 안디노 투어는 단순히 국경을 넘는 이동이 아니다. 여러 차례 배와 버스를 이용해 파타고니아 풍경을 감상하면서 국가와 도시를 이동하는 독특한 투어다. 크루세 안디노 투어는 나우엘 우아피 호수, 프리아스 호수(아르헨티나), 로스 산토스 호수(칠레)까지 총 3개의 호수를 건너고, 안데스 산맥의 육로는 버스로 이동한다. 가이드가 함께 이동하며, 수화물 이동도 책임진다. 푸에르토 바라스에서 바릴로체로 반대 방향 투어도 가능하다. 이 투어는 1년 내내 운영된다. 하루가 꼬박 걸리는 투어지만, 음식은 포함되어 있지 않다.

08:30 바릴로체 출발
10:00 나우엘 우아피 호수 Lago Nauel Huapi
11:10 블레스트 항구 Puerto Blest
12:00 프리아스 호수 Lago Frías
15:30 페우야 Peulla 칠레 국경 통과
17:30 로스 산토스 호수 Lago Todos Los Santos
19:00 칠레 푸에르토 바라스 Puerto Varas 도착

투어 시간 약 12시간
가격 352USD(외국인 가격)
불포함 사항 항구세 3.5USD(4,300 ARS), 식사
예약 사이트 www.turisur.com.ar
사무실 주소 Mitre 219

TREKKING

샤오샤오 주립공원

나우엘 우아피 호숫가에 접한 샤오샤오 주립공원Parque Municipal Llao Llao에는 바릴로체에서 가장 인기 많고 남녀노소 누구나 즐길 수 있는 트레킹 코스가 있다. 울창하고 거대한 나무로 둘러싸인 숲과 호수를 따라 걷는 트레일은 파타고니아에서 즐길 수 있는 트레킹 중에 가장 편안한 분위기와 자연의 아름다움을 선물한다.

샤오샤오 주립공원 트레킹 거리는 10.3km. 특별한 어려움이 없는 평이한 코스로 5시간쯤 걸린다. 트레일 최고점은 해발 1,024m의 세로 샤오샤오Cerro Llao Llao 정상이다. 주립공원 입장료는 없지만, 자발적 기부금으로 1USD(1,400ARS)를 받는다.

샤오샤오 주립공원 트레일 찾아가기

샤오샤오 주립공원 트레일 입구는 푸에르토 파뉴엘로 선착장 근처에 있다. 바릴로체 센트로에서 20번 버스를 타고 가 종점인 샤오샤오 호텔에 내린 후 나우엘 우아피 호수를 바라보고 내리막길을 조금 내려오면 푸에르토 파뉴엘로 선착장이 있다. 선착장에 매점과 호수 전망대가 있다. 또 무료 화장실이 있으니 트레킹 전에 들르면 좋다.

샤오샤오 주립공원으로 진입하는 77번 도로를 따라 잠시 걸으면 샤오샤오 주립공원 입구가 나온다. 이곳에 주차장, 매점, 안내 사무소가 있다. 이곳에서 트레킹 코스를 자세히 관찰한다. 전체적으로 트레일 안내가 잘 되어 있다. 궁금한 점이 있으면 안내 사무소 직원에게 물어보자. 친절히 답변해 준다. 공원 입구에는 입장료를 지불하라는 QR코드가 있다. 공원 입장료는 자발적 기부금1USD(1,400ARS)이며, 의무사항은 아니다. 이곳부터 샤오샤오 주립공원 트레킹을 시작한다.

센데로 보스케 아라야네스 Sendero Bosque Arrayanes

1구간

코스 주립공원 입구–모레노 호수 전망대–77번 도로
거리 3km
시간 1시간
난이도 평이함

주립공원에 들어서면 아라야네스Arrayanes 나무로 가득한 울창한 숲속을 걷는다. 빼곡한 나무가 그늘을 만들어줘 시원하고 쾌적하다. 아라야네스 나무는 칠레 및 아르헨티나 안데스 산맥 지역에 자생하는 상록수로 매끈한 적갈색 껍질이 특징이다. 호수 주변과 습한 지대에 자생하는데, 이 지역의 아라야네스 숲 규모가 세계적으로 유명하다. 트레일 왼쪽으로 눈부시게 반짝이는 모레노 호수를 끼고 걸어 지루할 틈이 없다. 중간에는 모레노 호수 전망대Mirador Lago Moreno가 있어 멋진 호수 전망을 감상할 수 있다. 트레일은 대부분 평지 구간으로 힘들지 않다. 트레일 끝에 77번 도로와 만난다.

2구간 센데로 라고 에스콘디도 Sendero Lago Escondido

코스 77번 도로 입구-라고 에스콘디도-플라야 로스 트란코스
거리 1.5km
시간 30분
난이도 평이함

1구간이 끝나는 지점에서 77번 도로를 따라 왼편으로 조금 내려오면 주차장과 2구간 트레일 입구가 나온다. 입구로 들어서면 갈림길이다. 왼쪽으로 가면 2구간 센데로 라고 에스콘디도Sendero Lago Escondido, 오른쪽으로 가면 3구간 센데로 아 플라야 비야 타쿨Sendero a Playa Villa Tacul이 시작된다. 갈림길에서 왼쪽 2구간 트레일을 따라 20분 정도 걸으면 라고 에스콘디도Lago Escondido가 나온다. 이름을 번역하면 '숨겨진 호수'다. 이름처럼 나무가 만든 자연 터널을 지나면 숨어 있던 호수가 그림처럼 나타난다. 호수가 크지는 않지만, 주변을 둘러싼 산들이 병풍처럼 펼쳐져 매우 아름답다. 난간에 잠시 앉아 쉬며 간식을 먹기 좋다. 이곳에서 조금 더 걸어 내려가면 플라야 로스 트란코스Playa Los Trancos가 나온다. 이곳은 모레노 호수로 이어진 비치다. 이곳에서 왔던 길을 되짚어 갈림길까지 되돌아가야 한다.

3구간 센데로 플라야 비야 타쿨 Sendero Playa Villa Tacul

코스 로마노 다리-타쿨 전망대-플라야 비야 타쿨
거리 2.2km
시간 45분
난이도 평이함

2구간과 3구간 갈림길에서 오른쪽으로 가면 플라야 비야 타쿨Playa Villa Tacul로 이어지는 트레일이 시작된다. 여기서부터는 좁고 풀들로 무성한 오솔길이 시작된다. 힘든 길은 아니지만, 중간중간 가시풀이 있으니 반바지를 입었다면 주의하도록 하자. 중세풍의 로마노 다리Puente Romano를 지나 타쿨 전망대Mirador Tacul에 도착하면 광활한 나우엘 우아피 호수의 전망을 볼 수 있다. 반짝이는 태양빛이 호수에 내려 황홀한 풍경을 만들어준다. 3구간 트레일은 플라야 비야 타쿨에서 끝난다. 샤오샤오 주립공원에서 사람들이 가장 많이 찾는 비치다. 호숫가 비치는 물놀이하며 쉬기 좋다. 작은 매점도 있어 햄버거, 샌드위치 등 간단한 음식도 판매한다.

4구간 센데로 세로 샤오샤오 Sendero Cerro Llao Llao

코스 플라야 비야 타쿨-세로 샤오샤오-공원 입구
거리 3.6km
시간 1시간 30분
난이도 중급

샤오샤오 주립공원의 하이라이트 구간이다. 트레일 중간 샤오샤오 산 정상으로 오르는 갈림길에서 본격적인 오르막이 시작된다. 정상까지 거리는 800m 정도 되며, 고도는 약 100m 상승한다. 샤오샤오 산 정상까지는 30분 정도 걸린다. 정상에 오르면 샤오샤오 주립공원의 울창한 숲이 발 아래로 펼쳐진다. 그 뒤로 반짝이는 호수, 그리고 호수를 굽이굽이 둘러싸고 있는 아름다운 산능선을 볼 수 있다. 잠시 앉아 땀을 식히며 바릴로체의 자연을 만끽하자. 하산 후 트레킹을 이어 종료 지점으로 오면 처음 출발한 포인트가 나온다. 다시 푸에르토 파뉴엘로 선착장으로 돌아가 20번 버스를 타고 바릴로체 시내로 돌아간다.

샤오샤오 주립공원 트레일 전체 구간을 걷는다면 5시간쯤 걸린다. 위에 소개한 순서와 반대로 4구간 세로 샤오샤오Cerro Llao Llao 정상부터 오른 후 반시계 방향으로 트레킹을 해도 된다. 시간이 없다면 샤오샤오 산 정상만 올라도 괜찮다.

EAT

남미의 스위스라고 불리는 바릴로체는 아사도 같은 아르헨티나 전통 요리부터 스위스 스타일의 퐁듀와 라클렛 같은 치즈 요리도 맛볼 수 있다. 보통 레스토랑에서 20~30USD면 시원한 맥주를 곁들인 메인 요리를 먹을 수 있다. 또한 초콜릿이 유명해 거리에는 항상 초콜릿 향으로 가득하다. 바릴로체에서는 수제 맥주를 맛보는 것도 잊지 말자! 바릴로체는 다른 파타고니아 도시에 비해 규모가 커 레스토랑, 카페가 상당히 많다. 또한 도심에서 대형마트도 쉽게 찾을 수 있어 편리하다.

엘 볼리체 데 알베르토 El Boliche de Alberto

바릴로체를 방문하는 여행자들은 꼭 한 번은 가본다는 가장 유명한 아사도 집이다. 시내 중심에 있어 지나갈 때마다 맛있는 고기 냄새가 유혹한다. 정통 스타일의 파리샤Parilla에 구운 소고기를 맛볼 수 있다. 고기 부위 중 채끝 등심Bife de Chorizo이 가장 맛있다. 말벡 와인과 함께 페어링하면 최고의 식사가 된다.

주소 Villegas 347
추천 메뉴 비페 데 초리초Bife de Chorizo 36USD (4만3,000ARS), 프로볼레타 치즈 구이Provoleta 9.5USD (1만1,400ARS) **오픈** 12:00~15:30, 20:00~24:00

엘 볼리체 데 알베르토 파스타 El Boliche de Alberto Pastas

위에서 소개한 아사도 바비큐를 파는 레스토랑과 이름이 같지만 이곳은 파스타를 판매한다. 식당에 들어서면 유리 뒤로 파스타 면을 계속해서 만들고 있는 모습이 보인다. 수제로 만든 생 파스타에 다양한 소스 중 원하는 것 하나를 선택하면 파스타를 조리해 준다.

주소 Ada María Elflein 143
추천 메뉴 라비올리Ravioles 9.5USD(1만1,600ARS), 버섯 소스Sala Hongos 5USD(6,050ARS)
오픈 12:00~15:30, 20:00~24:00

엘 링콘 카세리토 El Rincón Caserito

샐러드, 파이, 엠파나다 등 간편하게 먹을 수 있는 음식을 판매하는 테이크 아웃 전문점이다. 그날그날 직접 만들어 신선하고 맛있다. 바릴로체에서 공원이나 해변으로 나들이 나갈 때 도시락처럼 포장해서 가면 좋다.

주소 Vice Almte. O'Connor 750
추천 메뉴 파이Tarta 4USD(5,000ARS), 샐러드 4가지 맛 5.5USD(6,500ARS)
오픈 11:00~21:00(일요일 휴무)

라파누이 Rapanui

바릴로체에서 가장 유명한 수제 초콜릿 가게다. 부에노스 아이레스를 비롯해 아르헨티나 주요 도시에 체인점이 있을 정도다. 수제 초콜릿을 비롯해 다양한 맛의 아이스크림도 정말 맛있다. 진한 카카오맛이 일품인 90% 카카오, 파타고니아 지역의 특산 과일로 맛을 낸 파타고니아 미아Patagonia Mia 맛을 추천한다. 초코라떼도 진하고 쌉쌀달콤한 맛이 일품이다. 다양하게 패키징된 초콜릿도 선물로 사기 좋다.

주소 Mitre 202
오픈 08:30~01:00

라 폰다 델 티오 La Fonda del Tío

현지인과 관광객들로 항상 줄을 서는 맛집이다. 오픈 시간에 맞춰 가길 추천한다. 이 집의 시그니처 메뉴는 밀라네사 나폴리타나Milanesa Napolitana다. 밀라네사는 얇게 펴 튀긴 돈가스 스타일의 음식이다. 이 밀라네사 위에 토마토 소스와 치즈를 듬뿍 올린 음식이 바로 밀라네사 나폴리타나다. 피자맛 치즈 돈가스라고 생각하면 쉽다. 양이 많으니 혼자라면 반쪽 사이즈로 주문해도 충분하다.

주소 Mitre 1130 메뉴 밀라네사 나폴리타나 Milanesa Napolitana 26USD(3만1,500ARS), 송어구이Trucha 18USD(2만2,000ARS), 수제 플란Flan Casero 3USD(3,500ARS) **오픈** 12:00~15:30, 20:00~24:00 (일요일 휴무)

SLEEP

바릴로체 도심에는 유럽풍의 중저가 호텔과 백패커를 위한 호스텔, 외곽에는 안데스 산맥과 나우엘 우아피 호수를 조망할 수 있는 부티크 호텔이 많다. 호스텔도 언덕 부근에 위치해 전망 좋은 테라스와 휴식 시설을 갖춘 좋은 곳도 많다. 호스텔은 25USD, 중급 호텔과 에어비앤비 숙소는 50~80USD면 적당한 가격이다. 도시 규모도 크고 숙소도 많아 성수기에도 숙소 구하기가 어렵지는 않은 편이다.

호스텔 인 바릴로체
Hostel Inn Bariloche

바릴로체에서 인기 있는 호스텔 중 한 곳. 약간의 언덕을 걸어 올라가야 하지만 그에 걸맞는 전망 좋은 호수뷰 테라스를 보유하고 있다. 테라스에 카우치 쇼파베드가 놓여 있어 멋진 경치를 보며 편하게 쉴 수 있다. 시설도 매우 깔끔하고 공용 공간도 잘 구비되어 있다. 한국 발급 신용카드를 사용하면 외국인 21% 세금이 면제된다.

주소 Primera Junta 1080
가격 도미토리 6인실 24USD
(2만9,000ARS) / 트윈룸 63USD
(7만6,000ARS)

호스텔 오르미가 네그라
Hostel Hormiga Negra

호숫가 바로 앞에 위치한 작고 예쁜 호스텔이다. 규모가 크지는 않지만 호수가 가깝고, 뒷마당에는 캠프파이어와 벤치 등 휴식 공간이 잘 마련되어 있다. 개인실, 도미토리실까지 창밖으로 호수가 보인다. 사람이 적고 조용한 호스텔을 찾는다면 추천한다.

주소 Av. 12 de Octubre 971
가격 도미토리 3~5인실 26USD
(3만3,000ARS) / 트윈룸 70USD
(8만5,000ARS)

오스페다헤 펜트하우스 1004 Hospedaje Penthouse 1004

센트로 시비코 광장 옆 유일한 고층 건물에 위치한 호스텔이다. 주변에 높은 건물이 없어 마치 전망대 같은 풍경을 자랑한다. 일반 호스텔보다는 가격이 조금 높지만, 숙소에서 바릴로체의 멋진 전경을 감상할 수 있어 매우 만족스러운 곳이다. 전체적으로 관리가 매우 잘 되고 있으며, 공용 공간도 매우 넓고 쾌적하다.

주소 San Martín 127 Piso 10
가격 도미토리 6인실 25USD(3만ARS) / 트윈룸 70USD(8만5,000ARS)

셀바 네그라 캠핑장 Camping Selva Negra

바릴로체 센트로에서 가장 가까운 캠핑장이다. 거대한 나무로 둘러싸인 캠핑장은 숲속에 들어온 것 같은 느낌을 준다. 규모가 매우 커서 텐트 사이트가 비좁지 않다. 화장실과 주방 공간은 투숙 인원 대비 부족한 편이다. 캠핑카, 차량, 자전거에 대한 추가 요금은 없다. 관리사무소에서 커피, 음료 등 간단한 음식을 판매한다. 2박 이상 머물면 10% 할인해 준다.

주소 Los Mimbres 2950
찾아가기 Av. Bustillo Km.2.500 버스정류장 하차 후 왼쪽 언덕으로 캠핑장 간판을 따라 올라감
가격 1박 12.5USD(1만5,000ARS)

02
엘 칼라파테
El Calafate

엘 칼라파테는 파타고니아 빙하 왕국으로 불리며, 대자연의 경이로움을 경험할 수 있는 완벽한 도시다. 마치 살아 숨쉬듯 푸르게 빛나는 페리토 모레노 빙하를 눈 앞에서 마주할 때의 감정은 경이로움 그 자체. 운이 좋으면 천둥 같은 소리를 내뿜으며 무너져 내리는 거대한 빙벽을 목격할 수도 있다. 단지 빙하가 전부는 아니다. 포근하고 따뜻하게 트레커들을 품어주는 엘 칼라파테 마을의 분위기는 삶의 속도를 잠시 늦추고 대자연과 하나로 만들어준다.

TRAVEL INFO

엘 칼라파테는 아르헨티나 파타고니아의 중심이자 허브 역할을 하는 도시다. 아르헨티나에서 가장 큰 호수인 아르헨티나 호수Lago Argentino를 끼고 형성된 이 도시는 이름난 관광지답게 깔끔하고 잘 정비되어 있다. 사실 엘 칼라파테 시내는 크게 볼 것은 없다. 하지만 걸어서 산책하기 좋고, 호숫가 주변으로 풍경이 아름답다. 중심도로 Av. Del Libertador를 따라 레스토랑과 마트, 상점들이 모여 있다.

• 공항

아르헨티나 부에노스 아이레스, 바릴로체, 우수아이아 등 주요 도시에서 엘 칼라파테로 국내선이 연결된다. 파타고니아 여행의 핵심 도시인만큼 성수기에는 항공권 가격이 매우 비싸진다. 일정이 정해지면 빨리 항공권을 사도록 하자. 공항에서 시내까지는 약 30km 떨어져 있다. 택시를 이용하거나 합승셔틀버스(Ves Patagonia)를 이용해 시내로 이동해야 한다. 합승셔틀버스는 공항 내 사무실에서 티켓을 구매하면 된다. 인원이 차면 출발하고, 원하는 목적지(숙소)에 내려준다. 요금은 9USD(1만1,000ARS). 택시는 4인까지 탑승 가능하다. 가격은 정찰제로 27.5USD(3만 3,000ARS)다.

• 관광 안내소

엘 칼라파테 중심가로 진입하는 도로 초입에 있다. 엘 칼라파테 지도와 페리토 모레노 빙하 관람 안내를 받을 수 있다. 안내소 바로 옆 멋진 엘 칼라파테 조형물이 있어 사진을 찍기에도 좋다.

⇢ **주소** Bajada de palma 44

• 버스터미널

엘 칼라파테는 아르헨티나 파타고니아의 허브 역할을 하는 도시인 만큼 다양한 버스 노선이 연결된다. 피츠로이 트레킹을 위한 엘 찰텐, 또는 토레스 델 파이네 트레킹을 위한 칠레 푸에르토 나탈레스 구간을 많이 이용한다. 버스터미널에는 테이블, 전기 콘센트, 와이파이 등 서비스 시설이 잘 갖춰져 있다. 버스터미널에서 시내 중심까지는 걸어서 약 20분 걸린다. 엘 칼라파테에서 다른 도시로 나가는 버스 티켓 구매 시 터미널 세금 2.5USD(3,000ARS)을 현금으로 결제해야 한다.

⋯▶ 주소 C. 510 87, Z9405 El Calafate

엘 칼라파테 버스 시간표

출발지	도착지	요금	소요시간	출발시간(요일)	버스 회사
엘 칼라파테	엘 찰텐	32USD (3만8,000ARS)	3시간	07:00, 08:00, 10:30, 11:00, 14:30, 18:00(매일)	Chalten Travel
	엘 찰텐	32USD (3만8,000ARS)	3시간	08:00, 14:00, 18:00 (매일)	CAL TUR
	푸에르토 나탈레스(칠레)	33USD (4만ARS)	6시간	08:00, 11:45(매일)	MARGA TAQSA
	푸에르토 나탈레스(칠레)	33USD (4만ARS)	6시간	08:00, 08:50(매일)	BUS SUR
	엘 칼라파테 공항	10USD (1만2,000 ARS)	20분	07:30, 10:30, 12:30, 15:00, 17:30(매일)	Sin Fronteras

• 로스 글라시아레스 국립공원 사무소

엘 칼라파테 시내 중심에 위치한 국립공원 사무소다. 내부 전시 공간에서 엘 칼라파테의 상징 페리토 모레노 빙하의 현황과 역사에 대한 전시물을 살펴볼 수 있다. 건물과 정원이 예뻐 산책하듯 걸어보면 좋다. 입구는 작지만, 내부는 꽤 넓다.

⋯▶ 주소 Av. del Libertador 1302

Photo Sketch

STEP 03 파타고니아를 누비다

1 엘 칼라파테의 상징 페리토 모레노 빙하
2 관광 안내소 옆에 있는 엘 칼라파테 조형물
3 엘 칼라파테 마을 중심 상점가
4 엘 칼라파테 도착을 알리는 안내판
5 빙하 트레킹을 하면서 만나는 눈부신 페리토 모레노 빙하

SEE & ACTIVITY

아르헨티나 호수 전망대 Mirador Lago Argentino

아르헨티나 호수는 아르헨티나에서 가장 큰 호수로 파타고니아에서도 매우 상징적인 곳이다. 페리토 모레노 빙하를 비롯해 웁살라와 스페가치니 빙하가 녹아 흘러드는 이 호수는 신비한 옥빛 물결을 만들어낸다. 엘 칼라파테 시내에서 걸어서 40분 정도 걸리는 곳에 아르헨티나 호수 전망대가 있다. 이곳에서 호숫가를 걸으며 호수의 아름다움을 만나볼 수 있다.

주소 C. 2, Z9405 El Calafate, Santa Cruz

니메즈 호수 Laguna Nimez

주립 자연보호구역으로 지정된 호수다. 고즈넉한 니메즈 호수는 풍요로운 이곳의 생태계를 가까이서 경험할 수 있다. 100여 종의 새가 서식하는 조류 관찰 명소다. 특히 안데스 플라밍고가 이곳의 상징이다. 니메즈 호수에는 습지를 따라 3km의 탐방로가 조성되어 있다. 천천히 걸으며 고요하면서도 웅장한 엘 칼라파테의 풍경 속에서 산책을 즐길 수 있다. 특히 해질 무렵 호수를 붉게 물들이는 석양이 아름답다.

주소 C. 2, Z9405 El Calafate, Santa Cruz
입장료 10USD(1만2,000ARS)

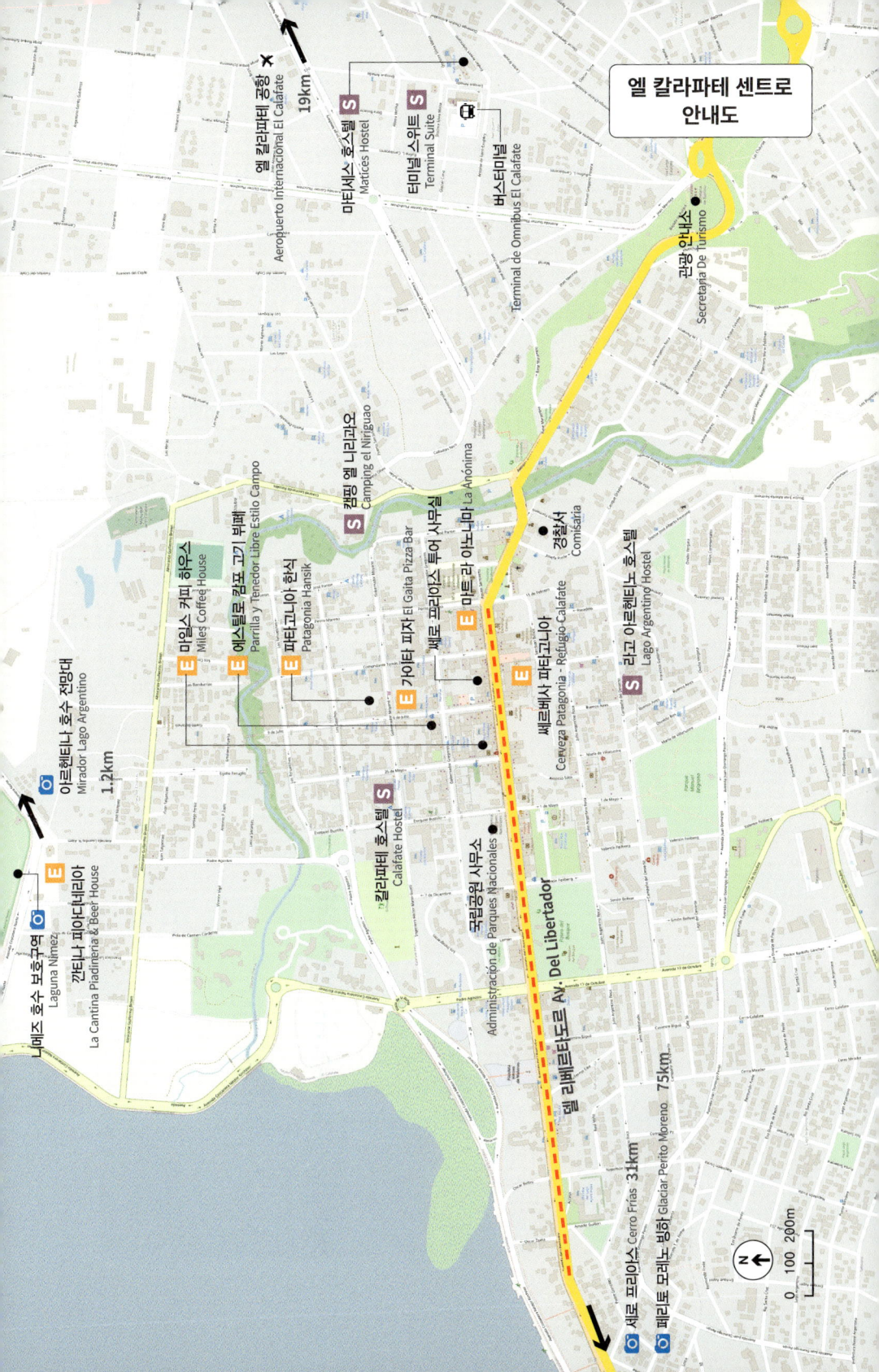

세로 프리아스 Cerro Frías

엘 칼라파테에서 서쪽으로 약 23km 떨어진 곳에 있는 세로 프리아스산Cerro Frías(1,290m)은 아웃도어 투어의 명소다. 안데스 산맥과 빙하로 둘러싸인 이 산은 나무가 거의 없는 언덕 지형으로 로스 글라시아레스 국립공원과는 또 다른 풍경을 만날 수 있는 곳이다. 드넓은 초원을 따라 오프로드, 승마, 짚라인, 하이킹 등 다양한 투어를 즐길 수 있다. 4x4 오프로드 투어는 사륜구동 차량을 타고 험준한 지형을 따라 정상까지 오른다. 중간중간 멈춰 풍경도 감상하는 시간을 갖는다.

승마 투어는 말을 타고 멋진 파타고니아의 드넓은 초원을 한 바퀴 돌아본다. 말 위에서 평원과 멀리 보이는 설산을 감상하는 색다른 경험을 할 수 있다. 하이킹 투어는 세로 프리아스산의 초원과 계곡을 따라 걷는다. 가이드와 함께 걸으며 이 지역의 독특한 자연과 동식물들을 만나볼 수 있다. 짚라인 어드벤처는 엘 칼라파테에서 가장 긴 짚라인 중 하나이며, 거센 파타고니아의 바람을 가르며 빠르게 하강하는 스릴 넘치는 체험을 할 수 있다. 모든 투어는 개별로 선택해서 예약하며, 4시간가량 진행된다. 투어 종류는 다르지만 가격은 동일하다.

주소 Cmte. Tomás Espora 35
예약 홈페이지 www.cerrofrias.com
투어비 116USD(14만ARS)

로스 글라시아레스 국립공원

글라시아르Glaciar는 스페인어로 빙하를 뜻한다. 국립공원 이름이 빙하라는 것에서 알 수 있듯이 이 국립공원에는 크고 작은 빙하가 매우 많다. 로스 글라시아레스 국립공원에는 거대한 규모의 빙하가 48개, 소규모 빙하가 100여 개나 있다. 그야말로 '빙하 왕국'이다. 국립공원 면적은 7,000㎢가 넘는다. 서울 면적의 10배가 넘는 규모다. 아르헨티나에서 가장 큰 국립공원이며, 1981년 유네스코의 세계 자연유산으로 선정되어 보호 및 관리되고 있다. 로스 글라시아레스 국립공원은 아르헨티나 파타고니아의 주요 도시 엘 칼라파테(남쪽 구역)와, 엘 찰텐(북쪽 구역)을 아우른다. 파타고니아의 빙하 지대는 칠레와 아르헨티나를 포함해 약 1만2,500㎢ 규모다. 이는 남극을 제외하고는 지구에서 가장 큰 얼음층이다. 안데스 산맥을 따라 남북으로 길이 370km, 폭 35km의 빙하 지대가 이어진다. 특히, 파타고니아의 빙하는 지구에서 여행하며 만날 수 있는 가장 접근성이 좋은 빙하다.

로스 글라시아레스 국립공원은 파타고니아 여행의 백미라고 해도 과언이 아니다. 국립공원 남쪽 엘 칼라파테 구역은 페리토 모레노 빙하를 비롯해 세계에서 손꼽히는 빙하들을 쉽게 만나볼 수 있다. 국립공원 북쪽 엘 찰텐에는 파타고니아의 상징이기도 한, 피츠로이와 세로 또레 같은 웅장하며 아름다운 봉우리가 하늘을 찌르며 서 있다. 장엄한 절경의 안데스 산맥과 거대한 빙하, 트레킹으로 만나는 파타고니아 대초원까지 품고 있다. 이런 이유로 세계의 여행자들은 로스 글라시아레스 국립공원을 죽기 전에 꼭 한 번 방문해야 할 곳으로 손꼽는다.

로스 글라시아레스 국립공원의 상징, 페리토 모레노 빙하

로스 글라시아레스 국립공원 기본 정보

소재지 아르헨티나 산타크루즈 주
면적 7269.27㎢
국립공원 지정연도 1960년
세계자연문화유산 지정 1981년
특징
① 남부 파타고니아 빙원의 일부로 거대한 빙하와 이로 형성된 호수와 협곡
② 세계에서 가장 접근성이 좋은 빙하로 후퇴하지 않고 균형을 유지하는 살아 있는 빙하
③ 피츠로이로 상징되는 트레킹과 클라이밍의 성지
④ 빙하가 녹아 만들어진 옥빛 호수와 경이로운 풍경
입장료 37USD(4만5,000ARS)

입장권 구매 QR 코드
아르헨티나 국립공원 홈페이지 (ventaweb.apn.gob.ar) 또는 QR 링크로 들어가 이메일 등록 ➡ 로스 글라시아레스 국립공원 Parque Nacional Los Glaciares 선택 ➡ 엘 칼라파테 모레노 빙하 관람 시 Portal de Acceso Corredor Río Mitre y Glaciar Perito Moreno 선택 / 엘 찰텐 피츠로이 트레킹 시 Portal Base Fitz Roy - El Chalten 선택

로스 글라시아레스 국립공원 엠블럼

전망대에서 바라보는 스페가니치 빙하

TREKKING

로스 글라시아레스 국립공원 주요 빙하

📍 페리토 모레노 빙하 Glaciar Perito Moreno

로스 글라시아레스 국립공원에서 가장 대표적인 빙하로 엘 칼라파테를 찾는 여행자들은 바로 이 페리토 모레노 빙하를 만나기 위해서 엘 칼라파테를 방문한다. 페리토 모레노 빙하의 면적은 약 254㎢, 여의도보다 약 30배 크며, 아르헨티나 수도 부에노스 아이레스(203㎢)보다도 크다. 빙하의 높이는 약 70m. 아파트 25층 높이로 빙하의 규모가 엄청나다. 또한 지구온난화로 대부분 빙하의 규모가 줄어드는 데 비해 페리토 모레노 빙하는 규모가 유지되거나 조금씩 증가하고 있다고 한다. 빙하에서 200~300m 떨어진 전망대에서 편하게 관람할 수 있어 접근성이 매우 높다. 전진과 후퇴를 반복하는 역동적인 빙하여서 빙하가 붕괴되는 장관을 직접 목격할 수 있다.

📍 스페가치니 빙하
Glaciar Spegazzini

파타고니아에서 가장 높은 빙하로 거대한 얼음벽이 특징이다. 빙하 높이는 최대 130m. 아파트 50층 높이로 우리의 상상을 뛰어넘는다. 이 빙하는 다른 빙하들과는 달리 후퇴 속도가 느리고, 안정적인 상태를 유지하는 몇 안 되는 빙하 중 하나다. 빙하 이름은 이탈리아 식물학자 카를로스 스페가치니Carlos Spegazzini의 이름을 따서 명명했다. 그는 아르헨티나에서 식물 연구를 진행한 과학자로, 파타고니아 자연 연구에 큰 기여를 했다.

📍 비에드마 빙하 Glaciar Viedma

로스 글라시아레스 국립공원에서 가장 큰 빙하다. 엘 찰텐 북쪽에 있으며 면적이 약 975㎢이나 된다. 남아메리카에서 두 번째로 큰 빙하다. 빙하 길이는 70km, 최고 높이는 100m다. 비에드마 빙하는 푸른 빛의 빙하 위에 화산재가 섞인 얼음층이 독특한 대비를 이루고 있다. 이는 과거 화산 폭팔과 빙하 이동 과정에서 형성된 것이라고 한다. 다른 빙하에서는 쉽게 볼 수 없는 신비로운 패턴이다.

📍 웁살라 빙하 Glaciar Upsala

웁살라 빙하는 국립공원에서 두 번째로 큰 빙하다. 길이가 약 60km, 폭은 약 10km로 웅장한 규모를 자랑한다. 아쉽게도 현재 그 크기가 가장 빠르게 줄어드는 빙하라고 한다. 스웨덴의 웁살라 대학Uppsala University에서 연구 지원한 것을 기념하여 그 이름이 붙여졌다.

페리토 모레노 빙하 100배 즐기기

엘 칼라파테는 페리토 모레노 빙하Glaciar Perito Moreno를 보기 위해 온다고 해도 과언이 아니다. 로스 글라시아레스 국립공원를 대표하는 이 빙하 앞에 서면 영롱한 아름다움에 눈을 떼지 못하고 넋을 놓고 바라보게 된다. 운이 좋으면 일부 빙하가 붕괴되어 천둥 소리를 내며 호수로 떨어지는 모습도 볼 수 있다. 단언컨대 이렇게 거대한 규모의 빙하를 이곳 만큼 편하고 가까이 볼 수 있는 곳은 지구상에 없다. 페리토 모레노 빙하를 즐기는 방법은 다양하다. 빙하 전망대를 정점으로 트레일을 따라 걸으면서 빙하를 관람할 수 있다. 호수에서 페리를 타고 빙하 가까이 다가가 감상할 수도 있다. 빙하를 직접 느껴보고 싶다면 빙하 위를 걸어보는 트레킹 투어를 따라나서도 된다. 어떤 방법을 선택하든 페리토 모레노 빙하의 신비로운 모습은 결코 잊을 수 없는 감동을 줄 것이다.

페리토 모레노 빙하 전망대 _ 자유 여행 vs 여행사 투어

페리토 모레노 빙하 전망대를 보는 방법은 버스를 타고 가는 자유 여행과 여행사 투어를 신청해 가는 방법 두 가지가 있다. 직접 버스를 타고 페리토 모레노 빙하를 방문할 수 있지만, 대부분의 여행자들은 여행사의 투어 상품을 이용한다. 직접 버스터미널에서 버스를 타고 가는 것과 비교해 큰 가격 차이가 없고 머무는 숙소까지 차량이 픽업을 온다. 엘 칼라파테 중심 거리 Av. Del Libertador에 많은 여행사들이 있어 쉽게 예약할 수 있다. 투어 가격은 대부분 비슷하다. 자신에게 맞는 일정과 투어 스타일에 따라 선택하면 된다. 또 여행사 투어를 이용하면 빙하 전망대 트레킹 외에 다양한 방법으로 페리토 모레노 빙하를 즐길 수 있다. 페리토 모레노 빙하 전망대 투어 요금은 일반적으로 50USD(6만ARS)다. 자유 여행으로 페리토 모레노 빙하를 찾아가려면 엘 칼라파테 버스터미널에서 운영하는 버스를 이용한다. 버스는 매일 2~3회 운행하며, 빙하 전망대 주차장까지 약 1시간 걸린다. 엘 칼라파테 국립공원 입구에서 입장권을 구매한 뒤 다시 탑승, 전망대 주차장에서 하차한다. 주차장에서 빙하 전망대까지는 걸어가도 되고, 무료 셔틀버스를 타고 가도 된다. 빙하 관람한 뒤에는 엘 칼라파테로 돌아가는 버스 시간에 맞춰 주차장으로 가야 한다. 버스 요금은 왕복 41USD(5만ARS)다.

여행사	출발	복귀
Chaltentravel	07:30	15:00
	13:15	20:30
CALTUR	08:30	14:30
	12:30	18:30

페리토 모레노 빙하
전망대 투어

모레노 빙하를 관람하는 가장 기본적인 방법은 빙하 전망대 트레킹 Pasarelas Tour이다. 빙하 전망대는 여행사 셔틀버스나 버스터미널에서 출발하는 버스를 이용해 찾아간다. 로스 글라시아레스 국립공원으로 들어가 주차장에 내린 후 도보나 무료 셔틀버스를 이용해 전망대까지 갈 수 있다. 전망대에서 빙하까지의 거리는 불과 200m 정도로 아주 가깝다. 청빙으로 빛나는 거대한 빙하와 주변 설산들을 조망하기에 전혀 부족함이 없다. 빙하 전망대는 마치 공원처럼 크다. 다양한 각도에서 빙하를 조망할 수 있는 포인트가 있다. 포인트를 모두 둘러보며 천천히 감상하면 2시간 이상 걸린다. 만약 다른 투어나 일정이 있는 여행자라면 관람 코스를 효율적으로 돌아볼 필요도 있다.

페리토 모레노 빙하 전망대에는 4개의 관람 루트가 있다. 각 루트마다 데크의 각도와 높이가 달라 빙하의 다양한 모습을 관찰할 수 있다. 시간 여유가 있다면 4개의 전망대를 모두 돌아보며 하루를 온전히 보내는 것도 괜찮다. 주차장과 전망대 초입에는 레스토랑과 화장실 등 편의시설도 있다. 레스토랑에서는 페리토 모레노 빙하 얼음 조각을 넣어주는 위스키도 판다. 가격은 15USD(1만8,000ARS). 빙하 전망대 트레킹을 마친 후 마시는 빙하 위스키도 특별한 추억이 되니 놓치지 말자.

센데로 인페리오르
Sendero Inferior

페리토 모레노 빙하의 가장 생동적인 모습을 볼 수 있는 루트다. 트레일 거리는 1,100m. 빙하의 왼쪽면이 주로 보인다. 또 빙하의 붕괴 현상이 잘 보이는 구역이기도 하다. 시간 여유가 있다며 이곳에 앉아 빙하를 바라보자.

센데로 센트랄
Sendero Central

전망대의 가장 기본적인 루트다. 빙하 전경을 가장 넓게 조망할 수 있는 파노라마 뷰 포인트로, 짧은 시간에 가장 효율적으로 빙하를 감상할 수 있다. 만약 이곳에서 1시간 정도의 시간만 있는 여행자라면 이 코스로 관람하면 좋다. 트레일 거리는 600m.

센데로 데 라 코스타
Sendero de la Costa

빙하 오른쪽으로 돌아 아르헨티나 호수까지 천천히 걷는 코스다. 빙하와는 점점 멀어지지만, 호수 위에 떨어져 나온 유빙을 가까이서 볼 수 있다. 손이 닿는 곳에 있는 유빙은 직접 만져볼 수도 있다. 하루를 온전히 빙하 전망대에서 보내는 여행자라면 이 코스도 가보면 좋다. 트레일 거리는 1,117m.

페리토 모레노 빙하 투어

📍 페리 투어 Safari Náutico

페리를 타고 모레노 빙하 가까이 접근해서 감상하는 투어다. 빙하 전망대에서 1시간 정도 빙하를 감상한 뒤 주차장에서 버스를 타고 페리 선착장Puerto Bajo las Sombras으로 이동한다. 페리에 승선한 뒤 30~40분 정도 빙하 앞을 항해하며 빙하와 마주한다. 페리에서는 전망대에서 보는 것과 비교해 빙하와의 거리가 훨씬 가깝다. 멀리서 바라보는 것과는 또 다른 빙하의 느낌을 받는다. 눈부신 빙하의 색감과 압도적인 규모가 잘 느껴진다. 빙하에서 불어오는 서늘한 바람도 느낄 수 있다. 페리 투어는 하선하지는 않고 다시 선착장으로 돌아와서 마친다.

빙하 관람은 12:00~14:00 사이에 하는 것이 좋다. 이때가 빙하에 햇빛이 비춰 더욱 푸르게 보인다. 오후로 갈수록 해가 넘어가 빙하에 그림자가 진다. 가능하다면 11:30 페리를 이용하자.

운영 시즌 연중 **투어 시간** 1시간 **가격** 100USD(12만5,000ARS, 국립공원 입장료 불포함)
출발 시간 10:00, 11:30, 14:30

🔍 사파리 아줄 Safari Azul

페리토 모레노 빙하를 조금 더 가까이 접근해 관찰하며 걷는 트레킹 투어이다. 페리 투어와 마찬가지로 선착장Puerto Bajo las Sombras에서 배를 타고 호수를 건너 반대편 해안에 도착한다. 가이드의 안내에 따라 약 30분 동안 해안을 따라 걸으며 모레노 빙하의 남쪽면을 보게 된다. 빙하를 만져보는 기회도 갖는다. 그 후 1시간 30분 정도 빙하 옆면의 트레일을 따라 걸으며 페리토 모레노 빙하 전경을 감상한다. 멀리서 보는 빙하 전망대와 달리 직접 빙하의 숨결을 느껴볼 수 있는 투어다. 하지만 빙하 위를 직접 걷지는 않는다. 트레킹이 끝나면 다시 배를 타고 선착장으로 돌아온 뒤 빙하 전망대에서 2시간가량 모레노 빙하를 감상한다.

운영 시즌 7월 중순~다음해 5월 **투어 시간** 9시간 **연령 제한** 6세 이상, 70세 이하
가격 235USD(28만ARS, 국립공원 입장료 불포함) **출발 시간** 09:00

미니 아이스 트레킹 1 Mini Ice Trekking 1

이 투어는 배를 타고 가서 3시간 가량 빙하 위를 직접 걷는 트레킹이다. 3시간 동안 호수, 해안, 숲길, 빙하를 걷게 되는데, 실제 빙하 위에서 보내는 시간은 1시간 정도다. 짧은 시간이지만 빙하를 걷는 체험을 해볼 수 있다. 아쉬운 점은 빙하 초입부의 기슭을 걷기 때문에 빙하에 먼지나 흙이 묻어 풍경이 조금 실망스러울 수도 있다. 또 빙하의 전체적인 모습을 조망하기는 힘들다. 체력이 약하거나 짧은 트레킹을 원하는 사람들에게 추천한다. 트레킹 마지막에 빙하를 깨서 빙하 위스키를 만들어 준다. 트레킹 종료 후 페리토 모레노 전망대로 이동해 1시간가량 트레킹을 하며 페리토 모레노 빙하를 감상한다.

빙하 아이스 트레킹 투어는 최대 20명까지 소규모로 진행된다. 전문 가이드가 동행하면서 안전을 책임지므로 지시사항을 잘 따라야 한다. 당연히 빙하 위 날씨는 춥고 바람이 거세다. 알맞은 옷차림으로 가야 한다. 따뜻한 후리스에 바람막이 재킷, 장갑은 필수다. 빙하에 반사되는 햇빛이 강하기 때문에 선글라스와 선크림도 꼭 챙겨야 한다. 또 투어 중에 먹을 점심과 간식도 꼭 챙겨야 한다. 빙하 트레킹에 필요한 장비(아이젠 등)는 투어사에서 제공한다.

운영 시즌 7월 중순~5월 **투어 시간** 9시간 30분 **연령 제한** 8세 이상, 65세 이하 **가격** 400USD(48만ARS, 국립공원 입장료 불포함) **출발 시간** 08:30

투어 진행

엘 칼라파테 숙소 픽업
↓
국립공원 입장
↓
선착장 배 탑승 (30분)
↓
트레킹 3시간 (빙하 트레킹 1시간)
↓
배 탑승 (30분)
↓
선착장 복귀
↓
빙하 전망대 투어 (1시간)
↓
엘 칼라파테 숙소 드랍

● 미니 아이스 트레킹 2 Mini Ice Trekking 2 ●

미니 아이스 트레킹 1과 상당 부분 동일하지만 트레킹 거리와 방문 포인트가 약간 다르다. 또 빙하 위에서 보내는 시간이 조금 더 길다. 트레킹 난이도도 약간 높은 편이다. 코스와 가격은 동일하지만 운영 시즌과 연령 제한이 다르다.

운영 시즌 10월~4월 **투어 시간** 9시간 30분 **연령 제한** 18세 이상, 55세 이하 **가격** 400USD(48만ARS, 국립공원 입장료 불포함) **출발 시간** 08:30

● 빅 아이스 트레킹 Big Ice Trekking ●

페리토 모레노 빙하를 가장 완벽하게 체험하는 투어다. 가격이 매우 비싸지만, 미니 아이스 트레킹과 비교해 훨씬 더 깊숙이 빙하를 걷기 때문에 진짜 우리가 상상하는 빙하의 빛깔과 장엄한 풍경을 만날 수 있다. 오직 빅 아이스 트레킹을 통해서만 이 빙하의 심장까지 들어갈 수 있다. 트레킹 중 실제 빙하 위에서 보내는 시간은 3시간 정도이며, 빙하의 모든 구석구석을 탐험하게 된다. 빙하와 함께 빙하 뒤에 병풍처럼 자리한 설산 풍경도 장관이다. 또 트레킹 중간 빙하에서 30분가량 쉬면서 직접 준비해온 점심을 먹는 특별한 경험도 한다. 빅 아이스 트레킹은 단순히 빙하 위를 걷는 거라 힘들지 않을 것 같지만, 상당한 체력이 필요하다. 자신의 체력을 꼼꼼히 따져보고 투어에 참가해야 한다. 준비 및 주의 사항은 미니 트레킹과 동일하다.

운영 시즌 9월 중순~4월 **투어 시간** 12시간 **연령 제한** 18세 이상, 50세 이하 **가격** 735USD(88만ARS, 국립공원 입장료 불포함) **출발 시간** 07:00

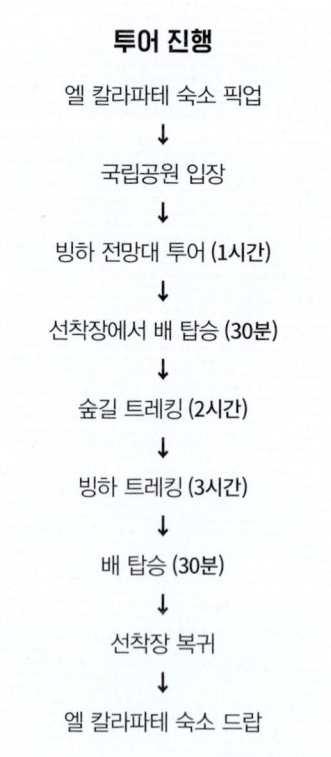

투어 진행
엘 칼라파테 숙소 픽업
↓
국립공원 입장
↓
빙하 전망대 투어 (1시간)
↓
선착장에서 배 탑승 (30분)
↓
숲길 트레킹 (2시간)
↓
빙하 트레킹 (3시간)
↓
배 탑승 (30분)
↓
선착장 복귀
↓
엘 칼라파테 숙소 드랍

천정부지로 치솟는 빙하 트레킹 가격

페리토 모레노 빙하 트레킹은 이엘로 이 아벤투라Hielo y Aventura라는 회사가 독점 운영하고 있다. 가격은 정찰제로 어느 투어사를 가서 구매해도 비슷하다. 문제는 독점으로 운영되어 트레킹 투어 가격이 매년 급격히 오른다는 것이다. 여기에 아르헨티나 물가와 환율까지 가파르게 올라 투어 가격이 상상 이상으로 비싸지고 있다. 하지만 납득할 수 없는 가격 상승에도 불구하고 성수기에는 예약이 꽉 찬다. 만약 빙하 트레킹을 하고 싶다면 최대한 서둘러 예약하자.

Special Page

페리 타고 가는
웁살라 & 스페가치니 빙하 투어

로스 글라시아레스 국립공원에는 페리토 모레노 빙하 외에도 많은 빙하가 있다. 이 가운데 접근성이 좋은 페리토 모레노 빙하는 다양한 투어를 통해 관람하거나 체험할 수 있다. 하지만 다른 빙하는 만나기가 쉽지 않다.

다만, 웁살라Upsala와 스페가치니Spegazzini 빙하는 제한적이지만 페리 투어로 만나볼 수 있다. 웁살라 빙하는 페리토 모레노 빙하 기준 북쪽으로 약 60km나 떨어진 지점에 있다. 같은 국립공원에 있는 빙하지만 상당히 멀고 출발지점도 다르다. 웁살라 & 스페가치니 빙하 투어는 아르헨티나 호수 푼타 반데라 선착장Puerto Punta Bandera에서 페리를 타고 간다. 이 두 빙하는 개인적으로 방문이 불가능하다. 반드시 투어를 통해서만 방문할 수 있다. 또 빙하 위를 걷거나 하는 액티비티도 없다.

천천히 항해하는 페리 위에서 웁살라와 스페가치니 빙하를 감상한다. 페리를 타고 가다보면 호수에 거대한 유빙이 떠다니는 모습도 감상할 수 있다. 아르헨티나 호수는 표면에 떠 있는 미세한 얼음으로 인해 독특한 에메랄드빛을 띄어 신비롭다. 또 투어를 나선 관광객이 많지 않아 아주 고요하고 신비로운 분위기에서 진행된다. 투어 마지막은 스페가치니 빙하와 호수가 바라보이는 전망대에 하선해 300m 정도 되는 짧은 산책로를 걸으며 멋진 뷰를 감상한다.

투어 진행

엘 칼라파테 숙소 픽업
↓
선착장Puerto Punta Bandera 페리 탑승
↓
아르헨티노 호수 항해
↓
웁살라 빙하 및 스페가치니 빙하 관람
↓
스페가치니 빙하 전망대 하선 후 트레킹
↓
선착장 복귀
↓
엘 칼라파테 숙소 드랍

운영 시즌 여름(겨울시즌은 중단)
투어 시간 10시간
가격 165USD(20만ARS, 국립공원 입장료 불포함)
출발 시간 07:00, 11:00

EAT

엘 칼라파테는 아르헨티나 파타고니아의 대표 도시답게 아르헨티나 로컬 음식을 제대로 즐기기 좋은 곳이다. 아르헨티나를 대표하는 아사도 바비큐 중에서도 양고기 아사도Asado Cordero를 추천한다. 가격은 1인 30USD 정도다. 일반적인 레스토랑에서는 1인당 15~30USD 정도로 식사가 가능하다.

라 칸티나 피아디네리아 La Cantina Piadineria & Beer House

아르헨티나 호수를 바라보고 있는 힙한 수제 맥주집이다. 내부는 물론이고 호수 전망과 시원한 바람을 맞을 수 있는 야외 정원도 잘 꾸며져 있다. 수제 맥주는 신선하고 풍미가 좋다. 또 맥주와 함께 먹으면 좋은 남미식 만두 엠파나다가 정말 맛있다. 노을이 질 시간에 맞춰 가면 호수에 물드는 멋진 석양 풍경을 볼 수 있다.

주소 Avenida Leandro N. Alem 163
추천 메뉴 수제 맥주 4.5USD(5,500ARS), 양고기 엠파나다Empanada de Cordero 4USD(5,000ARS), 소고기 밀라네사Milanesa de Ternera 15USD(1만8,000ARS)
오픈 12:00~01:30

> **TIP**
>
> ### 엘 칼라파테 마트와 장보기
>
> 중심가 Av. Del Libertador에는 마트 라 아노니마La Anónima가 하나 있으며, 골목골목 작은 슈퍼와 과일가게가 많다. 직접 요리를 해서 식사를 하거나 빙하 투어 시 준비할 점심을 위한 식재료, 간단한 음식, 과일을 어렵지 않게 구매할 수 있다. 특히 채소, 과일류는 마트보다 동네 슈퍼가 저렴하다. 상태가 살짝 좋지 않은 과일을 떨이로 묶어 매우 저렴하게 판다. 바로 먹는 데는 전혀 문제 없지만, 가격은 절반이다.

세르베사 파타고니아
Cerveza Patagonia - Refugio Calafate

아르헨티나 대표 맥주 브랜드 파타고니아 맥주를 맛볼 수 있다. 파타고니아의 청량하고 깨끗한 물로 만든 다양한 풍미의 파타고니아 맥주는 누구나 좋아할 맛이다. 마트에서도 같은 브랜드의 맥주를 팔지만, 훨씬 신선한 생맥주를 맛볼 수 있다. 간단한 안주도 함께 판매하며, 스티커나 컵 같은 기념품도 구매가 가능하다.

주소 Av. del Libertador 997
추천 메뉴 맥주 6.5USD(8,000ARS), 치즈 양파 엠파나다 세트Empanada de Queso y Cebolla 11.5USD(1만3,500ARS) **오픈** 12:00~02:00(해피아워 19:00~20:00)

에스틸로 캄포 고기 뷔페 Parrilla y Tenedor Libre Estilo Campo

물가 비싼 엘 칼라파테에서 합리적인 가격에 무제한으로 다양한 부위의 고기를 맛볼 수 있는 곳이다. 아르헨티나에서는 이런 고기 뷔페를 테네도르 리브레Tenedor Libre라고 부르는데, 직역하면 '무제한 포크'다. 아르헨티나 정통 방식으로 구운 아사도는 담백하고 육향이 진해 제대로 된 고기맛을 느낄 수 있다. 원하는 부위를 말하면 즉석에서 썰어 서빙해준다. 뷔페 가격은 일반 레스토랑에서 스테이크 한 접시 가격과 비슷하다.

주소 Gdor. Gregores 1102
추천 메뉴 테네도르 리브레 27USD(32만ARS)
영업 시간 12:30~15:30, 19:00~23:00

엘 가이타 피자 El Gaita Pizza Bar

매우 합리적인 가격에 아르헨티나 스타일의 피자를 맛볼 수 있는 곳이다. 큰 화덕에 직접 굽는 정통 스타일의 아르헨티나 피자로 듬뿍 올린 치즈가 특징이다. 카라멜라이즈드 된 양파를 토핑으로 올린 푸가제타 피자는 아르헨티나서만 맛 볼 수 있으니 놓치지 말자. 분위기 좋은 잔디 정원에서 피맥을 하며 쉬어가기 좋다.

주소 Gdor. Moyano N°1089
추천 메뉴 푸가제타Fugazetta 14USD(1만7,000ARS), 나폴리타나Napolitana 16USD(1만8,800ARS) **오픈** 17:00~24:00(화요일 휴무)

마일스 커피 하우스 Miles Coffee House

스페셜티 커피 원두를 사용하는 예쁘고 분위기 좋은 카페다. 통창으로 들어오는 햇빛을 쬐며 커피 한 잔 하기 좋다. 남미에서는 잘 팔지 않는 아이스 아메리카노도 가능하다. 당근 파운드 케이크도 유명해서 함께 곁들이면 좋다.

주소 25 de Mayo 42 **추천 메뉴** 아메리카노 3.3USD(4,000ARS), 당근 파운드 케이크 6.5USD(8,000ARS) **오픈** 09:00~19:00(일요일 16:00~19:00)

파타고니아 한식 Patagonia Hansik

엘 칼라파테의 유일한 한식당이다. 레스토랑 규모 제법 크고, 맛도 전통 한식 그대로다. 가격은 비싸지만, 정갈한 반찬과 음식은 맛이 좋다. 라면, 고추장 같은 한식 식재료를 파는 작은 마트도 같이 운영한다.

주소 Gdor. Moyano 1070 **추천 메뉴** 불고기 콤보 30USD(3만5,000ARS), 육개장 24USD(2만9,000ARS) **오픈** 17:00~22:00 (화요일 휴무)

SLEEP

페리토 모레노 빙하 관문 역할을 하는 엘 칼라파테에는 숙소 옵션이 매우 다양하다. 캠핑장부터 호스텔, 그리고 중고급 호텔까지 예산에 맞춰 선택할 수 있다. 가격도 다른 도시에 비해 조금 저렴한 편이다. 호스텔은 20USD, 주방이 구비된 에어비앤비 숙소와 중급 호텔은 40~70USD 정도로 가격이 형성되어 있다. 스파와 수영장까지 갖춘 고급 호텔과 리조트는 200USD 이상이다.

칼라파테 호스텔 Calafate Hostel

엘 칼라파테 중심가에 위치한 대형 호스텔이다. 위치가 매우 좋고, 규모가 커 여행자들이 많아도 불편함 없이 지낼 수 있다. 공용 공간이 크고 편안하다. 다양한 여행 및 투어 정보를 제공한다. 조식도 포함되어 있고, 가격도 상당히 합리적이다.

주소 Gdor. Moyano 1199-1299
가격 도미토리 4인실 18USD
(2만2,000ARS), 개인실 50USD
(6만ARS)

라고 아르헨티노 호스텔 Lago Argentino Hostel

예쁜 분홍색 외관이 눈에 띄는 호스텔이다. 방은 조금 작은 편이지만 집 같은 편안한 분위기와 큰 주방이 사용하기에 편하다. 약간의 언덕을 올라가야 하지만, 중심가에서 매우 가까운 편이다. 가격 대비 샤워시설, 와이파이, 조식 서비스 모두 만족스러운 곳이다.

주소 Campaña del Desierto 1050
가격 도미토리 4인실
23USD(2만7,000ARS), 개인실
60USD(7만1,000ARS)

마티세스 호스텔 Matices Hostel

엘 칼라파테 버스터미널 바로 옆에 위치한 호스텔이다. 중심가까지는 걸어서 약 20분 걸리지만, 버스터미널과 가까워 밤 늦게 도착해 숙소로 간다거나, 모레노 빙하까지 버스를 타고 가기에는 오히려 편하다. 시설도 매우 크고 깨끗하다. 조식 서비스를 제공하고, 고기를 구워 먹을 수 있는 파리야Parilla 시설까지 있다.

주소 Campaña del Desierto 1050
가격 도미토리 4인실 16USD(2만ARS), 개인실 41USD(5만ARS)

캠핑 엘 니리과오 Camping el Niriguao

중심가에서 그리 멀지 않은 곳에 위치한 캠핑장이다. 자전거 여행자를 비롯해 많은 백패커들이 찾는 곳이다. 바람을 막아 주기 위해 각 사이트마다 나무로 벽을 만들어 놓았다. 사이트마다 전기 콘센트와 간이 테이블이 설치되어 있어 매우 편리하다. 공용 공간과 핫샤워, 와이파이 모두 양호하다.

주소 Cnel. Rosales 251
가격 1인당 12.5USD(1만5,000 ARS)

터미널 스위트 Terminal Suite

가족 또는 여행 인원이 4인이라면 추천할 만한 숙소다. 버스터미널 근처에 있으며, 매우 넓은 거실 공간과 분리된 방에 퀸 사이즈 침대 2개가 있다. 객실에서 통창으로 보이는 풍경이 멋지다. 특히 좋은 시설에 비해 가격이 매력적이다. 숙박비 비싼 엘 칼라파테에서 가성비 좋은 숙소를 찾는다면 추천한다.

주소 Enrique Amado, C. 510 235
가격 40USD(4만8,000ARS)

> **TIP**
>
> **엘 칼라파테 캠핑장**
>
> 엘 칼라파테는 백패커 또는 자전거 여행자를 위한 캠핑장도 위치와 시설이 좋은 편이다. 시내 중심가에서 멀지 않은 곳에 Cabaña Camping Calafate (주소 José Pantin 246), Camping el Niriguao (주소 Cnel. Rosales 251) 두 곳의 캠핑장이 운영 중이다. 핫샤워, 와이파이, 공용공간 등 시설이 잘 구비되어 있다. 만약 자전거 또는 캠핑카 여행자라면 아르헨티나 호숫가에 위치한 Camping Lago Roca(주소 Ruta 15, Km 51)도 추천한다. 캠핑장 요금은 1박에 12USD 정도다.

03
엘 찰텐
El Chaltén

엘 찰텐은 세계 5대 미봉 피츠로이 산으로 대표되는 곳. 칠레 토레스 델 파이네와 함께 파타고니아 최고의 트레킹 명소다. 이곳의 트레일은 파타고니아의 숨 막히게 아름다운 풍경 속으로 안내해 준다. 해가 뜨고 지는 순간 웅장한 바위 봉우리들은 황금빛으로 물들고, 밤이 되면 하늘을 가로지르는 별빛과 함께 마치 꿈의 세계에 있는 듯한 기분을 선사한다. 엘 찰텐에는 초보자부터 전문가까지 모두 즐길 수 있는 다양한 트레일이 있어 자연을 사랑하는 여행자들의 성지와 같은 곳이다.

TRAVEL INFO

엘 찰텐은 작은 시골 마을이다. 마을 끝에서 끝까지 걸어서 30분도 걸리지 않을 만큼 작다. 하지만 여름이면 전 세계에서 몰려드는 여행자들로 북적거린다. 이들은 세계에서 가장 아름다운 봉우리 중 하나인 피츠로이를 보기 위해 찾아온다. 피츠로이를 비롯한 거대하고 웅장한 거봉들은 엘 찰텐 마을에서도 훤히 보인다. 일부러 트레킹을 나서지 않고 마을에만 머물러도 파타고니아의 아름다운 산군을 즐길 수 있다. 마을의 규모는 작지만 호스텔, 캠핑장, 식당, 마트가 적지 않아 여행에 불편함은 없다. 하지만 고립된 위치의 작은 마을이다 보니 물가는 조금 더 비싼 편이다.

• 공항

엘 찰텐으로 가기 위한 가장 가까운 공항은 약 200km 떨어진 엘 칼라파테 공항Aeropuerto Internacional Comandante Armando Tola de El Calafate이다. 이곳에서 엘 찰텐까지 버스가 하루 5~6회 운행한다. 이 버스는 애초에 엘 칼라파테 버스터미널에서 출발해 공항을 들러 엘 찰텐으로 간다. 따라서 출발 예정 시간보다 조금 늦는 경우가 많으니 참고하자. 엘 칼라파테 공항에 버스 티켓 창구가 있어 바로 구매 가능하다. 공항부터 엘 찰텐까지는 3시간 정도 걸린다. 좌측 좌석에 앉으면 가는 길에 피츠로이와 산능선을 감상할 수 있다. 엘 찰텐에서 엘 칼라파테로 가는 버스도 공항을 경유한다.

엘 칼라파테 공항~엘 찰텐 버스

출발지	도착지	요금	소요시간	출발시간(요일)	버스 회사
엘 칼라파테 공항	엘 찰텐	32USD (3만8,000ARS)	3시간	08:35, 09:25, 10:30, 12:50, 15:20, 18:20(매일)	MARGA TAQSA
				08:20, 10:50, 11:20, 14:50, 18:20(매일)	Chalten Travel

• 버스터미널

엘 찰텐에는 파타고니아의 주요 여행지를 오가는 버스가 있다. 주요 목적지는 엘 칼라파테, 우수아이아, 바릴로체, 페리토 모레노 빙하다. 엘 찰텐 버스터미널은 마을 초입에 있다. 버스터미널에서 마을 중심부까지는 충분히 걸어갈 수 있다. 버스터미널 안에 관광 안내소가 있다. 이곳에서는 엘 찰텐 트레킹 맵을 무료로 제공하니 꼭 챙겨가자. 엘 찰텐에서 다른 도시로 나가는 버스 티켓 구매 시 터미널 세금 1.7USD(2,000ARS)을 현금으로 결제해야 한다.

엘 찰텐 버스 시간표

출발지	도착지	요금	소요시간	출발시간(요일)	버스 회사
엘 찰텐	엘 칼라파테	32USD (3만8,000ARS)	3시간	08:00, 11:30, 13:00, 14:30, 18:00(매일)	Chalten Travel
				08:00, 13:30, 18:00(매일)	CAL TUR
				08:00, 12:30, 17:00, 19:00, 03:00(매일)	MARGA TAQSA
	바릴로체	87USD (10만4,000ARS)	30시간	10:00(매일)	Chalten Travel
	우수아이아	58USD (7만4,000ARS)	15시간	08:00(매일)	MARGA TAQSA
	페리토 모레노 빙하	87USD (10만4,000ARS)	4시간	10:00(매일)	Chalten Travel

• 관광 안내소

관광 안내소는 버스터미널 안에 있다. 엘 찰텐 마을 정보와 트레킹 정보가 잘 정리된 지도를 얻을 수 있다. 운영 시간은 07:00~22:00(주말 09:00~16:00, 19:00~22:00)이다.

• 로스 그라시아레스 국립공원 안내소 Parque Nacional Los Glaciares Zona Norte

로스 그라시아레스 국립공원은 엘 찰텐과 엘 칼라파테를 아우르는 거대한 국립공원이다. 국립공원 북쪽 구역을 담당하는 안내소가 엘 찰텐 마을 초입에 있다. 이곳은 단순한 사무소가 아니다. 피츠로이와 그 주변의 봉우리들에 대한 역사와 정보를 전시해 놓은 작은 박물관 같다. 꼭 정보가 필요하지 않더라도 한 번 들러보길 추천한다. 엘 찰텐의 다양한 트레킹 코스를 한눈에 보면서 본인의 일정을 계획하기도 좋다. 궁금한 점을 직원에게 물어보면 친절히 알려준다. 운영 시간은 09:00~17:00.

• 장비 대여점

엘 찰텐에서 트레킹을 하기 위해 장비 대여가 필요하다면 바호 제로Bajo Zero를 추천한다. 취급하는 품목이 매우 다양하고 장비 컨디션도 좋다. 엘 찰텐에서 가장 인기 있는 장비 대여점이다. 물품 대여 시 현금으로 보증금을 받으며, 여권을 요구한다.

바호 제로 Bajo Zero
주소 San Martín 685
대여료 (1일 기준) 2인용 경량 텐트 29USD(3만5,000ARS), 침낭+매트 7.5USD(9,000 ARS), 취사도구 5.8USD(9,000ARS), 등산스틱 5USD(6,000ARS) **오픈** 09:00~13:00, 17:00~21:00
왓츠앱 상담 번호 +54 911 5123 6748

> **TIP**
>
> ### 환전
>
> 엘 찰텐은 작은 마을이라 다른 도시처럼 제대로 된 환전소를 찾기 쉽지 않다. 환율도 썩 좋지 않은 편이다. 엘 찰텐에 오기 전 미리 필요한 만큼 현금을 준비해 오는 것이 좋다. 환전이나 현금이 필요하다면 버스터미널 앞 마트 Pachamama Supermercado에서 환전이 가능하다. 최근 엘 찰텐에도 웨스턴 유니언이 생겨서 편리하게 이용할 수 있다. 위치는 산 마르틴 도로의 레린초 캠핑장 바로 옆에 있다.

엘 찰텐 안내도

- 피츠로이 트레일 입구
- 호스텔 콰트로 에스타시오네스 / Hostel Cuatro Estaciones
- 그란데 란초 호스텔 / Grande Rancho Hostel
- 바호제로 렌탈샵 / Bajo Zero
- 슈퍼마켓 / Supermercado
- 레린초 캠핑장 / El Relincho
- 파타고니아 트레블러스 호스텔 / Patagonia Travellers Hostel
- 웨스턴유니언 / Western Union
- 경찰서 / Comisería
- 세르베세리아 찰텐 / La Cervecería Chaltén
- 에스키나 찰텐 / La Esquina Chaltén
- 파이사 / Paisa
- 바네톤 / Banneton
- 슈퍼마켓 / Supermercado
- 라구나 토레 트레일 입구
- 라티툿 49 아파트 / Latitud 49 Apart
- 슈퍼마켓 / Supermercado
- 버스터미널 / Terminal de Ómnibus El Chalten
- 국립공원 방문센터 / Centro de Visitantes Parques Nacionales
- 로마 델 필레헤 툼바도 트레일 입구
- 콘도르 전망대 / Mirador de Los Condores

0 100 200m

피츠로이 트레킹 초입에서 바라본 엘 찰텐 마을

TREKKING

시시각각 변하는 하늘의 표정 아래 거친 바람이 길을 안내하는 파타고니아의 심장, 엘 찰텐. 이 작은 마을에는 순수한 모험이 숨쉬고 있다. 장엄하게 솟구친 피츠로이를 보러 가는 길과 빙하 호수 뒤 날카롭게 서 있는 세로 토레까지 이어지는 숲길, 그리고 저마다 다른 매력을 가진 트레일이 세계의 여행자들을 이 작은 마을로 불러들인다.

엘 찰텐에서는 어느 길을 선택하든 놀라운 절경의 파타고니아 자연으로 안내한다. 고요한 숲길을 지나 거센 바람이 몰아치는 고원을 걷고, 푸른 빙하가 녹아 흐르는 강물을 따라 나아가다 보면 파타고니아의 중심에 서 있음을 느끼게 된다.

세계 5대 미봉 가운데 하나이자 엘 찰텐의 상징인 피츠로이

Photo Sketch

1 가을 단풍빛으로 물든 세로 토레
2 엘 찰텐의 상징 피츠로이를 바라보는 트레커
3 일명 '불타는 고구마'로 불리는, 여명에 물든 피츠로이

엘 찰텐

트레킹 코스

엘 찰텐에는 피츠로이를 보러 가는 트레킹 코스를 포함해 트레커라면 꼭 걸어보기를 추천하는 트레일이 여럿 있다. 우선 피츠로이를 보러 가는 코스는 당연하다. 하루나 이틀쯤 투자해서 '불타는 고구마'를 영접하는 감동을 누려보자. 콘도르 전망대 Mirador de Los Condores는 엘 찰텐에서 산책 삼아 다녀올 수 있는 곳이다. 트레킹 소요 시간이 1시간밖에 되지 않는다. 라구나 토레 Laguna Torre는 엘 찰텐에서 피츠로이와 더불어 가장 인기 있는 트레킹 코스다. 세로 토레 Cerro Torre 봉우리와 거대한 호수, 그리고 빙하까지 가까이서 감상할 수 있다. 트레킹은 당일과 1박2일로 가능하다. 진정한 트레킹 마니아라면 피츠로이와 라구나 토레 코스를 합쳐 캠핑을 하면서 3일에 걸쳐 트레킹을 할 수도 있다. 로마 델 필레헤 툼바도 Loma del pliegue tumbado는 피츠로이나 라구나 토레만큼 인기 있지는 않지만, 광활한 풍광을 온몸으로 품을 수 있는 한적한 트레킹 코스다.

엘 찰텐 트레킹 주요 코스 안내도

주요 트레킹 포인트 정보

트레일	소요시간(편도)	고도(m)	거리(km)
부엘타스 강 전망대 Mirador Rio de las Vueltas	0:20	100	0.7
피츠로이 전망대 Mirador Fitz Roy	1:30	350	4
카프리 호수 Laguna Capri	1:45	350	4
포인세놋 캠핑장 Campamento Poincenot	2:45	350	8
로스 트레스 호수 Laguna de los Tres	5	750	10
피에드라스 블랑카스 빙하 전망대 Mirador Piedras Blancas	3:30	350	10
세로 토레 전망대 Mirador Cerro Torre	1:15	250	4
토레 호수 Laguna Torre	3:30	250	10
마에스트리 전망대 Mirador Maestri	4:30	300	12
마드레 에 이하 Madre e Hija	2:30	100	7
로마 델 필레헤 툼바도 Loma del Pilegue Tumbado	4:00	1,000	10
콘도르 전망대 Mirador Los Condores	0:45	100	1

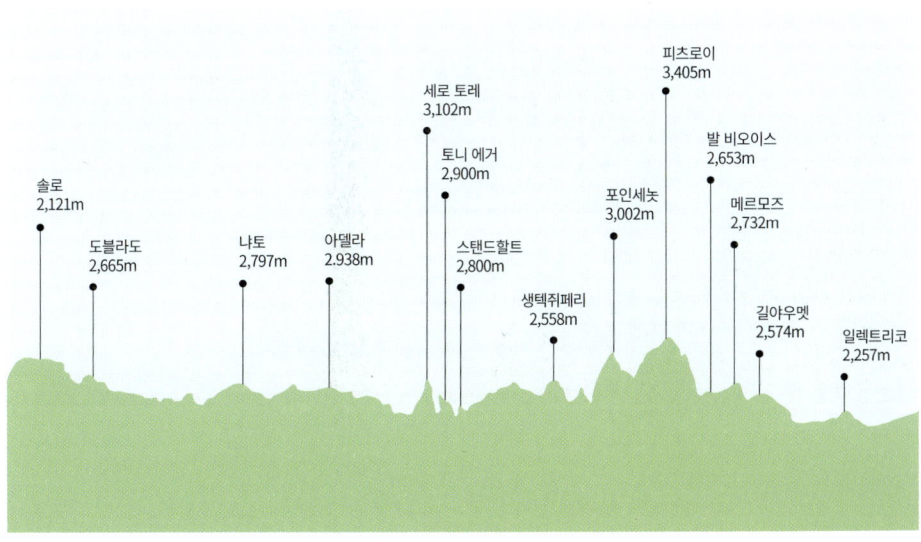

콘도르 전망대 트레킹 Mirador de Los Condores

엘 찰텐 마을에서 1km 떨어진 언덕 겸 전망대다. 사실 트레킹을 한다기보다는 산책하듯 올라갈 수 있는 동네 뒷산 같은 느낌이다. 그러나 매우 짧고 접근하기 쉬운 코스이지만 전망대에서 보는 풍경은 가히 환상적이다. 발 아래로 엘 찰텐 마을이 펼쳐지며, 이곳의 상징인 피츠로이와 주변 봉우리들이 한눈에 담긴다. 운이 좋다면 병풍처럼 펼쳐진 피츠로이 풍경 사이로 콘도르가 하늘을 나는 모습도 볼 수 있다. 콘도르 전망대에서 사진을 찍으면 피츠로이와 엘 찰텐 마을이 엽서처럼 아름답게 담긴다. 날씨가 좋은 날 일출 시간에 맞춰 올라가면 붉게 물드는 피츠로이 봉우리와 주변의 멋진 풍경을 감상할 수 있다. 트레킹을 할 시간이 없거나 체력적으로 힘든 상황이라면 콘도르 전망대를 추천한다.

트레킹 난이도 평이함 **트레킹 시간** 왕복 1시간 **사전 예약** 없음 **입장료** 37USD(4만5,000ARS)

1 로스 글라시아레스 국립공원 안내판
2 하늘을 향해 도열한 피츠로이 연봉
3 콘도르 전망대에서 바라본 피츠로이와 엘 찰텐 마을

● 국립공원 입장권 실속 있게 구매하기 ●

로스 글라시아레스 국립공원 입장권은 당일권(일일 입장권), 플렉시 패스Flexi Pass 3일권과 7일권이 있다. 가격은 일일 입장권은 37.5USD(45,000ARS), 플렉시 패스 3일권 75USD(9만ARS)다. 입장권은 매표소에서 카드 결제(현금 불가)로 구매할 수 있으며, 아르헨티나 국립공원 홈페이지(www.parquesnacionales.gov.ar)에서 사전에 구매할 수도 있다. 입장권 종류가 여럿이라 자신의 일정에 맞는 것을 선택해야 비용을 아낄 수 있다. 일일 입장권은 피츠로이 트레킹만 할 경우에 적합하다. 입장 후 국립공원 내에서 캠핑을 하며 며칠을 머물든 제한은 없다. 또 일일 입장권은 구매 당일에 한해 해당 국립공원 내 여러 트레일 입장이 가능하다. 예를 들어 콘도르 전망대 입장 후 피츠로이 트레킹을 시작하는 데 사용할 수 있다. 플렉시 패스 3일권은 3일 동안 매일 다른 트레일을 걸을 계획이면 유용하다. 가장 효율적으로 사용하는 방법은 1일차 피츠로이 트레킹, 2일차 라구나 토레 트레킹(또는 콘도르 전망대), 3일차 엘 칼라파테 페리토 모레노 빙하다. 이렇게 하면 하루치 입장료(37USD)를 절약할 수 있다. 페리토 모레노 빙하도 로스 그라시아레스 국립공원에 속해 있어 플렉시 패스 입장권으로 입장할 수 있다.

● 로스 글라시아레스 국립공원 북쪽 구역 입장료 & 캠핑장 유료화 ●

엘 찰텐은 로스 글라시아레스 국립공원 북쪽 구역Parque Nacional Los Glaciares Zona Norte의 주요 트레킹 코스로 진입하는 관문이다. 이곳은 그동안 유료로 운영되던 국립공원 남쪽 구역 엘 칼라파테 페리토 모레노 빙하와 달리 무료로 운영했었다. 하지만 북쪽 구역도 24~25 시즌부터 모든 트레일에 입장료를 부과하고, 캠핑장 또한 유료로 운영하기 시작했다. 인터넷의 과거 정보를 보고 무료라고 혼동해서는 안 된다. 문제는 이 시스템이 아직 완전히 정착되지 않아 일부 트레일에서만 매표소가 운영되고 있다는 점이다.

무료로 운영하던 국립공원 내 캠핑장도 유료로 전환되었다. 피츠로이 트레일의 라구나 카프리 캠핑장Campamento Laguna Capri, 포인세놋 캠핑장Campamento Poincenot, 라구나 토레 트레일의 아고스티니 캠핑장Campamento Agostini 이용료는 1인당 12.5USD(1만5,000ARS)다. 캠핑장 관리 직원이 현금으로 징수한다. 캠핑장은 간이 재래식 화장실만 있을 뿐 아무런 시설이 없다. 그런데도 적지 않은 금액을 받는 것은 아쉽다. 캠핑장 이용은 홈페이지(www.amigospnlosglaciares.org/campamentos)에서 사전 예약이 가능하다. 하지만 캠핑을 하는 트레커들이 많지 않아 예약을 하지 않아도 이용하는 데 큰 문제는 없다. 캠핑장에서는 가스 버너 사용이 가능하다. 주변 계곡, 시냇물에서 물을 떠 식수로 사용하면 된다.

피츠로이 트레킹 Sendero al Fitz Roy

여행자들이 엘 찰텐을 찾아온 이유는 하나. 피츠로이를 보기 위해서다. 하늘을 향해 우뚝 치솟은 피츠로이와 주변 암봉들의 산세는 정말 환상적이다. 이 산이 아침 여명으로 붉게 물들면 감동은 곱절이 된다. 피츠로이 트레킹은 해발 3,405m의 피츠로이 봉우리를 눈 앞에서 마주할 수 있는 라구나 데 로스 트레스Laguna de Los Tres까지 걷는다. 초보 트레커나 체력에 자신 없는 사람들도 충분히 도전해 볼 수 있는 코스다. 엘 찰텐에 왔다면 꼭 도전해서 파타고니아의 대자연을 만끽해 보자.

트레킹 난이도 높음 **트레킹 거리** 22km **트레킹 일정** 당일, 1박2일 **트레킹 시간** 왕복 10시간 **최고 높이** 1,170m(라구나 데 로스 트레스) **입장료** 37USD(4만5,000ARS) **캠핑장** 라구나 카프리Campamento Laguna Capri, 포인세놋 캠핑장Campamento Poincenot. 캠핑장 이용료 1인 12.5USD(1만5,000ARS). 캠핑장에는 수세식 간이 화장실 외 다른 시설은 없으며, 조리를 위한 가스 버너 사용은 가능하다. 식수는 캠핑장 주변 계곡 또는 시냇물에서 구할 수 있다.

1 구간

엘 찰텐~라구나 카프리 (피츠로이 전망대)

거리 4.3km
소요시간 1시간 30분
고도 300m 상승

엘 찰텐 중심도로 산 마르틴Av. San Martín 끝에 트레일 헤드가 있다. 이곳에 매표소가 있고 국립공원 입장료를 징수한다. 입장료는 카드 결제만 가능하다. 트레일 헤드로 들어서 조금 올라가면 바로 갈림길이 나온다. 피츠로이 트레킹은 오른쪽 방향으로 올라야 한다. 왼쪽은 라구나 토레 트레일로 이어진다.

갈림길부터 초반 30분은 계속 오르막길이 이어진다. 나머지 1시간 30분 약 4km 구간은 평이한 숲길을 걷게 된다. 트레일 입구에서 1.5km 지점에 갈림길이 있다. 왼쪽으로 가면 라구나 카프리 Laguna Capri, 오른쪽으로 가면 피츠로이 전망대Mirador Fitz Roy로 연결된다. 만약 정상까지 오르지 않고 피츠로이 봉우리를 조망하며 사진을 찍고 내려갈 거라면 피츠로이 전망대 방향으로 가면 된다. 라구나 카프리 방향으로 가면 금세 아름다운 카프리 호수가 나타난다. 반짝이는 호수와 함께 우뚝 솟은 피츠로이 봉우리는 모두에게 감탄을 자아낸다. 카프리 호숫가로 들어서 잠시 앉아 휴식을 취하면 좋다. 호숫물은 그대로 떠 마셔도 될 만큼 깨끗하다. 피츠로이 봉우리의 황홀한 풍경 아래 땀을 식히며 간식을 먹는 호사를 누려보자. 호수 바로 옆에 라구나 카프리 캠핑장이 있다.

2구간

라구나 카프리~포인세놋 캠핑장

거리 4km
소요 시간 1시간
고도 변화 없음

라구나 카프리 호수에서 포인세놋 캠핑장으로 가는 2구간은 고도 변화가 거의 없는 평탄한 4km 트레일이다. 난이도는 우리나라 둘레길 수준으로 평이하다. 하지만 눈 앞으로 펼쳐지는 풍경은 환상적이다. 2구간부터 눈 앞으로 우뚝 솟은 피츠로이 봉우리를 바라보며 걷는다. 웅장하게 치솟은 피츠로이가 마치 손에 잡힐 듯 서 있다. 정상에 오르기 전, 예쁜 사진을 많이 남겨두자. 2구간은 또 탁 트인 개활지를 지나는데, 투명한 시냇물과 계곡이 흘러 더욱 아름답다. 이 물은 식수로 사용 가능한 청정수다. 물통에 담아 식수로 활용하면 된다. 2구간 전체 소요 시간은 1시간 정도다.

2구간 끝에 포인세놋 캠핑장Campamento Poincenot이 있다. 정상을 오르기 전 마지막 휴식 장소다. 화기 사용이 가능해 간단한 조리도 가능하다. 붉은 여명에 물든 피츠로이를 보기 위해 1박2일 코스로 트레킹에 나선 트레커들은 대부분 이곳에서 캠핑을 한다. 성수기에는 일찍 도착해 자리를 확보하는 것이 좋다.

2구간 개활지에서 만나는 트레일 풍경과 피츠로이

3 구간 포인세놋 캠핑장~라구나 데 로스 트레스

거리 2.6km
소요 시간 1시간
고도 460m 상승

라구나 데 로스 트레스 호수 위로 우뚝 솟은 피츠로이

포인세놋 캠핑장부터 오르막길이 시작된다. 초반 1km는 트레일이 숲으로 나 있어 피츠로이 봉우리가 보이지 않는다. 당일로 트레킹을 나섰다면 체력이 떨어질 시점이니 안전에 유의하면서 걷자. 숲길이 끝나는 곳에 가파른 오르막길 시작점 주의 표지판이 있다. 이때부터 매우 가파른 돌길을 걸어야 한다. 본인의 체력에 맞게 페이스를 유지하며 걸어야 한다. 또한 돌길이기 때문에 미끄러지지 않게 주의해야 한다. 처음부터 끝까지 오르막 급경사기 때문에 매우 힘들다. 하지만 마지막 고개를 넘어 라구나 데 로스 트레스에 도착하면 지나온 모든 고통의 순간이 순식간에 사라지고 격한 감동이 밀려든다. 산 정상에 있는 신비로운 호수와 그 뒤로 웅장하게 솟아 오른 피츠로이 봉우리를 만나는 그 순간은 절대 잊을 수 없을 것이다.

오르막길을 오르며 흘린 땀은 정상에 도착하면 금방 식어 급격히 추위를 느낄 수 있다. 정상에는 바람도 세게 분다. 반드시 여분의 옷을 준비해 껴입고 추위에 대비해야 한다. 특히, 여명에 물든 피츠로이, 불타는 고구마를 보기 위해 이른 새벽에 올랐다면 모포나 침낭 등을 준비해 일출을 기다리는 동안 추위에 대비한다.

라구나 데 로스 토레스 정상에서 올라 왔던 길을 길을 따라 하산하면 된다. 만약 체력이 된다면 피에드라 블랑카 빙하Glaciar Piedras Blanca를 볼 수 있는 전망대를 들려보는 것도 좋다. 포인세놋 캠핑장을 조금 지나면 피에드라 블랑카 빙하 전망대 방향의 갈림길이 나온다. 이곳에서 빠져 왕복 약 1시간(5km)을 걸으면 된다. 길은 평이해서 어렵지 않다.

1 라구나 데 로스 트레스 정상에서 내려다본 국립공원과 마드레 에 이하 호수
2 급경사를 알리는 경고 안내판. 이 지점 이후 1시간가량 매우 급한 경사가 이어진다
3 전망대에서 바라본 피에드라 블랑카 빙하

> **TIP**
>
> ### 겨울 시즌 피츠로이 트레킹
> 만약 겨울 시즌에 피츠로이 트레킹을 한다면 반드시 동계 부츠, 등산 스틱, 아이젠 등을 준비해야 한다. 라구나 데 로스 트레스 정상으로 가는 마지막 구간 가파른 오르막길은 눈으로 덮여 있을 때 장비 없이 올라가면 매우 위험하다. 동계용 장비는 엘 찰텐 등산장비점에서 대여할 수 있다. 겨울에는 모든 트레일에 눈이 덮여 있어 일반적인 예상 시간보다 1.5배 소요되고, 체력적으로 훨씬 힘든 점을 유의하자.

눈이 쌓인 피츠로이 트레일. 겨울에는 트레일이 보이지 않을 만큼 눈이 쌓여 주의해야 한다

● '불타는 고구마' 피츠로이를 보는 두 가지 방법 ●

'불타는 고구마!'. 피츠로이 봉우리가 새벽 일출에 맞춰 천천히 붉게 물드는 모습을 보고 붙인 재밌는 별명이다. 누가 최초로 이 이름을 붙였는지는 모르지만, 한국 여행자에게만 통용되는 피츠로이의 또 다른 이름이다. 불타는 고구마를 위해서는 일출 시간 전에 트레킹 정상 라구나 데 로스 트레스Laguna de Los Tres까지 올라가야 한다. 일출 전에 가는 방법은 두 가지가 있다.

첫 번째로 엘 찰텐 마을에서 새벽 2시에 출발하는 것이다. 여름철 일출은 보통 7시 전후다. 마을부터 정상까지 일반적으로 4시간 이상 걸린다는 것을 가정하면 새벽 2시쯤 출발해야 그 시간을 맞출 수 있다. 야간 트레킹은 캄캄한 숲을 지나기도 해서 반드시 헤드랜턴을 착용하고 조심히 걸어야 한다. 특히, 카프리 호수를 지나면서 개활지가 나오는데, 여기서 길을 잃기 쉽다. 안내 표지판이 되어 있긴 하지만 어둠 속에서는 놓치기 쉽다. 이 구간을 지날 때 갈림길이 나오거나 길이 이상하다고 느끼면 반드시 멈춰 주변을 잘 살펴봐야 한다. 새벽 2시에 떠나는 트레킹은 매우 피곤하다. 하지만 밤하늘을 빼곡히 채운 별과 은하수, 그리고 고요한 숲속의 공기는 형용할 수 없을 정도로 환상적이고 아름답다. 어둠 속을 걷는 두려움도 잊게 만든다. 마지막 가파른 오르막을 올라 정상에 도착하면 성취감이 하늘을 찌른다. 여기에 일출과 새빨갛게 불타는 고구마를 보게 된다면 그걸로 파타고니아 여행의 정점을 찍은 것이다. 하지만 변덕스러운 날씨 때문에 불타는 고구마를 매번 볼 수 있는 것은 아니다. 날씨 요정이 도와줘야 가능하다. 반드시 날씨 예보를 확인하고 트레킹 계획을 세우도록 하자.

두 번째 방법은 1박2일로 트레킹을 하는 것이다. 낮에 트레킹을 시작해 포인세놋 캠핑장에서 1박을 한다. 캠핑장에서 정상까지는 늦어도 2시간이면 충분하다. 일출 시간에 맞춰 출발하면 된다. 텐트와 짐은 그대로 캠핑장에 두고 필요한 것들만 간단히 챙겨가면 체력적으로도 부담이 적다.

라구나 데 로스 트레스 정상은 여름이라 하더라도 동틀 무렵이라 매우 춥고 바람이 차다. 반드시 추위를 피할 여벌의 옷을 챙겨가야 한다. 또한 날씨가 수시로 급변한다는 점을 항상 유념해야 한다. 특히, 비가 오면 가파른 돌길이 매우 미끄러워 위험할 수 있다. 비가 내릴 때는 무리하지 말고 트레킹을 포기하는 게 좋다.

라구나 토레 트레킹 Sendero Laguna Torre

라구나 토레 트레킹은 피츠로이 트레킹과 더불어 엘 찰텐에서 가장 인기 있는 코스다. 세로 토레Cerro Torre 봉우리와 호수, 그리고 빙하까지 가까이서 감상할 수 있다. 피츠로이 트레킹의 인기에 밀려 마치 별거 없는 트레킹이라고 생각할 수 있지만, 하늘을 향해 날카롭게 우뚝 솟은 세로 토레 봉우리와 그 주변의 풍경은 우리의 상상력을 뛰어넘을 만큼 멋지다. 라구나 토레는 당일 트레킹이 가능하고, 전반적으로 평이한 코스라 초보자도 도전할 수 있다. 다만, 왕복 8시간 이상 걸리기 때문에 반드시 점심과 간식을 준비해서 출발해야 한다.

트레킹 난이도 중급 **트레킹 거리** 왕복 18km **트레킹 일정** 당일, 1박2일 **트레킹 시간** 왕복 6~8시간 **최고 높이** 650m(라구나 토레) **국립공원 입장료** 37USD(45,000ARS) **캠핑장** 아고스티니 캠핑장Campamento De Agostini. 이용료는 1인당 12.5USD(15,000ARS). 캠핑장에는 수세식 간이 화장실 외 다른 시설은 없음. 조리를 위한 가스 버너 사용은 가능하다. 식수는 캠핑장 주변 계곡 또는 시냇물에서 구할 수 있다.

1 구간

엘 찰텐~세로 토레 전망대

거리 3km
소요 시간 1시간 20분
고도 200m 상승

엘 찰텐 마을 서남쪽 로스 차리토스Los Charitos 도로 끝에 라구나 토레 트레일 입구가 있다. 이곳을 출발해 조금 걷기 시작하면 금세 마을이 보이지 않고 완전한 파타고니아의 자연 속으로 진입하게 된다. 초반에는 완만한 오르막길이며, 이후 바위가 많은 길을 오르내리며 걷는다. 크게 힘들지는 않지만 미끄러지지 않게 조심해야 한다. 트레일 입구에서 3km쯤 오르면 세로 토레 전망대 Mirador Cerro Torre에 도착한다. 이곳의 뷰가 정말 환상적이다. 세로 토레(3,102m)와 피츠로이(3,405m)는 물론 주변에 펼쳐진 높고 거대한 봉우리들이 놀라운 풍경을 만들어낸다. 전망대 옆으로 간이 화장실도 있다. 혹시 시간이나 체력이 부담된다면 이곳까지만 트레킹하고 돌아가도 괜찮다.

1 토레 전망대에서 바라본 세로 토레와 주변 풍경
2 라구나 토레 트레일 입구
3 라구나 토레 트레일 초반에 만나는 개활지

2구간 세로 토레 전망대~라구나 토레

거리 6km
소요 시간 2시간 30분
고도 100m 상승

토레 전망대를 출발하면 5km 정도 평탄한 숲길과 피츠로이강을 따라 걷는다. 2시간쯤 걸리는 이 길은 고도 변화도 많이 없고 길도 좋아서 걷기 좋다. 오솔길, 개활지, 높은 나무로 둘러싸인 숲길이 순차적으로 나타나면서 트레킹이 지루하지 않다. 누구나 힘들지 않게 걸을 수 있다. 트레일 후반부는 세차게 흐르는 피츠로이강을 따라 걷는다. 트레킹 종점 라구나 토레로 진입하기 직전 안내 표지판을 따라 좌측으로 빠지면 아고스티니 캠핑장Campamento De Agostini이 있다. 라구나 토레 트레킹은 대부분 당일로 하기 때문에 캠핑을 하는 사람은 많지 않다. 하지만 캠핑을 하며 파타고니아 품에서 하룻밤을 보내는 것도 색다른 추억이 될 수 있다.

캠핑장 갈림길에서 트레일 종점 라구나 토레까지는 금방 도착한다. 호수에 도착하면 날카롭게 우뚝 솟은 세로 토레 봉우리가 모습을 드러낸다. 호수 주변으로는 빙하와 설산들이 있어 더욱 웅장하다. 겨울에는 호수가 얼어 호수 위를 걸어 더 가까이 가는 사람들도 있다. 여름에는 빙하가 무너져 호수변 가까운 곳까지 떠내려온 유빙을 볼 수 있다. 떠다니는 유빙 가운데 작은 얼음을 집어 한 입 맛보는 것도 특별한 재미다.

혹시 체력이 남았거나 더 멋진 빙하의 풍경이 보고 싶다면 전망대 오른편으로 2km 더 걸어 마에스트리 전망대Mirador Maestri로 가보자. 더 높고 넓은 각도로 빙하와 호수를 내려다볼 수 있다.

피츠로이~라구나 토레 연결 트레킹

트레킹 마니아라면 피츠로이와 라구나 토레 트레킹을 연결해 2박3일로 돌아볼 수 있다. 피츠로이 트레일과 라구나 토레 트레일을 잇는 센데로 마드레 에 이하Sendero Madre e Hija를 활용하면 두 포인트를 이어 트레킹할 수 있다. 연결 트레킹은 백패킹 장비를 준비한 트레커나 조금 더 액티브한 트레킹을 원하는 여행자에게 추천한다. 국립공원 내에는 간이 화장실 외에는 어떠한 시설도 없다. 텐트, 조리 도구, 3일치 식량 등 백패킹 장비와 필요한 음식을 모두 준비해야 한다.

1일차는 오후에 엘 찰텐에서 피츠로이 트레킹을 시작해 포인세놋 캠핑장에서 1박한다. 2일차 새벽에는 라구나 데 로스 트레스로 올라 일출에 물든 '불타는 고구마' 피츠로이를 감상한다. 다시 캠핑장으로 돌아와 아침을 먹고 텐트를 철수해 센데로 마드레 에 이하 방향으로 트레킹을 한다. 포인세놋 캠핑장에서 엘 찰텐 방향으로 800m 내려가면 마드레 에 이하 구간 갈림길이 나온다.

피츠로이와 라구나 토레를 연결하는 마드레 에 이하 트레일 거리는 6.6km, 소요시간은 2시간쯤 걸린다. 길은 평탄하며, 마드레Madre 호수와 이

피츠로이 트레일과 마드레 에 이하 트레일 갈림길 표지판

하Hija 호수를 오른편에 두고 걷는다. 두 호수 이름을 번역하면 엄마와 딸 호수이다. 두 호수는 이름만큼 함께 잔잔하고 아름답게 빛난다. 트레일 마지막 내리막 구간을 지나면 라구나 토레 트레일과 이어진다. 두 트레일이 만나는 곳에 간이 화장실이 있다. 이곳부터는 라구나 토레 트레일을 따른다.

2일차는 아고스티니 캠핑장에서 캠핑을 한다. 3일차 오전 라구나 토레 전망대에서 토레 감상 후 엘 찰텐 마을로 복귀한다.

마드레 에 이하 트레일에서 보이는 피츠로이 옆면

로마 델 필레헤 툼바도 트레킹 Loma del pliegue tumbado

엘 찰텐에서 피츠로이와 라구나 토레 트레일만큼 인기 있지는 않지만, 색다른 분위기와 광활한 풍광을 온몸으로 품을 수 있는 트레킹 코스다. 또한 사람이 많지 않아 한적한 분위기에서 파타고니아의 자연을 온전히 만끽할 수도 있다. 해발 1,500m의 탁 트인 정상에 오르면 눈앞에 피츠로이와 세로 토레, 빛나는 빙하와 호수들이 파노라마처럼 펼쳐진다. 트레킹 난이도는 피츠로이 트레킹과 라구나 토레 트레킹의 중간 정도다. 엘 찰텐에서 새로운 풍경과 분위기를 경험해 보고 싶은 트레커들은 놓치지 말고 도전해 보자.

트레킹 난이도 어려움 **트레킹 거리** 왕복 20km **트레킹 일정** 당일 **트레킹 시간** 왕복 6~8시간 **최고 높이** 1,503m(로마 델 필레헤 툼바도) **국립공원 입장료** 37USD(4만5,000ARS)

로마 델 필레헤_룸바도 트레킹 정상에서 보이는 피츠로이 연봉과 토레 호수

로마 델 필레헤_룸바도 트레킹을 하며 보는 피츠로이와 엘 찰텐 마을

1 구간 엘 찰텐~라구나 토로 갈림길

거리 4km
소요시간 1시간 30분
고도 400m 상승

로마 델 필레헤 툼바도 트레일은 엘 찰텐 마을 초입, 국립공원 관리소에서 시작된다. 트레일 입구에 매표소가 있다. 매표소를 지나 콘도르 전망대와 길이 나뉘면서 본격적인 트레킹이 시작된다. 처음 1~2km는 완만한 오르막 구간이다. 엘 찰텐 마을을 뒤로 하고 걷다 보면 푸른 초원과 낮은 관목이 자라는 전형적인 파타고니아 풍경이 펼쳐진다. 트레일은 완만하지만 계속되는 오르막이라 천천히 페이스를 조절하며 여유롭게 걷자.

트레일 입구에서 4km 가면 갈림길이 나온다. 왼쪽으로 가면 라구나 토로Laguna Toro 트레일로 이어진다. 이 길로 가지 않도록 주의한다. 라구나 토로 트레일은 왕복 30km 이상 장거리 트레킹 코스다. 이 코스는 반드시 국립공원 사무실에 등록을 하고 트레킹을 해야 한다. 갈림길에서 오른쪽 방향의 숲길로 진입해 트레킹을 이어간다.

1 로마 델 필레헤 툼바도 트레일 초입 2 탁 트인 개활지를 걷는 트레커와 피츠로이 3 로마 델 필레헤 툼바도 트레일을 따라 걷다 뒤돌아본 엘 찰텐 주변 풍경

2구간 라구나 토로 갈림길~로마 델 필레헤 툼바도 전망대~정상

거리 5km
소요시간 2시간
고도 700m 상승

라구나 토로 트레일 갈림길을 지나면 우거진 숲을 통과한다. 계속되는 오르막길이지만, 바람을 막아주고 그늘이 져 걷기에는 수월하다. 중간중간 편히 앉아 쉴 수 있는 곳들도 있어 물과 간식을 먹기 좋다. 2km의 숲길을 걷다 보면 안내판과 함께 탁 트인 개활지가 나온다. 이곳부터 전망대와 정상으로 향하는 가파른 돌길이 시작된다. 고도가 높은 개활지라 바람이 매우 거세게 분다. 체온 조절과 거센 바람에 주의해야 한다. 황량한 풍경 속 급경사 구간을 걷다 보면 눈 앞에 엘 찰텐의 상징 피츠로이와 세로 토레가 서서히 모습을 드러낸다. 트레일 왼쪽과 오른쪽에 로마 델 필레헤 툼바도 전망대 Mirador Loma del pliegue tumbado가 있다. 왼쪽 전망대는 비에드마 호수Lago Viedma와 멋진 설산 능선이 보이고, 오른쪽 전망대는 피츠로이부터 세로 토레까지 엘 찰텐을 상징하는 봉우리들이 파노라마로 펼쳐져 장관을 이룬다. 전망대에서 가파른 오르막을 1km쯤 오르면 정상에 다다른다.

1. 2. 3 로마 델 필레헤 툼바도 전망대에 서면 피츠로이와 세로 토레 등 엘 찰텐의 대표 봉우리를 다 볼 수 있다

EAT

엘 찰텐은 아주 작은 마을로 레스토랑이나 카페가 많은 편은 아니다. 대부분 메인 도로 산 마르틴Av. San Martín을 따라 몰려 있다. 작은 마을이지만 트레킹 여행자들을 위한 건강하고 든든한 음식을 판다. 또 자유로운 백패커들의 성지답게 캐주얼하고 힙한 분위기로 트레킹 후 시원한 수제 맥주를 마시기 좋다. 다만 마을이 작은데 여행자는 많아서 가격대는 비교적 높은 편이다. 브런치, 파스타 같은 간단한 메뉴도 20USD 이상이고, 스테이크 같은 음식은 40USD 이상이다.

라 에스끼나 찰텐 La Esquina Chaltén

최근 엘 찰텐에 문을 연 핫한 브런치 카페다. 커피와 디저트가 맛있다. 올데이 브런치 음식도 양도 많고 만족스럽다. 직접 구운 빵류가 모두 수준이 높다. 친구나 가족에게 SNS로 소통하거나 조용히 쉬고 싶을 때 찾으면 좋을 카페다.

주소 Cmte. Arrua 99 97 **추천 메뉴** 비트 후무스를 곁들인 와플 (Waffle con hummus de remolacha) 8.7USD(1만500ARS), 양고기 라비올리(Ravioles de Cordero) 13USD(1만6,000ARS) **오픈** 08:00~22:00

라 세르베세리아 찰텐 La Cervecería Chaltén

엘 찰텐 메인 도로 산 마르틴 거리를 걷다 보면 예쁜 정원과 오두막집이 눈에 딱 띄는 맥주집이다. 트레킹 후 푸릇한 잔디 위 야외 테라스에서 시원한 맥주 한잔과 음식을 먹기 좋은 곳이다. 뒷편으로 작은 양조장도 있어 신선한 맥주를 마실 수 있다. 이 마을 이름을 딴 '찰텐 수제 맥주'와 함께 먹는 간단한 안주로는 홈메이드 대형 엠파나다가 제격이다.

주소 San Martín 320
추천 메뉴 찰텐 수제 맥주(Chalten Cerveza Artesanal) 6.2USD(7,500ARS), 홈메이드 대형 엠파나다(Gran Empanada de Masa Casera) 6USD(7,000ARS)
오픈 12:00~24:00

파이사 Paisa

낮에는 카페, 밤에는 칵테일 등 주류를 판매하는 카페다. 매장은 작지만 잔디 정원 벤치에 누우면 우뚝 솟은 피츠로이 봉우리가 보이는 전망 맛집이다. 따뜻한 햇살 아래 커피 한잔 하며 쉬어가기 딱 좋은 곳! 스페셜티 드립 커피가 맛이 좋고 가격도 합리적이다.

주소 Ricardo Arbilla 86
추천 메뉴 스페셜티 드립 커피 2잔 6.5USD(7,800ARS), 아보카도 토스트 10.5USD(1만2,500ARS)
오픈 07:30~13:00, 14:30~19:30 (수요일 휴무)

바네톤 Banneton

한국인 입맛을 저격하는 베이커리 맛집 카페다. 다양한 종류의 커피와 바게트, 크로와상이 맛있다. 아르헨티나에서 많이 먹는 멤브리요 잼이 들어간 패스츄리도 맛있다. 물가 비싼 엘 찰텐에서 합리적인 가격으로 간단히 커피와 빵을 먹기 좋다. 햄버거, 샌드위치 같은 식사류도 판매한다.

주소 San Martín 56
추천 메뉴 모리니토스(Molinitos) 1.3USD(1,600ARS), 포카치아 2.5USD(3,000 ARS)
오픈 08:30~19:30 (브런치 메뉴는 12:30까지)

TIP

엘 찰텐의 마트와 캠핑숍

엘 찰텐에는 작은 동네 마트 규모의 식료품점이 세 곳 있다. 다른 도시와 비교해 취급하는 품목이 매우 적고 가격도 조금씩 비싸다. 트레킹을 하는 국립공원 내에는 매점 같은 시설이 아예 없다. 반드시 식사 및 간식 거리를 챙겨가야 한다. 트레킹 시 아르헨티나식 핫도그 초리판을 준비하는 것을 추천한다. 준비하기도 편하고 차갑게 식어도 맛이 괜찮다. 마트에서 바게트빵과 초리초Chorizo, 치미추리Chimichurri 소스만 사면 간편하게 만들 수 있다. 캠핑을 위한 이소가스는 마트에서 팔지 않는다. 등산용품 취급점 바호 제로(Bajo Zero, San Martín 685), 라 티엔다 렌탈 & 아웃도어 숍(La Tienda Rental & Outdoor Shop, San Martín 175) 등에서 구매할 수 있다. 이소가스 가격은 우리나라와 비교해 매우 비싸다. 1개당 6.5USD(8,000ARS)다.

SLEEP

엘 찰튼은 '트레킹의 수도'라는 별명답게 아웃도어 여행자들을 위한 숙소가 많다. 백패커를 위한 캠핑장, 호스텔과 게스트하우스가 많다. 또한 아늑한 롯지, 전경이 아름다운 부티크 호텔까지 선택할 수 있다. 성수기에는 전 세계에서 많은 여행자들이 몰려들기 때문에 숙박비가 다른 도시에 비해 꽤 비싼 편이다. 가장 저렴한 호스텔이 기본 25USD부터 시작한다. 주방이 있는 작은 원룸 스타일의 숙소가 60~100USD 정도다. 성수기(11월~3월)에는 예약이 필수다.

그란데 란초 호스텔 Grande Rancho Hostel

엘 찰텐에서 가장 크고 인기 있는 호스텔이다. 단독 건물로는 가장 큰 호스텔로 항상 많은 여행자들이 찾는다. 1층에 식당이 있어 항상 북적거리는 분위기가 장점이자 단점이다. 시설을 매우 깨끗하고 관리가 잘 되어 이용하기 편리하다. 혼자 여행을 왔다면 동행이나 친구를 만들기 좋은 호스텔이다.

주소 San Martín 724
가격 도미토리 4인실 31USD(3만7,000ARS), 트윈룸 조식 포함 110USD(13만2,000ARS)

파타고니아 트레블러스 호스텔 Patagonia Travellers Hostel

호스텔이지만 매우 세련되고 깔끔해 마치 호텔스러운 곳이다. 가격은 다른 호스텔보다 조금 비싼편. 비용을 더 지불하고라도 좋은 호스텔을 찾는다면 추천한다. 배낭 여행자들로 북적이는 분위기가 부담스러운 여행자들에게도 좋다. 호스텔에서 자전거 대여(6시간 22.5USD(27,000ARS))도 해준다.

주소 San Martín 376
가격 도미토리 4인실 40USD(4만8,100ARS), 트윈룸 조식 포함 124USD(13만2,000ARS)

호스텔 콰트로 에스타시오네스
Hostel Cuatro Estaciones

중심 거리 산 마르틴 도로 가장 끝에 있는 호스텔이다. 호스텔을 지나면 바로 피츠로이 트레킹 입구다. 새벽에 피츠로이를 오를 계획이라면 위치가 매우 좋다. 최근 주인이 바뀌고 시설을 새롭게 정비해 평가가 좋다. 가격도 다른 호스텔에 비해 저렴한 편. 잔디 마당에 벤치와 식탁에서 편하게 쉬기도 좋다.

주소 San Martín 948
가격 도미토리 4~6인실 25USD(3만ARS)

라티툿 49 아파트 Latitud 49 Apart

중심 거리에서 약간 떨어져 있는 펜션 형태의 숙소다. 조용하고 한적한 분위기로 문을 열고 나가면 바로 피츠로이 봉우리가 보인다. 총 네 개의 객실이 있는데, 객실은 침실(침대 2개)과 부엌, 작은 거실로 나뉘어 가족 단위 또는 4명이 같이 여행한다면 생활하기 좋다. 주방 용품도 구비되어 있고 시설도 매우 깔끔하게 잘 관리되어 있다.

주소 Ricardo Arbilla 145 **가격** 4인용 객실 84USD(10만800ARS)

엘 레린초 캠핑장 El Relincho

엘 찰텐의 가장 대표적인 캠핑장이다. 백패킹 장비를 준비해 온 여행자들은 거의 대부분 이 캠핑장에서 지낸다. 캠핑장 규모가 커서 언제든 예약 없이 찾아가도 된다. 이 캠핑장의 최대 장점은 뜨거운 온수 샤워가 24시간 내내 가능하고 수압도 엄청 세다는 것. 또 공용공간도 아늑하고 편안하게 이용할 수 있다. 청소를 자주해서 이용자가 많은데도 청결을 유지한다. 유일한 단점은 와이파이가 느리다는 점이다. 각종 트레킹 장비도 대여 가능하고, 배낭 보관(1.6USD(2,000ARS))도 해준다. 많은 여행자들과 친구가 될 수 있는 좋은 공간이다.

주소 San Martín 545
가격 1박 1인당 12.5USD(1만5,000ARS)

04
푸에르토 나탈레스
Puerto Natales

푸에르토 나탈레스는 칠레 파타고니아의 심장으로 전 세계의 트레커들에게는 꿈이 현실로 이루어지는 마을이다. 이 작고 조용한 마을은 끝없는 하이킹 코스와 드라마틱한 풍경으로 가득한 토레스 델 파이네 국립공원의 전초기지 역할을 한다. 푸에르토 나탈레스에서 배낭을 둘러메고 힘차게 출발하자! 얼마 지나지 않아 눈 앞에 펼쳐지는 파타고니아의 대자연 속에 깊이 빠져들게 될 것이다.

TRAVEL INFO

매우 작은 마을로 걸어서 2~3시간이면 충분히 둘러볼 수 있다. 푸에르토 나탈레스는 토레스 델 파이네 국립공원을 가기 위한 곳으로 특별한 볼거리는 없다. 하지만 그 작은 항구 마을의 분위기가 오히려 더 큰 매력이다. 트레킹을 위해 장비를 정비하고 휴식을 취하며 머나먼 파타고니아에 왔음을 느껴보자.

마을 초입 언덕에서 바라본 푸에르토 나탈레스

• 공항

칠레 산티아고 또는 푸에르토 몬트~푸에르토 나탈레스 구간은 성수기에만 운항하고 라탐LATAM, 스카이SKY항공이 주 2회 운행한다. 운항편이 많지 않고 수요가 몰려 가격도 비교적 비싸다. 푼타 아레나스 공항을 이용해 푸에르토 나탈레스로 가는 방법이 일정이나 비용적으로 나을 수 있다. 푸에르토 나탈레스 공항은 마을에서 차로 15분 떨어진 매우 작은 공항으로, 시내까지는 택시를 이용해야 한다. 요금은 정찰가격으로 8,000CLP다.

• 버스터미널

토레스 델 파이네 트레킹의 출발점 푸에르토 나탈레스는 파타고니아 대부분의 도시와 버스로 연결되어 있다. 일반적으로 푼타 아레나스(칠레), 엘 칼라파테(아르헨티나)에서 버스로 이동하게 된다. 푸에르토 나탈레스부터 푼타 아레나스까지는 여러 회사에서 1시간 간격으로 자주 운행하며 운임은 8,000CLP다. 중간에 푼타 아레나스 공항을 들른다. 그리고 버스터미널에서 토레스 델 파이네 국립공원 행 버스가 출발한다. 여러 버스 회사가 있지만, 버스 시간이 다양한 BUS SUR를 가장 많이 이용한다(p178~179 페이지 트레킹 파트 참조). 버스터미널 내에 관광 안내 부스, 환전소, 여행사도 있어 편리하게 이용할 수 있다. ⋯▸ **버스터미널 주소** Av. España 1455

푸에르토 나탈레스 버스 시간표

출발지	도착지	요금	소요시간	출발시간(요일)	버스 회사
푸에르토 나탈레스	우수아이아	7만CLP	13시간	07:00~16:30(리오 그란데 경유)~20:00(화·목·일)	BUS SUR
	엘 칼라파테	3만2,000CLP	5시간	07:30 (화·목·토)	BUS SUR
		3만CLP	5시간	08:00	MARGA TAQSA
	푼타 아레나스	8,000CLP	3시간	07:00~21:00 (매일 1시간 간격 출발)	BUS SUR
	토레스 델 파이네 국립공원	1만4,000CLP	2시간	07:00, 12:00, 14:30	BUS SUR

• 관광 안내소

푸에르토 나탈레스 마을 중심 광장 플라자 데 아르마스Plaza de Armas에 있다. 푸에르토 나탈레스 지도를 제공하고 토레스 델 파이네를 비롯해 근교 다양한 투어 정보를 제공한다.

⋯▸ 주소 Hermann Eberhard 445

• 장비 대여점

캠핑 장비 대여 전문점으로 렌탈 나탈레스Rental Natales를 추천한다. 장비 컨디션이 매우 좋고, 홈페이지에서 가격과 장비를 미리 확인할 수 있다. 1인 캠핑 패키지(1인용 텐트, 침낭, 매트, 쿠킹 세트, 스토브, 이소가스, 등산스틱)가 1일 4만8,000CLP로 가격이 합리적이다. 개별적으로 렌트한다면 야간 하우스Yagan House에서 렌트하는 게 저렴하다. 숙소 겸 렌탈숍을 같이 운영하는 곳이다.

렌탈 나탈레스 Rental Natales
대여료 1일 기준 침낭 8,000CLP, 매트 6,000CLP, 등산화 1만CLP, 등산스틱 8,000CLP **오픈** 09:00~22:00
주소 Hermann Eberhard 370 **홈페이지** rentalnatales.com

야간 하우스 Yagan House
대여료 1일 기준 2인용 텐트 9,000CLP, 침낭 4,500CLP, 매트 2,000CLP, 등산스틱 4,000CLP
오픈 09:00~22:30 **주소** Bernardo O'Higgins 584

TIP

푸에르토 나탈레스의 마트와 캠핑숍

푸에르토 나탈레스 아르마스 광장 근처에 있는 대형마트 우니마르크Unimarc에서 대부분의 식료품과 공산품을 구할 수 있다. 특히 토레스 델 파이네 트레킹 시 필요한 파스타류, 스프류, 견과류, 살라미(염장 소시지), 씨리얼바 등을 많이 취급한다. 가격도 합리적이라서 굳이 한국에서 준비하지 말고 이곳에서 구매하는 것이 낫다. 또한 푸에르토 나탈레스는 토레스 델 파이네 트레킹의 전초기지인 만큼 호스텔에서 직접 캠핑 장비를 대여해 주는 곳이 많다. 본인이 묵는 호스텔에 문의해 보자. 거의 모든 숙소에서 토레스 델 파이네 W 또는 O트레킹을 하는 동안 짐을 보관해 준다. 대부분 무료로 해주며, 일부 요금(1일 2,000~3,000CLP)을 받는 경우도 있다.

\# **Photo Sketch**

1 한적한 시골마을 같은 푸에르토 나탈레스
2 푸에르토 나탈레스 마을 입구에 서 있는 밀로돈 조형물
3 모뉴먼트 알 비엔토 공원에서 본 바다와 파타고니아 설산

SEE & ACTIVITY

아르마스 광장 Plaza Armas

한적한 마을 속 소박하면서도 평온한 분위기의 중심 광장이다. 광장 곳곳에 파타고니아의 자연을 상징하는 다양한 나무와 조각상이 있어 편안하게 쉬기 좋다. 날씨가 좋은 날에는 잔디밭에서 많은 사람들이 여유롭게 시간을 보낸다. 광장 옆에는 아름다운 목조 건축 양식이 특징인 성당 '이글레시아 마리아 아우실리아도라Iglesia María Auxiliadora'가 자리 잡고 있다.

주소 Tomás Rogers 143

주립 역사 박물관 Museo Histórico Municipal

파타고니아와 지역에 대한 역사, 과거 원주민의 생활과 유럽인의 정착 관련 전시물이 전시되어 있다. 푸에르토 나탈레스 지역을 포함해 티에라 델 푸에고Tierra del Fuego 원주민들의 생활을 자세히 만나볼 수 있다. 작은 박물관이지만 시에서 운영해 요금도 저렴하고 전시물도 꽤나 알차다.

영업 시간 09:00~18:00
(토요일 15:00~19:00, 일·월요일 휴무)
입장료 2,000 CLP

수공예품 시장 Pueblo Artesanal

파타고니아의 자연과 문화에서 영감을 받은 다양한 공예품을 판매한다. 여행자들에게는 특별한 기념품을 구매하기에 좋은 곳이다. 목각 공예품, 울(라마, 알파카) 제품의 질이 좋다.

 영업 시간 09:00~19:30(일요일 휴무)

모뉴먼트 알 비엔토 Monumento al Viento

파타고니아의 바람을 형상화한 멋진 모뉴먼트가 있다. 주변으로 해안을 따라 선착장과 공원이 조성되어 있어 산책하기 좋다. 반짝이는 바다 뒤로 보이는 설산도 매우 멋지다. 이곳에서 안데스 산맥 뒤로 떨어지는 노을이 매우 아름답다.

 주소 Ave Pedro Montt 089

TREKKING

토레스 델 파이네

거친 바람이 흐르는 광활한 대지, 그 위에 우뚝 솟은 바위 봉우리들, 그리고 이들을 감싸고 있는 에메랄드빛 호수. 토레스 델 파이네 국립공원의 라스 토레스Las Torres는 그 자체로 하나의 장엄한 풍경화다. 엘 찰텐의 피츠로이 트레킹과 더불어 파타고니아를 대표하는 양대 트레킹 코스이다. 이곳의 날씨는 매우 변덕스럽고 길은 험하지만, 이 모든 것들을 온몸으로 느끼고 맞아보자. 토레스 봉우리와 마주하는 순간 그동안의 고된 발걸음은 충분히 보상받고도 남는다. 배낭을 조여 매고 파타고니아의 대자연 속으로 걸음을 내딛어보자.

토레스 델 파이네 국립공원의 초원에서 풀을 뜯고 있는 과나코 무리

토레스 델 파이네 국립공원

파타고니아 최고의 트레킹 명소이자 유네스코 생물권 보호구역으로 지정된 토레스 델 파이네 국립공원Parque Nacional Torres del Paine. 서울의 약 3배 크기인 토레스 델 파이네 국립공원은 단순한 여행지가 아니다. 자연과 맞서 스스로를 시험하는 모험가들의 성지다. 토레스 델 파이네Torres del Paine의 상징인 세 개의 화강암 봉우리는 한국 여행자들 사이에서 일명 '삼봉'이라고 불린다. 토레 노르테Torre Norte(2,600m), 토레 센트랄Torre Central(2,800m), 토레 수르Torre Sur(2,850m)까지 세 개의 거대한 봉우리가 빛나는 호수 뒤에 우뚝 서 있다. 이 세 개의 암봉과 호수가 빚은 절경은 토레스 델 파이네 국립공원을 상징한다.

그러나 토레스 델 파이네 국립공원 내에는 라스 토레스 봉우리만 있는 것이 아니다. '파타고니아의 뿔'이라고 불리는 로스 쿠에르노스Los Cuernos를 비롯해 그레이 빙하Glaciar Grey, 프란세스 빙하Glaciar Francés, 딕슨 빙하Glaciar Dickson 등 크고 작은 빙하들이 많이 있다. 이 빙하들은 세계에서 가장 큰 빙원 중 하나인 파타고니아 남부 빙원Southern Patagonian Ice Field과 연결된다. 파타고니아의 순수하고 강렬한 자연의 매력이 펼쳐지는 토레스 델 파이네 국립공원은 전 세계 백패커들의 버킷리스트이자 파타고니아의 진수다.

토레스 델 파이네 국립공원 엠블럼

토레스 델 파이네 국립공원 기본 정보

소재지 칠레 마가야네스 이 안타르티카 칠레나 주 La Región de Magallanes y Antártica Chilena
면적 1814.14㎢
국립공원 지정연도 1959년
유네스코 생물권 보호구역 지정 1978년
특징
① 1억 년 전에 형성된 화강암과 퇴적암이 조화를 이룬 독특한 지질 및 지형
② 하루 안에 사계절을 모두 경험할 수 있을 정도로 급변하는 날씨와 강풍
③ 야생 그대로의 자연과 풍부한 동식물

입장료 3일 이하 3만2,400CLP, 4일 이상 4만6,200CLP

입장권 구매 QR 코드
칠레 국립공원 홈페이지(www.pasesparques.cl) 또는 QR 링크 접속 ➡ 토레스 델 파이네 국립공원 Parque Nacional Torres del Paine 선택 ➡ 날짜 선택 Seleccionar Fechas ➡ 외국인 3일 이하 Extranjero: Hasta 3 días Adulto 또는 외국인 4일 이상 Extranjero: Más de 3 días Adulto 선택

토레스 델 파이네
트레킹 시즌

트레킹하기 가장 좋은 시즌은 이곳의 여름인 12월부터 3월까지이다. 대체적으로 날씨도 온화한편이고 해가 길어 트레킹할 수 있는 시간도 여유롭다. 이 시즌엔 평균 기온이 15도 정도로 쾌적하다. 하지만 항상 급변하는 날씨 그리고 여름철에 특히 세지는 강풍은 유의할 필요가 있다. 전 세계의 트레커들이 모여들기 때문에 산장, 캠핑 사이트 예약이 매우 힘들고 인기 많은 트레일 구간은 번잡할 수도 있다. 이 시즌에 토레스 델 파이네 트레킹을 할 계획이라면 산장 또는 캠핑장 예약을 반드시 최소 4~5개월 전에 해야 한다.

가을로 접어드는 4월부터 비수기가 시작되어 한가로운 느낌을 받을 수 있다. 여행자들이 현저히 줄고 국립공원 내 트레일, 산장, 캠핑장들도 꽤나 고요해진다. 하지만 날씨가 급격히 추워져 의류, 침낭 등 트레킹 장비 준비에 신경 써야 한다. 또 이때부터 비수기 시즌으로 넘어가 버스, 페리 등의 교통편이 줄어든다. 겨울인 5월~8월에는 대다수의 산장이 문을 닫고, 추위와 폭설로 사실상 트레킹이 힘들다. 겨울 시즌에 트레킹을 하려 한다면 안전을 위해 전문 가이드를 동반한 투어 프로그램을 이용하길 추천한다.

1 햇빛의 따뜻함이 감사한 토레스 델 파이네 트레킹
2 토레스 델 파이네 국립공원을 상징하는 거대한 그레이 빙하
3 트레킹을 하며 만나는 수많은 설산들

토레스 델 파이네 국립공원 찾아가기

토레스 델 파이네 국립공원을 가는 여러 버스 회사들이 있지만, 시간대가 다양한 BUS SUR을 가장 많이 이용한다. 성수기 기준 하루 3회 운행한다. 대부분의 여행자들은 1회차인 07:00에 출발하려고 한다. 따라서 이 시간에 출발하려면 표를 미리 예매하는 것이 좋다. 어느 목적지를 가더라도 최초 정류장인 라구나 아마르가에서 국립공원 입장권 매표 및 검사가 이루어진다. 버스 요금은 편도 1만4,000CLP, 왕복 2만5,000CLP다.

당일 & O트레킹은 라구나 아마르가 하차

버스 티켓을 구매할 때는 국립공원 내 하차 지점을 선택해야 한다. 라스 토레스 봉우리만 올라갔다 오는 당일 트레킹, 국립공원 한바퀴 전체를 도는 O트레킹은 라구나 아마르가Laguna Amarga에서 하차한다. 이곳에서 트레일의 시작인 웰컴 센터까지는 약 7km 정도 떨어져 있다. 하차 지점과 웰컴 센터를 운행하는 셔틀버스가 있다. 약 20분 소요되며, 요금은 편도 4,500CLP로 현장에서 현금으로 지불한다. 셔틀버스를 타지 않고 걸어가면 1시간 30분 정도 걸린다. 당일 트레킹은 돌아가는 버스 시간에 맞춰야 하기 때문에 셔틀 버스를 이용하는 것이 유리하다. 당일 또는 O트레킹 종료 후 푸에르토 나탈레스로 돌아오는 버스도 라구나 아마르가 출발로 구매하면 된다.

W트레킹은 푸데토 선착장 하차

W트레킹은 푸데토Pudeto 하차로 구매하면 된다. W트레킹의 시작점 파이네 그란데 산장까지는 푸데토 선착장에서 페리를 타고 페오에 호

토레스 델 파이네 국립공원 안내도

수를 건너야 한다. 페리의 소요 시간은 30분이며, 페리 티켓도 별도로 구매해야 한다. 푸에르토 나탈레스에서 07:00(1회차 버스)에 출발하면 푸데토에 10:00에 도착한다. 명심할 것은 10:30에 출발하는 페리를 반드시 타야 한다. 이 페리를 놓치면 다음 페리는 16:15에 있다. 이렇게 되면 트레킹 일정에 큰 차질을 빚는다. W트레킹을 마친 후 푸에르토 나탈레스로 돌아올 때는 라구나 아마르가 출발로 구매한다.

트레킹 이외 전망 포인트

버스는 두 포인트 외에 페오에 캠핑장 Camping Pehoé과 라고 그레이 호텔 Hotel Lago Grey까지 간다. 이 두 정류장은 W 또는 O트레킹 코스에 포함되는 곳이 아니다. 하지만 이곳에서 바라보는 토레스 델 파이네 국립공원의 전망이 상당히 멋지다. 페오에 캠핑장에서는 '파타고니아의 뿔'이라 불리는 로스 쿠에르노스와 아름다운 페오에 호수의 전경이, 라고 그레이 호텔에서는 그레이 호수와 국립공원의 서쪽이 펼쳐진 파노라마 뷰가 나타난다. 만약 트레킹을 하기 힘들다면 이곳들을 방문해서 전망을 감상하면서 하룻밤 머무는 것도 좋다.

푸데토 선착장~파이네 그란데 산장 페리
가격 편도 2만6,000CLP(현장구매는 카드 결제 불가) **소요 시간** 30분
출발 시각 08:30, 10:30, 16:15, 18:00

페오에 캠핑장 Camping Pehoé
요금 캠핑 사이트 2인 3만6,000CLP, 돔 방갈로 2인 13만CLP **식당 운영시간** 점심 12:00~15:30, 저녁 19:00~21:30 **홈페이지** campingpehoe.com

라고 그레이 호텔 Hotel Lago Grey
요금 수페리어 룸(전망) 평균 60만CLP(날짜에 따라 상이) **식당 운영시간** 점심 12:00~15:30, 저녁 19:00~22:00 **홈페이지** www.lagogrey.com

BUS SUR 토레스 델 파이네 국립공원 버스 시간표

출발	1회차	2회차	3회차
푸에르토 나탈레스 버스터미널 Terminal Rodoviario	07:00	12:00	14:30
라구나 아마르가 Laguna Amarga	09:00	14:00	16:30
푸데토 Pudeto	10:00	15:00	17:15
페오에 캠핑장 Camping Pehoé	10:15	15:30	17:00
국립공원 사무소 Administración	11:00	16:00	
라고 그레이 호텔 Hotel Lago Grey	11:30	16:30	
복귀	**1회차**	**2회차**	**3회차**
라고 그레이 호텔 Hotel Lago Grey		13:30	17:30
국립공원 사무소 Administración		14:00	18:00
페오에 캠핑장 Camping Pehoé		14:15	18:15
푸데토 Pudeto	10:30	14:30	19:30
라구나 아마르가 Laguna Amarga	11:00	15:00	20:15
푸에르토 나탈레스 버스터미널 Terminal Rodoviario	13:00	17:05	21:30

토레스 델 파이네
트레킹 코스

토레스 델 파이네를 트레킹하는 방법은 두 가지가 있다. 바로 W트레킹과 O트레킹이다. 이 생소한 이름은 국립공원을 트레킹할 때 걷는 코스 모양을 따라 붙였다.

W트레킹은 알파벳 모양처럼 지그재그로 걸으며 토레스 델 파이네 국립공원의 명소인 그레이 빙하 Glaciar Grey, 프란세스 밸리Valle del Francés, 라스 토레스Las Torres를 하루 한 곳씩 마주한다. 가장 많은 트레커들이 선택하는 코스로 3박4일 동안 약 70km를 걷는다. O트레킹은 토레스 델 파이네 국립공원을 한 바퀴 도는 서킷 형태의 트레킹이다. 7박8일 동안 약 130km를 걷는다. W트레킹 코스의 주요 지점은 물론 국립공원 북쪽과 외곽을 걸으며 더욱 깊고 날 것 그대로의 자연을 체험하게 된다. 특히 토레스 델 파이네 트레킹에서 가장 높고 힘든 구간 파소 존 가드너Paso John Gardner를 지나는데, 상당한 체력이 요구된다. 하지만 W트레킹에서는 볼 수 없는 거대한 빙하와 호수, 그리고 광활한 풍경을 만나며 훨씬 더 깊은 파타고니아의 대자연을 만끽할 수 있다. O트레킹은 어려운 지형이 많고, 시설도 비교적 열악해 트레킹 경험이 어느 정도 있는 중급자 이상이 도전하는 코스다. 토레스 델 파이네 트레킹은 본인의 체력, 일정에 맞게 선택하자. W트레킹도 분명 쉬운 트레킹은 아니다. 하지만 마음만 굳게 먹는다면 초보자도 충분히 도전해볼 수 있는 코스다. W와 O트레킹 둘다 할 수 없다면 당일 트레킹으로도 토레스 델 파이네를 경험해 볼 수 있다. 국립공원의 가장 상징적인 포인트 라스 토레스 전망대까지 왕복으로 다녀오는 방법도 가능하다.

트레킹 난이도 높음
트레킹 일정 당일(라스 토레스 전망대), 3박4일(W트레킹), 7박8일(O트레킹)
최고 높이 W트레킹 875m(Mirador Las Torres), O트레킹 1,241m(Paso John Gardner)
숙소 캠핑장 또는 산장 사전 예약 필수

토레스 델 파이네 트레킹 비교

일정	당일	W트레킹	O트레킹
소요 시간	왕복 8시간	3박4일	7박8일
추천	일정이 짧거나 체력에 자신은 없지만 토레스 델 파이네를 경험하고 싶은 여행자	토레스 델 파이네의 하이라이트를 단기간에 체험하고 싶은 트레커	파타고니아의 자연 속으로 깊숙이 들어가 토레스 델 파이네의 진면목을 느끼고 싶은 트레커
주요 포인트	라스 토레스Las Torres 전망대	그레이 빙하Glaciar Grey 프란세스 밸리Valle del Francés, 라스 토레스Las Torres 전망대	W트레킹 포인트 포함, 파이네 강 계곡Valle del Río Paine, 파소 존 가드너Paso John Gardner, 로스 페로스 계곡 및 빙하Valle y Glaciar Los Perros

토레스 델 파이네 당일 트레킹

토레스 델 파이네 당일 트레킹은 핵심 포인트인 라스 토레스 봉우리만 보고 온다. 시간이 없거나 며칠씩 걸리는 트레킹이 부담스러운 여행자들이 선택한다. 당일 트레킹은 푸에르토 나탈레스에서 아침 일찍 출발해 저녁 늦게 돌아오는 하루가 꽉 찬 여정이다. BUS SUR 버스를 이용한다면 푸에르토 나탈레스에서 07:00 출발하는 라구나 아마르가 행 버스를 타고 간다. 돌아올 때는 라구나 아마르가에서 20:15에 출발하는 푸에르토 나탈레스 행 버스를 탄다. 당일 여정이라도 작은 배낭을 준비해 덧껴입을 따뜻한 옷과 점심, 간식을 든든하게 챙겨가도록 하자.

당일 트레킹 코스 가이드

거리 10.5km
고도 변화 663m
소요 시간 4시간(편도)
난이도 어려움

07:00에 푸에르토 나탈레스를 출발해 라구나 아마르가에서 내려 셔틀버스를 타고 가면 10:00시경 웰컴 센터에 도착한다. 여기서 바로 토레스 봉우리로 트레킹을 시작한다. 웰컴 센터에서 약 4km, 1시간쯤 걸으면 센트럴 캠핑장과 라스 토레스 호텔을 거쳐 너른 평지를 지난다. 이후 조금씩 오르막이 시작된다. 오르막 시작점에서 칠레노 산장Refugio Chileno까지는 2.5km 거리로 1시간쯤 걸린다. 칠레노 산장 도착 1km 전 계속되던 오르막이 조금씩 완만해지며 바람의 구간Paso de los Vientos으로 진입한다. 이름만큼이나 강풍이 많이 부는 구간이다. 길도 좁고 트레커들도 많아 주의해서 걸어야 한다. 칠레노 산장에 도착하면 산장의 테이블에서 점심이나 간식을 먹자. 테이블은 투숙객이 아니어도 이용이 가능하다. 산장에서는 음료와 간식을 판다. 뜨거운 물도 무료로 제공한다. 하지만 화장실은 유료(2,000CLP)로 이용해야 한다.

1 푸에르토 나탈레스 버스터미널에서 버스에 탑승하는 트레커들
2 라구나 아마르가 국립공원 입구
3 웰컴 센터에서 시작되는 트레일
4 라스 토레스가 빼꼼히 보이는 칠레노 산장

칠레노 산장부터 라스 토레스 봉우리까지는 매우 가파른 오르막이다. 거리는 약 4.5km. 2시간 이상 걸리는 매우 힘든 구간이다. 이 구간은 천천히 본인의 페이스에 맞춰서 오른다. 특히 마지막 오르막 구간은 크고 작은 돌이 많고 계곡물이 흘러 미끄러우니 주의해서 걸어야 한다. 숨이 턱까지 차오르는 오르막을 다 오르면 거대한 세 개의 봉우리가 우뚝 솟아 있다. 전망대 정상에 도착하면 땀이 빠르게 식으며 추울 수 있다. 도착하자마자 따뜻한 옷을 바로 입도록 하자.

하산은 올라갔던 길과 같은 코스를 이용한다. 칠레노 산장까지 내려가는 길은 매우 가팔라서 오를 때보다 더욱 주의해서 내려간다. 라스 토레스 전망대에서 웰컴 센터까지 하산하는 데는 3~4시간 정도 걸린다. 웰컴 센터에서 라구나 아마르가로 가는 마지막 셔틀버스는 19:00에 있다. 따라서 19:00 전에는 웰컴 센터로 하산해야 한다. 19:00 셔틀버스를 이용하면 라구나 아마르가에서 푸에르토 나탈레스로 가는 20:15 버스를 이용할 수 있다.

1 칠레노 산장으로 가는 길, 뒤를 돌아보면 멋진 파타고니아의 풍경이 펼쳐진다
2 라스 토레스 전망대까지 가는 길은 돌길로 매우 험하다
3 라스 토레스 전망대에서 마주하는 웅장한 라스 토레스의 세 봉우리. 일명 삼봉으로 불린다

바람의 구간 Paso de los Vientos을 걷는 트레커들

토레스 델 파이네 O트레킹

O트레킹은 토레스 델 파이네 국립공원 전체를 한 바퀴 도는 서킷 트레일이다. 주의할 것은 국립공원 규정 상 O트레킹은 반드시 시계 반대 방향으로 돌아야 한다. 반면 W트레킹은 동쪽에서 서쪽, 또는 그 반대 방향으로 원하는 대로 할 수 있다. 다만 W트레킹은 서쪽에서 동쪽으로 진행하는 것을 추천한다. 그 이유는 바람을 등지고 걸어 체력적인 부담이 적기 때문이다. 또 토레스 델 파이네 국립공원의 하이라이트, 일명 삼봉을 마지막 날에 보고 하산해 버스로 푸에르토 나탈레스까지 복귀하기 편리하다.

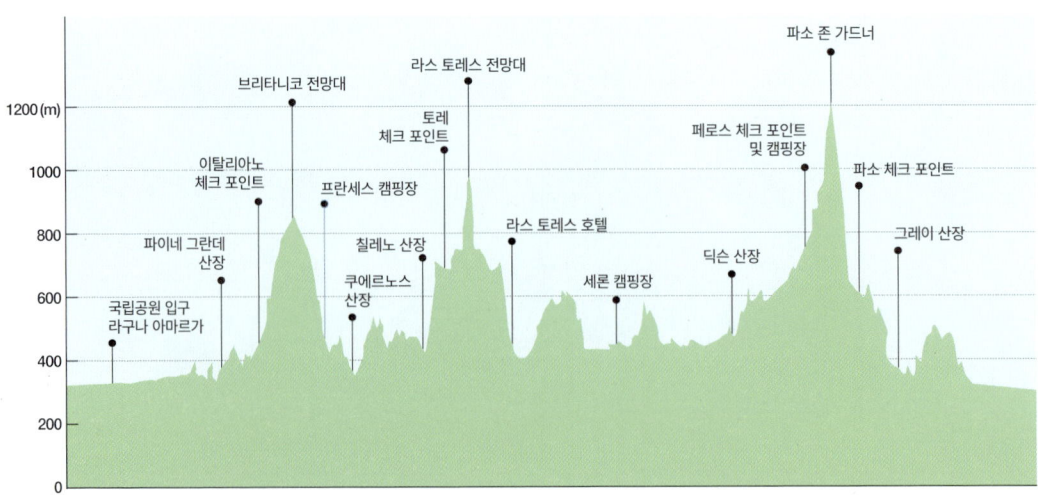

웰컴센터~세론 캠핑장

거리 9km
고도 변화 약 250m 상승 후 하강
소요 시간 5시간
난이도 평이함

토레스 델 파이네 국립공원 트레킹 첫날이다. 이른 아침 푸에르토 나탈레스의 작은 버스터미널 안은 큼지막한 백팩을 멘 트레커들로 가득하다. 분명 무겁고 힘들 텐데 모두 눈빛에서 생기가 넘친다. 국적도, 외모도, 언어도 다르지만 모두 함께 파타고니아의 대자연 속으로 탐험을 출발하는 동료가 된 것만 같다.

첫 버스는 07:00에 푸에르토 나탈레스 터미널을 출발, 09:00 라구나 아마르가 국립공원 입구Guardería Laguna Amarga에 도착한다. 국립공원 입장권을 검사하고 토레스 델 파이네 국립공원에 첫 발을 디디게 된다. 이곳부터 트레킹의 출발점 웰컴 센터까지 셔틀버스가 있다. 현장에서 요금 4,500CLP를 내고 탑승한다. 물론 걸어가도 된다. 웰컴 센터까지 거리는 약 7km, 2시간 정도 걸린다.

웰컴 센터Centro de Bienvenida에 도착해 국립공원을 바라보면 일명 삼봉, 라스 토레스가 빼꼼히 보인다. 일주일 뒤 올라가게 될 삼봉을 기대하며 O트레킹의 첫 일정을 시작한다. 웰컴 센터에서 트레킹 첫날 목적지 세론 캠핑장까지는 무난한 코스다. 오르막도 심하지 않고 트레일도 잘 정비되어 있다. 서두를 필요도 없다. 웰컴 센터에서 세론 캠핑장까지는 넉넉히 잡아도 5시간이면 충분하다. 워밍업을 한다는 기분으로 걸으면 된다.

웰컴 센터에서 첫날 트레킹 코스의 절반쯤 되는 4km를 지나면 파이네강Río Paine이 흐르는 풍경 펼쳐진다. 파타고니아의 아름다운 풍경이 조금씩 보이기 시작한다. 이곳을 지나 초원과 나지막한 언덕의 풍경을 감상하며 걷다 보면 어느새 세론 캠핑장Área de acampar Serón에 도착한다. 보통 오후 4시쯤 캠핑장에 도착하는데, 느긋하게 햇살을 즐기며 식사를 하고 1일차를 마무리하면 된다.

푸에르토 나탈레스
07:00

↓

라구나 아마르가
국립공원 입구
09:00

↓

웰컴 센터
09:30

↓

세론 캠핑장
16:00

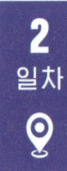

2일차

세론 캠핑장~코이론 체크 포인트~딕슨 캠핑장

거리 18km
고도 변화 약 100m 상승
소요 시간 9시간
난이도 중급

세론 캠핑장
10:00

↓

코이론 체크 포인트
13:30

↓

세론 캠핑장에서 떠오르는 아침 해를 맞이하며 트레킹 2일차를 시작하게 된다. 이른 아침부터 서둘러 출발할 필요는 없다. 붉은 일출에 물드는 금빛 들녘의 황홀한 풍경을 즐기도록 하자. 2일차 첫 구간은 세론 캠핑장부터 코이론 체크 포인트Guardería Coirón까지다. 8.5km 거리로 3~4시간 정도 소요된다. 파이네강을 따라 1시간을 걸으면 본격적으로 토레스 델 파이네 국립공원의 북쪽 외곽으로 진입한다. 이때부터 파타고니아의 대자연 속에 들어와 걷고 있음을 실감하게 된다. 에메랄드빛으로 반짝이는 거대한 파이네 호수Lago Paine와 그 뒤로 새하얀 딕슨 빙하Glaciar Dickson가 한눈에 담긴다. 트레일을 따라 굽이치는 물결과 설산 그리고 빙하의 풍경을 바라보며 고요한 길을 만끽하자. 첫 번째 구간이 끝날 무렵 다시 숲길로 들어서며 코이론 체크 포인트에 도착한다. 모든 체크 포인트에서는 트레커 본인의 인적사항을 등록하고 O트레킹 구간의 산장 또는 캠핑장 예약증을 확인받는다. 이곳에서 쉬며 점심을 먹으면 된다. 화기 사용은 금지되어 있으니 비화식으로 점심을 준비해야 한다. 이곳부터 딕슨 캠핑장Refugio y Área de acampar Dickson까지 거리는 9.5km, 3~4시간이면 갈 수 있다. 오르막이 심하지 않아 크게 힘든 구간은 아니다. 중간에 딕슨 습지Humedal de Dickson을 지나며, 다양한 식생과 풍경이 재밌는 구간이다. 마지막 언덕 지점에 오르면 딕슨 호수Lago Dickson에 그림처럼 자리 잡은 딕슨 캠핑장이 눈에 들어온다. 딕슨 캠핑장은 스위스 알프스와 견줄 만큼 수려한 풍경을 품고 있어 2일차 트레킹의 멋진 마침표를 찍어준다. 호수 쪽으로 조금 내려가면 호숫가에 다가갈 수 있다. 이곳에서 떠내려온 유빙을 만져보는 특별한 경험도 할 수 있다. 다만, 국립공원 내 수영은 금지되어 있으니 유의하자.

↓

딕슨 산장 및 캠핑장
17:00

3일차
딕슨 캠핑장~로스 페로스 계곡~로스 페로스 캠핑장

거리 10km
고도 변화 약 400m 상승
소요 시간 6시간
난이도 높음

딕슨 산장 및 캠핑장
11:00

↓

로스 페로스 빙하 전망대
16:00

↓

3일차 구간은 짧지만 꽤나 힘든 코스다. 2일차까지 아름답고 화사한 토레스 델 파이네 국립공원의 풍경이었다면, 3일차부터는 대자연의 깊숙한 품에 숨겨진 또 다른 얼굴의 파타고니아를 마주하게 된다. W트레킹과 확연히 차별화되는 풍경이 펼쳐지며, O트레킹을 걷는 자들만 이를 만끽할 수 있다.

딕슨 캠핑장을 출발해 1시간을 걸으면 로스 페로스 계곡 전망대 Mirador Valle de Los Perros에 도착한다. 발 아래로 광활한 계곡과 그 계곡을 뒤덮은 우거진 수림이 장관을 이룬다. 전망대를 지나면 거친 숲속으로 들어선다. 트레일은 진흙과 돌, 그리고 오르막길로 이어진다. 끝없는 오르막길을 계속 걷게 되어 꽤나 힘든 길이다. 지쳐 그만 걷고 싶을 때쯤 머리 위로 빛나는 로스 페로스 빙하가 보인다. 마지막 가파른 돌언덕을 넘어서면 로스 페로스 빙하와 호수가 트레커들을 놀래키며 깜짝 등장한다. 얼음처럼 차가운 바람이 불어오는 빙하 풍경 앞에서 잠시 뜨거운 땀을 식히며 쉬어 가자.

빙하와 호수를 뒤로하고 조금 더 걸어가면 로스 페로스 캠핑장 Área de acampar Los Perros에 도착한다. 로스 페로스 캠핑장은 국립공원 내에서 시설이 가장 열악하다. 일단 핫샤워가 불가능하다. 또한 계곡 가장 깊은 곳에 위치해 다른 곳보다 온도도 3~4도 더 낮다. 샤워보다는 간단한 세면 후 다음날을 위해 일찍 잠을 청하는 것이 좋다.

로스 페로스 캠핑장
17:00

4일차

로스 페로스 캠핑장~파소 존 가드너~파소 체크 포인트~그레이 캠핑장

거리 15km
고도 변화 약 600m 상승 후 1,000m 하강
소요 시간 12시간
난이도 높음

O트레킹 전 구간을 통틀어 가장 길고 힘든 구간이다. 일단 고도 변화가 매우 크다. 가장 높이 올라갔다가 급격한 하강을 하게 된다. 매우 강한 바람과 매서운 날씨가 기다리는 파소 존 가드너도 넘어가야 한다. 여기에 3일 동안 트레킹을 하며 누적된 피로도 발걸음을 무겁게 한다. 하지만 그만큼 잊지 못할 기억을 선사해 주는 토레스 델 파이네 트레킹의 클라이맥스가 되는 날이다.

4일차는 다른 날과 달리 이른 새벽부터 출발을 서둘러야 한다. 길이 험하고, 멀기 때문이다. 무조건 07:00 전에는 출발해야 한다. 그래야만 정상적으로 4일차 트레킹을 마칠 수 있다. 또 점심도 늦게 먹어야 하는 일정이라 아침을 최대한 든든히 먹어 두자.

트레킹 시작부터 매우 가파른 오르막길이다. 07:00 이전에 출발했다면 아직 해가 뜨기 전이라 매우 어둡다. 헤드랜턴을 착용하고 트레킹을 하며, 가급적 일행 또는 다른 트레커들과 함께 움직이는 게 좋다. 2시간 정도 오르막을 오르면 숲을 빠져나와 개활지로 나온다. 이때부터 세찬 바람이 심상치 않다. 미끄럽고 울퉁불퉁한 돌길에서 넘어지지 않도록 주의하자. 파소 존 가드너 Paso John Gardner에 다가갈수록 하늘의 표정이 매서워진다. 몸을 가누기 힘들 정도로 바람이 세차게 불 때가 많다. 때로 비와 눈이 뒤섞여 내리기도 한다. 무거운 배낭을 메고 있어 바람에 몸을 가누지 못하고 넘어지기 쉽다. 또한 강한 바람에 모자, 배낭 커버 등이 쉽게 날아가기 때문에 단단히 고정시켜 놓도록 하자.

바람과 악천후에 맞서 힘겹게 한 걸음 한 걸음 내딛어 파소 존 가드너를 넘어서면 믿을 수 없는 풍광이 펼쳐진다. 토레스 델 파이네 국립공원의 상징 중 하나인 그레이 빙하 Glaciar Grey가 시야를 가득 채운다. 끝도 보이지 않는 빙하는 숨이 멎을 만큼 웅장하고 아름답다. 고된 O트레킹을 선택하고 이곳까지 힘들게 걸어온 트레커들만 누릴 수 있는 압도적 풍경에 전율하고 만다.

로스 페로스 캠핑장
07:00

↓

파소 존 가드너
11:00

↓

사진으로는 절대 담을 수 없는 그레이 빙하의 풍경과 느낌을 온 몸으로 만끽하자.

파소 존 가드너에서 파소 체크 포인트Guardería Paso까지는 3시간을 더 걸어야 한다. 내리막길이지만 새벽부터 출발해 파소 존 가드너를 넘으며 체력을 많이 소진한 상태라 상당히 힘들다. 게다가 보통의 내리막길이 아니다. 돌과 나무뿌리가 혼재된 급강하 수준의 험한 길이다. 넘어져 다치기 쉬우니 긴장을 풀지 말고 집중해서 걷도록 하자. 파소 체크 포인트에 도착하면 그제서야 제대로 쉬며 점심을 먹을 수 있다. 화기 사용이 가능하니 라면이나 파스타 등으로 식사를 해도 된다.

파소 체크 포인트부터 그레이 캠핑장Refugio y Área de acampar Grey까지는 7km 거리. 5시간 정도 걸린다. 오르막 내리막이 반복되는 구간으로 상당히 피곤한 몸을 이끌고 걸어야 된다. 하지만 오른쪽으로 계속해서 펼쳐지는 그레이 빙하와 호수의 풍경이 아름다워 감탄이 끊이질 않는다. 이 구간에서는 높은 협곡을 잇는 출렁다리를 3번 건넌다. 출렁다리를 건널 때는 매우 조심해야 한다. 없던 고소공포증도 생길 정도로 아찔한 수준이다. 반드시 양쪽 난간을 잡고 천천히 건너자.

새벽부터 시작한 4일차 트레킹은 해가 질 무렵 그레이 캠핑장에서 끝난다. 길고 험난했던 O트레킹의 하이라이트를 무사히 마친 자신에게 박수를 쳐주자. 충분히 박수받을 자격이 있다. 그레이 캠핑장 옆 전망대에서는 그레이 빙하 유빙에 접근할 수 있다. 이날을 위해 작은 위스키 한 병 챙겨가자. 유빙 한 조각을 건져 컵에 넣으면 바로 빙하 위스키가 완성된다. 빙하로 차가워진 위스키가 속을 뜨겁게 달구어준다. 최고의 날에 걸맞는 최고로 행복한 순간이다.

파소 체크 포인트
14:00

그레이 산장 및 캠핑장
19:00

5일차

그레이 캠핑장~그레이 빙하 전망대~ 파이네 그란데 캠핑장

거리 11km
고도 변화 소폭의 오르내림
소요 시간 4시간
난이도 평이함

그레이 산장 및 캠핑장
11:00

↓

5일차는 조금 늦잠을 자도 좋다. 걸어야 될 구간이 길지 않고 비교적 험하지 않다. 4일차에 쌓인 피로를 풀며 아침을 여유롭게 시작하자. 그레이 캠핑장부터는 W트레킹 구간과 겹쳐 트레커들이 꽤나 많아진다. O트레킹 구간과 비교하면 길도, 안내 표지판도 상당히 잘 정비되어 있어 걷기에 좋다.

5일차 목적지 파이네 그란데 캠핑장까지는 소폭의 오르내림이 있지만 전반적으로 내리막길이다. 오른편으로 눈부신 그레이 호수를 따라 걷는다. 걷다가 뒤를 돌아보면 거대한 그레이 빙하가 계속해서 눈에 밟힌다. 마지막으로 그레이 빙하 전망대Mirador Grey에서 빙하 사진을 남겨두자. 빙하가 시야에서 조금씩 사라지면 왼편으로 희뿌연 구름 사이로 스쳐 지나가는 설산 봉우리들이 펼쳐진다. 4일차 피로가 더 누적되지 않도록 파이네 그란데 캠핑장까지는 천천히 풍경을 감상하며 여유롭게 걷는 것을 추천한다.

파이네 그란데 캠핑장Refugio y Área de acampar Paine Grande은 규모가 상당히 크고 시설도 좋다. 풍경도 정말 아름답다. 캠핑장 바로 앞에 페오에 호수, 왼쪽에는 '파타고니아의 뿔' 로스 쿠에르노스 봉우리가 멋지게 보인다. 텐트를 치고 저녁을 먹으며 환상적인 풍경 속에서 몸과 마음을 재충전하도록 하자.

그레이 빙하 전망대
13:00

↓

파이네 그란데 산장 및 캠핑장
15:00

6일차

파이네 그란데 캠핑장~브리타니코 전망대~
프란세스 캠핑장 (로스 쿠에르노스 캠핑장)

거리 23km
고도 변화 약 600m 상승 후 하강
소요 시간 10시간
난이도 높음

파이네 그란데 산장 및 캠핑장
09:00

↓

6일차부터 다시 길고 힘든 트레킹이 이어진다. 6일차는 늦어도 09:00에는 출발하도록 하자. 이탈리아노 체크 포인트 Guardería Italiano까지 가는 길은 평이하다. 거리는 7.6km, 2시간 30분쯤 걸린다. 스콧츠베르그 호수 Lago Skottsberg의 눈부신 풍경을 감상하며 걷다 보면 어느새 이탈리아노 체크 포인트에 도착하게 된다. 이곳에 큰 배낭을 내려두고 간식과 물, 보온의류 등만 간단히 챙겨 6일차의 하이라이트인 브리타니코 전망대 Mirador Británico까지 왕복으로 다녀오면 된다. 보통 이탈리아노 체크 포인트에서 점심을 먹는다. 이곳에서는 화기를 사용할 수 없다. 비화식으로 간단하게 점심을 먹는다.

이탈리아노 체크 포인트에서 브리타니코 전망대까지 가는 데는 2시간 30분 정도 걸린다. 상당히 힘한 오르막이지만, 무거운 배낭을 두고 가기 때문에 한결 수월하다 브리타니코 전망대를 가려면 프란세스 계곡 Valle Francés으로 들어가야 한다. 계곡을 따라 1시간 정도 오르면 프란세스 빙하 전망대 Mirador Glaciar del Francés에 도착한다. 왼쪽으로 날카로운 산비탈에 거대한 빙하들이 걸려 있는 장관이 나타난다. 이곳에서 다시 1시간 30분쯤 가파른 오르막길을 더 올라가면 브리타니코 전망대에 다다른다. 전망대에 서면 날카롭고 거대한 봉우리들이 360도 파노라마로 펼쳐진다. 파타고니아의 심장이라고 불릴 만큼 압도적인 광경 앞에 입이 다물어지지 않는다.

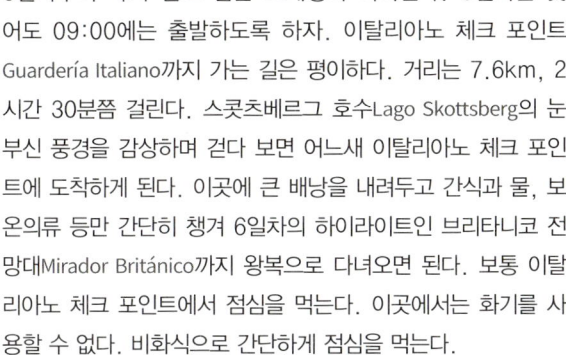

이탈리아노 체크 포인트
11:30

↓

브리타니코 전망대
14:30

↓

브리타니코 전망대에서 올라갔던 길을 되짚어 이탈리아노 체크포인트로 돌아온다. 이곳에서 두고 간 배낭을 찾아 프란세스 캠핑장Área de acampar Francés으로 향한다. 캠핑장까지는 30분 정도 걸린다. 캠핑장에 도착하면 배정받은 플랫폼(나무) 위에 텐트를 친다. 가파른 계곡 속에 위치한 프란세스 캠핑장은 햇살이 들지 않아 주변보다 온도가 낮다는 점을 유의하자.

만약 프란세스 캠핑장을 예약하지 못했다면 3.5km 떨어진 로스 쿠에르노스 캠핑장Refugio y Área de acampar Los Cuernos까지 가야 한다. 프란세스 캠핑장에서 1시간 30분 거리다. 로스 쿠에르노스 캠핑장을 예약했다면 이날 아침 1시간 더 일찍 출발하는 게 좋다. 그래야 해가 지기 전에 로스 쿠에르노스 캠핑장에 도착할 수 있다.

프란세스 캠핑장
19:00

브리타니코 전망대에서 바라본 웅장한 암봉들

토레스 델 파이네 지명 이야기

토레스 델 파이네 국립공원의 봉우리와 빙하, 계곡에는 이름이 있다. 지명에 붙은 이름은 저마다 의미와 사연이 있다. 이 지명이 어떻게, 왜 생겼는지 알고 나면 트레킹이 더 재미있다.

토레스 델 파이네 Torres del Paine

토레스 델 파이네는 스페인어와 파타고니아 남부 지역에 거주하던 원주민어가 합쳐진 말이다. 스페인어로 Torre는 타워, 봉우리를 의미한다. Paine 은 이곳에 살던 테우엘체Tehuelche 원주민(아오니켄크Aónikenk라고도 부름) 말로 파란색이라는 뜻이다. 두 말이 합쳐져 '파란색의 봉우리들'이라는 의미다.

페호에 호수 Lago Pehoé

페호에는 원주민 테우엘체Tehuelche 말로 숨겨진 장소를 의미한다.

로스 페로스 계곡 Valle de Los Perros

Perro는 스페인어로 '개'를 의미한다. 직역하면 '개들의 계곡'이다. 어감이 좀 이상하지만, 실제 이 계곡에 토끼부터 멧돼지까지 사냥하던 사냥개 무리가 살았다고 한다.

노르덴스콜드 호수 Lago Nordenskjöld

스웨덴의 지질학자이자 극지 탐험가 오토 노르덴스콜드Otto Nordenskjöld 이름을 딴 호수다. 그는 1895부터 1896년까지 2년 동안 파타고니아 지역을 탐험했다.

그레이 빙하 Glaciar Grey

토레스 델 파이네 국립공원을 대표하는 빙하다. 이 빙하와 호수의 색깔이 회색빛을 띄어 Grey 라는 영어 단어로 이름을 붙였다.

파소 존 가드너 Paso John Gardner

영국의 등반가 존 가드너가 1975~1976년 딕슨과 그레이 사이를 연결하는 구간(고개)을 찾아낸 것에서 이름 붙여졌다. Paso는 스페인어로 '통과', '지나가다'로 해석할 수 있다. O트레킹을 하려면 반드시 이 고개를 넘어야만 한다.

프란세스 캠핑장~칠레노 캠핑장

거리 14.5km
고도 변화 약 400m 상승, 300m 하강
소요 시간 7시간
난이도 중급

에메랄드빛의 노르덴스콜드 호수

프란세스 캠핑장
11:00

칠레노 산장 및 캠핑장
18:00

프란세스 캠핑장을 출발해 광활한 노르덴스콜드 호수Lago Nordernskjold를 따라 토레스 델 파이네 트레킹에서 가장 예쁜 풍경 속을 걷는다. 왼편에 자리한 거대한 '파타고니아의 뿔' 로스 쿠에르노스를 넘어 떠오른 태양이 호수를 비추면 형용할 수 없을 만큼 아름다운 풍경이 펼쳐진다. 시선이 닿는 곳마다 반짝이고 눈이 부시다. 칠레노 산장으로 가는 5시간 여정에 호수와 설산 풍경이 계속해서 이어지지만 전혀 지루하지 않다. 마음에 드는 곳이 있다면 언제든 간식을 먹으며 쉬어 가길 추천한다.

노르덴스콜드 호수를 지나면 갈림길이 나온다. 이곳에서 왼쪽 칠레노 캠핑장Refugio y Área de acampar Chileno 방향으로 오르막길이 시작된다. 초록색 언덕과 회색빛 바위 절벽을 향해 올라간다. 칠레노 캠핑장 직전에 바람의 구간Paso de los Vientos을 통과한다. 이름처럼 항상 강풍이 불어오는 곳이다. 좁은 등산로에 트레커도 많으니 주의해서 걷도록 하자.

칠레노 캠핑장에 도착하면 뒤로 라스 토레스 봉우리가 빼꼼히 보인다. 이제 트레킹의 하이라이트만 남았다. 토레스 델 파이네가 붉게 물드는 일출을 기대하며 일찍 잠을 청하자.

항상 세찬 바람이 부는 '바람의 구간'. 칠레노 산장을 가려면 반드시 이곳을 통과해야 한다.

칠레노 캠핑장 예약은 최대한 서두르자!

토레스 델 파이네 트레킹의 하이라이트라고 할 수 있는 라스 토레스 봉우리, 일명 삼봉에 가장 가까이 있는 캠핑장이 바로 칠레노 캠핑장이다. 칠레노 캠핑장에서 라스 토레스 전망대까지는 4km 거리로 2시간쯤 걸린다. 문제는 칠레노 캠핑장은 규모가 크지 않아 토레스 델 파이네 국립공원에서 예약하기 가장 힘들다는 것이다. 칠레노 캠핑장을 예약하지 못하면 어쩔 수 없이 더 아래에 있는 라스 토레스 호텔 Hotel Las Torres이나 센트럴 캠핑장Área de acampar Central에서 숙박을 해야 한다. 이곳에서 숙박을 하게 되면 삼봉을 만나러 가는 길이 매우 힘들어진다. 칠레노 캠핑장에서 라스 토레스 전망대까지는 2시간(5.5km)이지만, 센트럴 캠핑장에서는 4시간(10km)이 걸린다. 만약 센트럴 캠핑장에서 삼봉 일출을 보기 위해 오른다면 새벽 2~3시에는 출발해야 한다. 따라서 라스 토레스 트레킹을 하기로 결정했다면 최대한 빨리 칠레노 캠핑장을 예약하도록 하자. 만약 예약을 하지 못했다면 라스 토레스 호텔이나 센트럴 캠핑장에서 고된 일정을 소화해야만 한다.

8일차

칠레노 캠핑장~라스 토레스 전망대~웰컴 센터~푸에르토 나탈레스 복귀

거리 약 12km
고도 변화 400m 상승 후 하강
소요 시간 12시간
난이도 높음

날씨를 체크해 기상환경이 좋다면 새벽에 출발해 토레스 델 파이네 일출을 보러 가자. 거대한 라스 토레스 암봉이 일출에 붉게 물든 모습을 마주하는 것은 파타고니아를 찾아온 모든 트레커의 로망이다. 토레스 델 파이네의 일출을 보려면 칠레노 산장에서 일출 시각 2~3시간 전에 출발해야 한다. 동이 트기 전까지는 무척 춥다. 라스 토레스 전망대에서 일출을 기다리려면 두꺼운 옷과 간식을 꼭 챙기도록 하자.

칠레노 캠핑장부터 삼봉을 만날 수 있는 라스 토레스 전망대 Mirador Base Torres까지는 2시간 정도 걸린다. 캠핑장을 출발해 1시간 거리의 토레스 체크 포인트 Guardería Torres를 지나 전망대로 가는 길은 처음부터 끝까지 오르막길이다. 특히 마지막 30분 구간은 매우 가파르고 큰 바위들이 많아 암벽등반을 하듯이 오르는 경우도 있다. 어둠 속에서 가파른 바위길을 오르다 보면 점점 하늘이 푸르러지며 태양빛이 조금씩 붉게 피어오른다. 마지막 힘을 다해 정상에 오르면 호수 뒤 라스 토레스 세 개의 봉우리가 우뚝 솟아 있다.

길고도 짧았던 7박8일 트레킹의 마지막 대미와 마주하는 순간이다. 하늘이 조금 더 푸르러지고 마침내 세 개의 봉우리가 붉게 물들어간다. 마치 오랜 여정의 보상처럼 천천히, 아름답게 물드는 삼봉을 보며 O트레킹의 모든 순간들을 차분히 정리하자. 아쉽고도 후련한 감정을 뒤로하고 내려갈 시간이다.

올라왔던 길을 따라 칠레노 캠핑장으로 내려간다. 텐트를 정리하고 점심까지 먹은 뒤 13:00에 칠레노 캠핑장을 출발한다. 칠레노 캠핑장에서 웰컴 센터까지는 3시간 정도 걸린다. 웰컴 센터에는 앉아 쉴 수 있는 공간이 있다. 이곳에서 휴식을 취하며 쉬다가 19:00 셔틀버스를 타고 라구나 아마르가 국립공원 입구로 이동 후 20:15에 푸에르토 나탈레스 복귀 버스를 탑승한다. 이렇게 해서 7박8일 간의 토레스 델 파이네 O트레킹이 끝이 난다.

칠레노 산장 및 캠핑장
05:00

토레스 체크 포인트
06:00

라스 토레스 전망대
07:00

웰컴 센터
16:00

→

라구나 아마르가
국립공원 입구
20:15

→

푸에르토 나탈레스
22:30

센트럴 캠핑장에서 하루 더 쉬어가기

W 또는 O트레킹을 마무리한 후 저녁에 푸에르토 나탈레스로 복귀하는 것이 일반적이다. 하지만 일정에 여유가 있다면 센트럴 캠핑장에서 하루 쉬고 돌아가는 것도 좋다. 웰컴 센터 옆에 위치한 센트럴 캠핑장은 넓은 부지에 야외에서 취사가 가능하다. 또 삼봉이 보이는 멋진 뷰를 가진 그야말로 토레스 델 파이네 국립공원의 대표 캠핑장이라고 할 수 있다. 라스 토레스 전망대에서 하산해 그동안 쌓인 피로를 풀며 파타고니아의 자연 속에서 일정 없이 느긋한 하루를 보내는 것도 좋은 추억이 될 것이다. 이 경우 다음날 14:00 셔틀버스로 라구나 아마르가 국립공원 입구로 이동, 15:00 푸에르토 나탈레스 복귀 버스를 탑승하면 된다.

토레스 델 파이네
트레킹 주요 구간별 통제 시간

토레스 델 파이네 국립공원의 W와 O트레킹 주요 구간 및 포인트마다 통제소가 있다. 이곳에서는 트레커의 안전을 고려해 시간에 따라 트레킹을 통제한다. 또 기상 악화로 트레킹이 불가능할 경우에도 트레킹을 통제한다.

구간	거리	소요 시간	통제시간
이탈리아노 체크 포인트Guardería Italian ~ 브리타니코 전망대Mirador Británico	5.4km	3시간	14:00
이탈리아노 체크 포인트Guardería Italian ~ 프란세스 전망대Mirador Francés	2km	0.5시간	17:00
이탈리아노 체크 포인트Guardería Italian ~ 쿠에르노스 산장 및 캠핑장Refugio y Área de acampar Los Cuernos	5km	2.5시간	16:00
칠레노 산장 및 캠핑장Refugio y Área de acampar Chileno ~ 토레스 체크 포인트Guardería Torres	3km	1.5시간	14:00
토레스 체크 포인트Guardería Torres ~ 라스 토레스 전망대 Mirador Las Torres	1.4km	1시간	15:00
라스 토레스 전망대 Mirador Las Torres			16:00
로스 페로스 체크 포인트Guardería Los Perros ~ 파소 체크 포인트Guardería Paso	8km	6시간	09:00
파소 체크 포인트Guardería Paso ~ 그레이 체크 포인트 Guardería Grey	7km	5시간	15:00

파소 체크 포인트에서 쉬어가는 트레커들

토레스 델 파이네
국립공원 주의사항

2011년 12월 토레스 델 파이네 국립공원 서쪽 그레이 호수 부근에서 여행자의 부주의로 최악의 산불이 발생했다. 58일 동안 지속된 이 산불은 올긴강Río Olguín 부근의 약 176㎢을 태워버렸다. 산불이 난 지 10년 넘게 흘렀지만 아직도 그 흔적이 남아 있다. 이곳의 험한 기후로 자연 복원이 매우 더디게 진행되고 있다고 한다. 이 사건 이후 국립공원 내 화기 사용이 매우 엄격하게 제한되고 처벌도 강력해졌다. 국립공원에서 산불을 일으킬 경우 최대 징역형도 가능하다. 따라서 허가된 장소(캠핑장 조리 공간)을 제외하고는 절대로 화기를 사용해서는 안 된다. 흡연도 캠핑장 내 지정된 구역을 제외하면 국립공원 전체에서 금지된다. 따라서 트레킹을 하는 동안 불조심에 가장 크게 신경 써야 한다. 이것 말고도 트레커들이 반드시 지켜야 하는 금지 사항들이 있다. 국립공원이 정한 규칙을 잘 지키며 트레킹을 즐기도록 하자.

> **TIP**
>
> **토레스 델 파이네 국립공원 내 금지 사항**
> - 불 피우기 금지
> - 노지 캠핑 불가
> - 스토브는 캠핑장 내 지정된 장소에서만 사용
> - 야생동물 먹이주기 금지
> - 트레킹 코스 내 자전거 라이딩 금지(트레킹 코스 외 자전거 라이딩 허가 필요)
> - 드론 사용 금지
> - 낚시 금지(허가된 자만 가능)
> - 캠핑장 내 지정된 흡연 구역 제외 전면 금연
> - 수영 금지
> - 애완 동물 금지
> - 쓰레기 투기 금지(본인이 챙겨서 가야 함)

2011년 발생한 큰 산불로 앙상한 나무만 남은 올긴강의 숲

토레스 델 파이네 W트레킹

3박4일 일정의 W트레킹은 서쪽에서 동쪽으로 진행하는 것이 유리하다. 그 이유는 바람을 등지고 걸어 체력을 아낄 수 있어서다. 토레스 델 파이네 트레킹 하이라이트 라스 토레스 전망대를 마지막에 들를 수 있는 것도 이점이다. W트레킹을 서쪽에서 동쪽으로 진행하면 1일차만 다르고 나머지는 O트레킹 일정과 같다. W트레킹 2일차가 O트레킹 6일차다. 따라서 이곳에서는 1일차만 소개한다.

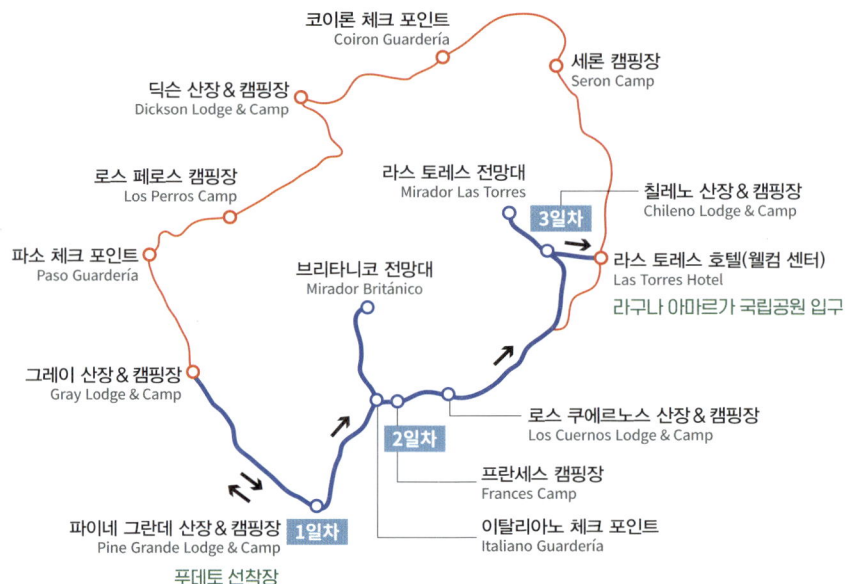

푸데토 선착장 근처에 있는 살토 그란데 폭포 뒤로 솟은 로스 쿠에르노스 봉우리

1일차

푸데토 선착장~그레이 빙하 전망대~
파이네 그란데 캠핑장

거리 12km
고도 변화 200m 상승 및 하강
소요 시간 5시간
난이도 평이함

푸에르토 나탈레스
07:00

푸데토 선착장
10:00

페리 탑승
10:30

페오헤 호수를 건너는 페리에서 보이는 로스 쿠에르노스 봉우리

푸에르토 나탈레스를 출발한 버스가 라구나 아마르가 국립공원 입구에 도착하면 국립공원 직원이 버스에 탑승해 입장권 검사를 한다. 당일 일정, O트레킹, W트레킹을 동쪽에서 서쪽으로 하는 트레커들은 이곳에서 내린다. 그러나 W트레킹을 서쪽에서 동쪽으로 하는 트레커(이 책에서 설명하는 방향)는 버스에서 내리지 않고 다음 정류장인 푸데토 선착장까지 간다. 푸에르토 나탈레스에서 첫차(07:00)를 탔다면 푸데토 선착장에는 10:00에 도착한다.

여기서 중요한 것은 10:30 출발 페리를 꼭 타야 한다는 것이다. 만약 트레커가 많이 몰려 페리를 타지 못하면 다음 페리 출발(16:15)까지 6시간 가까이 기다려야 한다. 이렇게 되면 W트레킹 1일차에 다녀와야 할 그레이 빙하 전망대Mirador Grey를 가기 힘들어진다. 따라서 사전에 10:30 출발 페리 티켓을 온라인으로 구매하는 것을 추천한다. 만약 10:30 페리를 놓쳐서 불가피하게 16:15 출발 페리를 타게 된다면 푸데토 선착장 근처에 살토 그란데 폭포Salto Grande, 로스 쿠에르노스 전망대Mirador

파이네 그란데 캠핑장
11:00

그레이 빙하 전망대
14:00

파이네 그란데 캠핑장 복귀
17:00

Los Cuernos를 다녀온다. 두 곳 모두 편도 1시간 거리다.

푸데토 선착장에서 10:30에 출발하는 페리를 타고 페호에 호수Lago Pehoé를 건너면 파이네 그란데 캠핑장Refugio y Área de acampar Pine Grande이다. 파이네 그란데 캠핑장에 도착하면 먼저 체크인을 하고 텐트를 친다. 캠핑장에서 점심까지 먹은 다음 그레이 빙하 전망대로 트레킹을 시작한다.

파이네 그란데 캠핑장에서 그레이 빙하 전망대까지는 편도 6km 거리로 2시간가량 소요된다. 오르막 경사가 심한 것은 아니지만, 그레이 빙하에서 불어오는 맞바람을 맞으며 걷기 때문에 쉽게 지친다. 그레이 빙하 전망대에서는 토레스 델 파이네 국립공원을 대표하는 그레이 빙하를 조망할 수 있다. 만약 체력과 시간이 된다면 전망대를 지나 그레이 캠핑장Refugio y Área de acampar Grey까지 갈 수도 있다. 그레이 캠핑장으로 가는 길은 빙하에 점점 가까워져 훨씬 멋진 풍경을 만날 수 있다. 또 그레이 캠핑장에서는 빙하에서 떠내려온 거대한 유빙을 바로 앞에서 보고 만져볼 수도 있다. 체력만 된다면 충분히 수고를 들일 만하다.

그레이 빙하 전망대나 그레이 캠핑장까지 트레킹을 했다면 다시 왔던 길을 되짚어 파이네 그란데 캠핑장으로 돌아온다. 해가 지기 전에 캠핑장으로 돌아올 수 있도록 한다. W트레킹 2일차부터는 O트레킹 6일차와 동일하다.

푸데토 선착장 근처에 있는 살토 그란데 폭포

2일차

W트레킹 (O트레킹 6일차)

파이네 그란데 산장 및 캠핑장 09:00 → 이탈리아노 체크 포인트 11:30 → 브리타니코 전망대 14:30 → 프란세스 캠핑장 19:00

3일차

W트레킹 (O트레킹 7일차)

프란세스 캠핑장 11:00 → 칠레노 산장 및 캠핑장 18:00

4일차

W트레킹 (O트레킹 8일차)

칠레노 산장 및 캠핑장 05:00 → 토레스 체크 포인트 06:00 → 라스 토레스 전망대 07:00 → 웰컴 센터 16:00 → 라구나 아마르가 국립공원 입구 20:15 → 푸에르토 나탈레스 22:30

토레스 델 파이네 트레킹의 종착점 라스 토레스 삼봉

토레스 델 파이네
트레킹 준비물

O트레킹은 최소 7박8일의 장거리 트레킹이다. 따라서 무게가 가벼우면서 성능이 좋은 필수적인 장비를 갖추는 것이 중요하다. 다만 산장과 캠핑장에서의 숙박, 그리고 식사 옵션에 따라 준비 정도의 차이가 있을 수 있다. 이 책에서는 여름 시즌 O트레킹의 모든 구간을 모든 장비와 음식을 준비해서 간 백패킹으로 소개한다. 본인의 트레킹 일정과 상황에 맞게 참고하도록 하자.

캠핑 장비

가장 기본적인 백패킹 용품은 배낭, 텐트, 침낭, 매트, 등산스틱, 스토브, 코펠이다. 배낭은 50L를 초과하지 않는 것이 좋다. 배낭이 무거울수록 트레킹은 힘들어진다. 짐을 최소화하는 것이 가장 중요하다.

텐트는 방풍, 방수 기능이 좋은 경량 텐트를 추천한다. 꼭 트레킹 전 텐트 설치 방법을 정확히 숙지하도록 하자. 바람이 심하게 불면 텐트 치는 것이 매우 힘들어진다. 침낭은 -5℃ 콤포트 수준으로 준비해야 한다. 얼굴까지 모두 덮을 수 있는 머미형, 그리고 필 파워가 높은 제품이 부피는 작지만 복원력은 좋아 추천한다. 캠핑을 하지 않고 산장의 도미토리에서 잔다고 하더라도 침낭은 비싼 가격으로 대여해야 하니 본인의 침낭은 챙겨가는 것이 좋다.

캠핑 시 매트의 역할은 생각보다 매우 중요하다. 경량 자충매트가 좋다. 스토브와 코펠은 캠핑장에서 음식 조리를 위해 필요하다. 접이식으로 부피가 작고 가벼운 티타늄 소재를 추천한다. 그 외에 랜턴, 헤드랜턴, 물병, 컵, 스포츠 타월, 세면도구 등을 챙기도록 하자.

의류

토레스 델 파이네의 날씨는 하루에도 여러 번 변할 수 있어 레이어링 시스템(겹쳐입기)이 중요하다. 그러나 너무 많은 옷, 무게와 부피가 큰 옷은 챙기지 않는 것이 좋다.

낮 시간 날씨가 좋을 때 상의는 기능성 반팔 티셔츠에 바람막이 또는 고어텍스 재킷, 하의는 하계용 등산바지 또는 레깅스에 반바지만 입어도 트레킹에 문제가 없다. 하지만 언제든 급변하는 파타고니아의 날씨에 대비해야 한다. 사실 비바람이 불기 시작하면 젖는 것을 피할 수 없다. 도중에 트레킹을 멈출 수 없기 때문에 방수 기능이 있는 고어텍스 바람막이 재킷을 입고 그 위에 배낭까지 모두 덮을 수 있는 판초 우의를 입자. 그 외에 바람을 막아줄 버프와 등산용 양말, 모자, 장갑이 필요하다.

캠핑장에 도착해서 샤워 후 갈아입을 옷들은 보온이 잘 되는 옷들을 준비하자. 여름이라도 해가 지면 꽤 추워진다. 플리스 자켓, 경량 패딩(조끼) 등 편하고 따뜻한 옷들을 준비하자. 트레킹 시 입었던 속옷과 양말은 바로 빨아 다음날 입을 수 있도록 하자.

신발은 트레킹화, 하이커 등산화를 추천한다. 운동화로도 트레킹이 불가능한 것은 아니지만 가능하다면 트레킹화를 신는 게 좋다. 특히 O트레킹은 험한 구간이 많아 발목까지 올라오는 제대로 된 중등산화를 신도록 하자.

음식

트레킹 내내 직접 음식을 해먹는다면 식재료 무게가 만만치 않다. O트레킹은 최소 8일치 이상의 식량을 챙겨야 하기 때문이다. 따라서 식재료는 가벼우면서도 상하지 않는 고열량 식재료를 챙기도록 하자. 8일치 식량을 모두 메고 다니는 것이 너무 힘들다면, 그날그날 산장에서 필요한 식재료를 적절히 구매하면서 양을 조절하는 것도 방법이다. 카드 결제도 된다. 국립공원 내 모든 산장에서 파스타, 컵라면, 통조림, 초코바 등을 판매한다. 가격은 일반 마트보다 2~3배 정도 비싸다. 물은 국립공원 내 흐르는 계곡물을 그냥 마셔도 된다. 음식물 조리에 필요한 이소 가스는 일반 크기(230g) 기준 O트레킹 2개, W트레킹 1개가 필요하다.

아침: 간단하고 빠르게 준비해 먹을 수 있는 음식이 좋다. 인스턴트 수프, 오트밀, 누룽지 등 물만 붓고 금방 조리가 되는 음식이 좋다. 트레킹 중에는 점심을 제대로 먹을 수 없기 때문에 든든히 먹고 출발하자.

점심: 트레킹을 하면서 점심에 화기를 사용해 음식을 조리하는 것은 거의 불가능하다. 스토브 사용이 가능한 체크 포인트가 있지만 제대로 활용하기가 어렵다. 따라서 점심은 비화식으로 정하는 게 좋다. 점심은 식빵과 땅콩버터(잼), 육포, 견과류, 에너지바 같은 고열량 음식을 추천한다.

저녁: 캠핑장에서 먹는 저녁은 조리가 간단하면서도 식사다운 음식을 준비한다. 대부분 파스타를 많이 준비한다. 무게도 가볍고 조리도 편해서 추천한다. 액체로 된 토마토 소스보다는 가루로 된 크림 소스가 가볍고 좋다. 라면에 참치를 넣어 먹는 것도 좋다. 통조림이 아닌 팩으로 포장되어 가볍게 나온 제품으로 선택하자. 살라미 같은 염장 소시지는 상하지 않고 부피가 작아 추천한다.

간식: 트레킹 중간중간 먹을 간식은 캔디, 초코바, 건과일, 쿠키 등 부피는 작고 열량은 높은 것으로 선택하자. 가루 커피, 단백질 파우더도 아주 좋다.

패킹 리스트

캠핑장비	배낭 45L, 텐트(1.2kg), 침낭(-5comfort), 경량 자충매트, 3단 접이식 등산스틱, 스토브 및 코펠, 티타늄 컵, 실리콘 접이식 물병(600ml), 접이식 태양광 충전 랜턴, 헤드랜턴, 포크 숟가락
의류	• 아우터_경량 패딩, 경량 패딩 조끼, 고어텍스 재킷, 방수 바람막이 • 기본 의류_등산 바지, 플리스, 긴팔 기능성 타이즈, 반팔 티셔츠 2, 레깅스, 러닝용 반바지, 긴바지 츄리닝 • **속옷류_**속옷 2, 등산용 양말 2 • 악세서리류_모자, 선글라스, 판초우의, 버프, 장갑, 등산화, 쪼리
세면도구	스포츠 타월, 샤워 타월, 비누(올인원 가능 제품), 칫솔, 치약, 로션, 립밤, 선크림 (모두 소용량으로 준비)
음식	파스타 400g 2봉지, 가루 크림소스 2봉지, 가루 치즈 2봉지, 살라미 75g 5봉지, 라면 2개, 누룽지 500g, 튜브 고추장 1개, 초코바 10개, 씨리얼 쿠키 10개, 견과류 70g 5개, 가루 커피 100g, 티백 5개, 이소가스 230g 2개
전자제품	핸드폰 충전기, 카메라, 보조 배터리
기타	비상약(감기약, 근육통 등), 텀블러, 여권, PDI 입국 영수증, 신용카드, 현금, 라이터, 위스키 작은병(300ml)

토레스 델 파이네
캠핑장 예약 하기

토레스 델 파이네 국립공원에서 W 또는 O트레킹을 하기 위해서는 반드시 사전에 산장 또는 캠핑 사이트를 일정에 맞게 예약해야 한다. 사이트 외 허가되지 않는 노지에서의 캠핑은 철저하게 금지되어 있다. 따라서 트레킹 일정이 정해졌다면 최대한 빠르게 예약을 해야 한다. 성수기(12월~3월)에 트레킹을 계획하고 있다면, 최소 4~5개월 전인 8월에는 예약을 해야 원하는 날짜와 옵션으로 예약이 가능할 정도다. 토레스 델 파이네 국립공원에는 모두 9곳의 캠핑장이 있다. 캠핑장마다 시설과 제공하는 서비스가 조금씩 다르다. 산장 도미토리 이용, 텐트 등 장비 렌탈, 식사 주문 여부 등 옵션에 따라 가격도 매우 상이하다. 또한 까다로운 점은 산장마다 예약 사이트가 다르다는 것 따라서 계획을 잘 세운 뒤 산장별 사이트에서 일정과 옵션을 선택해 예약을 해야 한다. 우선 캠핑장 예약하기 전 자신의 여건과 체력 상태에 따라 다음 사항을 정해야 한다.

백패킹 장비 & 식량 전부 가져가기

텐트와 침낭, 코펠 등 캠핑에 필요한 모든 장비 그리고 식재료까지 직접 가져간다면, 각 캠핑장의 캠핑 사이트만 예약하고 본인 장비로 숙박하면 된다. 캠핑 사이트는 1인과 2인으로 구분되어 있다. 가장 저렴하게 숙박하며 토레스 델 파이네 트레킹을 할 수 있는 방법이다. 당연히 캠핑에 필요한 모든 장비와 식사를 위한 식재료를 전부 준비해 가야 한다. 많은 백패커들이 선택하는 방법으로 가장 저렴하지만 가장 힘들며, 가장 빨리 매진되는 옵션이다. 체력에 자신이 있고 백패킹 경험이 어느 정도 있다면 도전해 보자.

캠핑장에 설치된 텐트에서 숙박하기

캠핑장에서는 직접 본인의 장비로 캠핑을 할 수도 있지만, 미리 설치된 텐트에서 숙박도 가능하다. 이 옵션을 선택하면 백패킹 필수 장비이자 무게와 부피가 큰 텐트, 침낭 등을 가지고 다니지 않아도 돼 배낭이 한결 가벼워진다. 파타고니아의 대자연 속에서 캠핑은 하고 싶지만, 무거운 장비를 직접 지고 다니기 싫은 경우에 추천한다.

산장 도미토리에서 숙박하기

3곳의 캠핑장(세론Serón, 로스 페로스Los Perros, 프란세스Francés)을 제외하고 모든 캠핑장은 산장 도미토리를 함께 운영한다. 이 산장 내 도미토리 침대에서 숙박할 수 있다. 호스텔처럼 4~8명 정도가 한 방에서 공동으로 숙박한다. 텐트에서 자는 캠핑이 힘들다면 선택할 수 있는 옵션이다.

산장 식사 서비스

로스 페로스 캠핑장을 제외하고 모든 산장에서는 식사 서비스를 제공한다. 아침과 저녁, 점심 도시락까지 개별로 신청할 수 있다. 모든 식사를 포함한 풀보드Full Board, 저녁과 아침 식사가 포함된 하프보드Half Board로도 신청이 가능하다. 이렇게 주문하면 개별 주문보다 가격이 10~20USD 정도 저렴하다. 산장에서 식사 서비스를 이용할 경우 식재료와 조리도구를 챙기지 않아도 돼 배낭 무게가 상당히 가벼워진다. 하지만 식사 가격이 상당히 비싼 편이다. 일반적으로 끼니당 30~50USD 정도 된다. 식사 서비스 가격은 산장과 캠핑장마다 조금씩 다르다.

대략적인 식사 서비스 가격

식사 종류	가격
1일 풀보드	95~110USD
1일 하프보드	65~80USD
저녁(빵, 전식, 본식, 후식 및 물)	46~55USD
아침(빵, 계란, 씨리얼, 커피)	30USD
점심 도시락(샌드위치, 씨리얼바, 말린 과일)	30~40USD

캠핑장과 산장 이용 방식과 가격

캠핑 사이트 Camping Sitio

캠핑장의 텐트 사이트만 사용한다. 본인이 텐트, 침낭, 매트 등을 모두 챙겨가는 백패킹이다. 캠핑장 내 핫샤워, 조리 공간 같은 시설은 모두 사용 가능하다. 모든 짐을 메고 걸어야 하지만, 토레스 델 파이네를 트레킹 하는 가장 저렴한 방법이다. 그래서 많은 트레커들이 이용하려고 하기 때문에 예약이 상당히 빨리 마감된다. 캠핑 사이트 가격은 1인당 11~40USD다.

산장 도미토리 Refugio Dormitorio

산장 도미토리 2층 침대에서 숙박한다. 흔히 생각하는 호스텔이나 게스트 하우스의 느낌으로 보면 된다. 한 방을 4~8명이 함께 사용한다. 산장이라고 하지만 난방이 되고 깨끗해 쾌적한 편이다. 산장 도미토리에서 숙박한다고 해도 이불이나 시트 등을 대여하려면 비싼 추가 요금을 내야 한다. 따라서 도미토리에서 숙박을 한다고 해도 본인의 침낭은 가져가는 것이 좋다. 요금은 50~200USD

프리미엄 캠핑 Camping Premium

캠핑장에 미리 설치된 텐트를 사용하여 숙박한다. 2인까지 함께 사용할 수 있다. 텐트를 비롯해 제공해 주는 장비는 깨끗하고 컨디션이 좋다. 프리미엄 캠핑은 텐트, 침낭, 매트, 베개, 심플 캠핑은 텐트, 매트만 대여해 준다. 가격은 프리미엄 캠핑 85~250USD, 심플 캠핑 70~185USD다. 2인 사용 시 약 30달러의 추가 요금이 붙는 캠핑장도 있다.

토레스 델 파이네
인터넷으로 캠핑장 예약하기

지금까지 언급한 사항들을 선택하고 일정이 확정되었다면 캠핑장 예약을 해야 한다. 다시 한 번 강조하지만 트레킹 일정이 정해졌다면 최대한 빠르게 예약해야 한다. 특히 가격이 저렴한 캠핑 사이트는 정말 빠르게 소진된다. 캠핑장 예약은 두 사이트에서 나눠 진행해야 한다. 같은 국립공원이지만 산장과 캠핑장을 운영하는 업체가 두 개로 나뉘어져 있기 때문이다. 홈페이지는 스페인어가 기본이지만, 영어로 언어 변경이 가능하다. 주의할 점은 칠레 페소로 결제하면 세금 19%가 추가된다. 반드시 미국 달러(USD)로 결제하도록 하자. 예약 과정이 조금 복잡해 보일 수 있지만, 차근차근 따라하면 누구나 충분히 가능하다.

1 미리 설치된 텐트에서 숙박하는 프리미엄 캠핑
2 캠핑장 체크인 시 침낭, 매트 등의 장비를 대여할 수 있다
3 O트레킹 1일차에 머무는 세론 캠핑장

일차별 캠핑장과 예약 사이트

일정	캠핑장	예약 사이트
O트레킹 1일차	세론 캠핑장 Área de acampar Serón	Las Torres
O트레킹 2일차	딕슨 산장 및 캠핑장 Refugio y Área de acampar Dickson	Vertice
O트레킹 3일차	로스 페로스 캠핑장 Área de acampar Los Perros	Vertice
O트레킹 4일차	그레이 산장 및 캠핑장 Refugio y Área de acampar Grey	Vertice
O트레킹 5일차 (W트레킹 1일차)	파이네 그란데 산장 및 캠핑장 Refugio y Área de acampar Paine Grande	Vertice
O트레킹 6일차 (W트레킹 1일차)	프란세스 캠핑장 Área de acampar Francés	Las Torres
	로스 쿠에르노스 산장 및 캠핑장 Refugio y Área de acampar Los Cuernos	Las Torres
O트레킹 7일차 (W트레킹 1일차)	칠레노 산장 및 캠핑장 Refugio y Área de acampar Chileno	Las Torres
O트레킹 8일차 (W트레킹 4일차) (숙박 필수 아님)	센트럴 캠핑장 Área de acampar Central	Las Torres
	라스 토레스 호텔 Hotel Las Torres	Las Torres

캠핑장 예약 시 주의점과 우선 순위

W트레킹은 총 3박의 캠핑장을 예약해야 한다. 베르티세 홈페이지에서 1일차 파이네 그란데 캠핑장만 예약하고, 라스 토레스 홈페이지에서 2일차 프란세스 또는 로스 쿠에르노스 캠핑장, 그리고 3일차에 칠레노 또는 센트럴 캠핑장을 예약하면 된다.

O트레킹은 총 7박의 캠핑장을 예약해야 한다. 1일차 캠핑장인 세론 캠핑장은 라스 토레스 홈페이지에서 예약한다. 2, 3, 4, 5일차 딕슨, 로스 페로스, 그레이, 파이네 그란데 캠핑장은 베르티세 홈페이지에서 예약한다. 6, 7일차는 W트레킹의 2, 3일차와 마찬가지로 라스 토레스 홈페이지에서 동일하게 예약을 진행하면 된다.

이때 주의해야 할 것은 결제를 하기 전에 우선 트레킹 일정의 날짜별로 캠핑장이 모두 이용 가능한지 검색 및 확인해야 한다는 점이다. 예를 들어 베르티세 홈페이지에서 W트레킹의 1일차 파이네 그란데 캠핑장을 결제완료 한 뒤 2일차 캠핑장 예약을 위해 라스 토레스 홈페이지에 들어갔는데 모든 캠핑장이 매진이라든가, 아니면 내가 원하는 옵션이 이용 불가능한 경우도 있기 때문이다. 특히 O트레킹은 7박의 캠핑장 일정이 모두 맞아야 하기 때문에 반드시 이용 가능 여부를 일일이 선택 및 확인하고 결제를 진행하도록 하자. 토레스 델 파이네 트레킹 전체 구간 중 가장 예약하기 힘든 캠핑장은 바로 칠레노 캠핑장이다. 트레킹의 하이라이트인 라스 토레스 전망대에 가장 가까이 있는 캠핑장이지만, 규모가 작아서 예약이 매우 치열하다. 캠핑장 예약 시 가장 우선적으로 칠레노 캠핑장 예약부터 진행하자.

라스 토레스
Las Torres
사이트에서 예약하기

라스 토레스 홈페이지 (lastorres.com) 메인화면

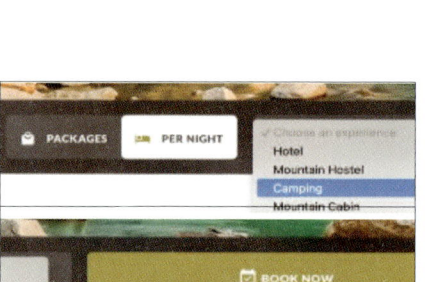

❶ Per Night 선택 후 Camping을 선택, Book Now를 클릭한다.

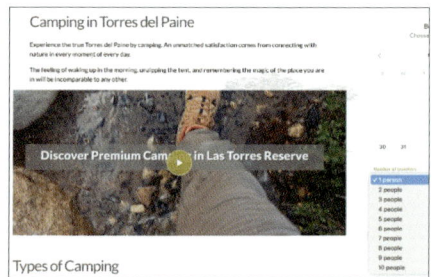

❷ 캘린더에서 원하는 날짜와 인원수를 선택하고 Book을 클릭한다.

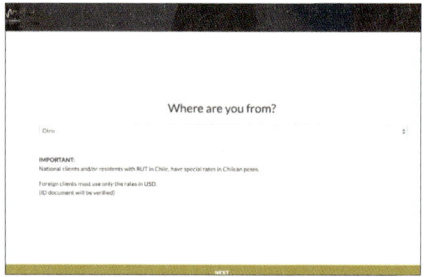

❸ 팝업창이 뜨면 외국인(Otro)을 선택하고 Next를 클릭한다.

❹ 선택한 날짜에 라스 토레스 홈페이지에서 예약이 가능한 총 다섯개의 캠핑장이 나온다. 해당 날짜에 원하는 캠핑장을 클릭한다.

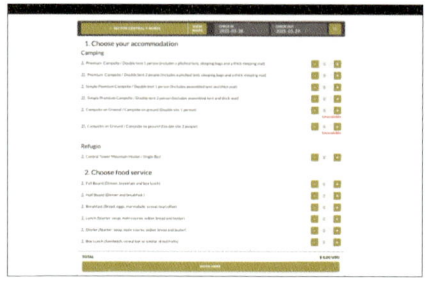

❺ 캠핑장을 클릭하면 숙박과 식사 옵션을 선택할 수 있다. 캠핑 옵션은 프리미엄 캠핑(텐트, 침낭, 매트), 심플 캠핑(텐트, 매트), 캠프 사이트가 1인과 2인으로 되어 있다. 레푸히오Refugio는 산장 도미토리 침대다. 식사 옵션은 풀보드, 하프보드, 아침, 점심(도시락), 저녁으로 되어 있다. +를 누르면 옵션이 추가되고 아래 가격이 나타난다. Unavailable(No disponible)은 매진이라는 의미다.

❻ 예약자 정보를 입력한다. 외국인은 19% 세금이 면제된다. 이를 위해서는 반드시 달러로 결제해야 한다. Country of issue(Passport)는 Korea(남한과 북한 구분이 없음)로 선택한다. 이용약관을 동의해야 하는데 반드시 Terms and conditions을 누르고 팝업창의 내용을 읽어야 동의를 누를 수 있다. 내용을 정확히 입력하고 Next를 클릭하면 결제창이 나오고 결제를 완료하면 된다. W 또는 O트레킹 일정에 맞게 날짜와 캠핑장을 선택해서 예약 과정을 반복한다.

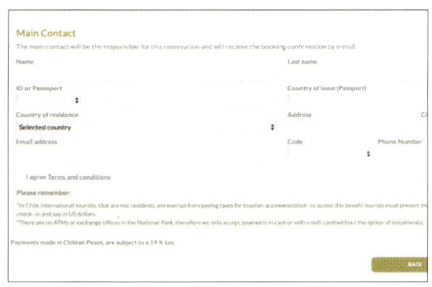

베르티세
Vertice
사이트에서 예약하기

베르티세 홈페이지(www.vertice.travel/es) 메인 화면

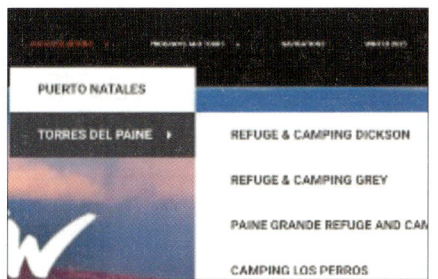

❶ 홈페이지 상단 Accommodations의 Torres del Paine를 클릭한다.

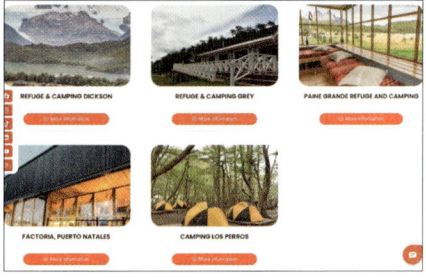

❷ 베르티세 홈페이지에서 예약 가능한 4개의 캠핑장이 보인다. 중간에 Factoria, Puerto Natales는 국립공원 내 캠핑장이 아니라 푸에르토 나탈레스에 있는 호텔이다. 4개의 캠핑장을 클릭해 보면 캠핑장의 정보와 사진들을 볼 수 있다.

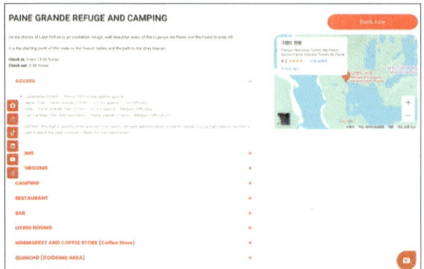
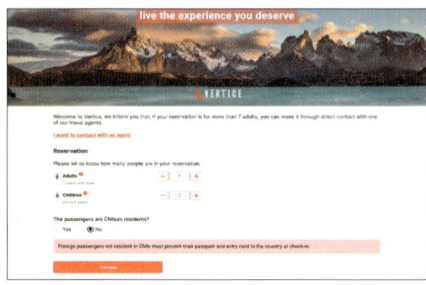

❸ 아무 캠핑장이나 누른 후 오른쪽 위에 Book now를 클릭한다.

❹ 인원수를 선택하고, 칠레 국민 여부는 No를 선택한다. 그래야 세금을 면제받는다. Continue를 클릭한다.

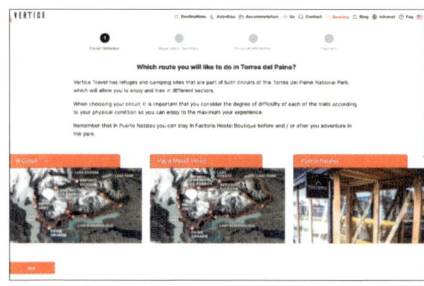

❺ 이곳에서 W트레킹(W Circuit)과 O트레킹(Paine Massif Circuit) 중 하나를 선택하면 된다. W트레킹이라면 파이네 그란데 산장 및 캠핑장Refugio y Área de acampar Paine Grande 한 곳만 예약하며, O트레킹은 캠핑장 네 곳 모두 예약이 시작된다.

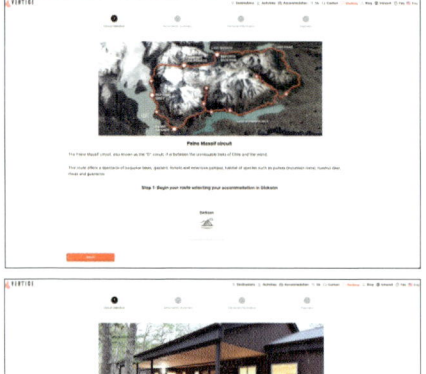
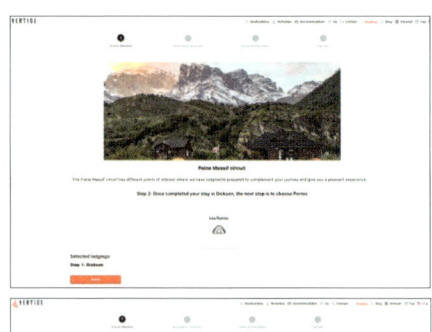

❻ O트레킹의 캠핑장 네 곳을 순서대로 선택한다. 딕슨Dickson, 로스 페로스Los Perros, 그레이Grey, 파이네 그란데Paine Grande 순이다. 가운데 회색 캠핑장 아이콘을 클릭하면서 네 번의 페이지가 넘어간다.

214   STEP 03 파타고니아를 누비다

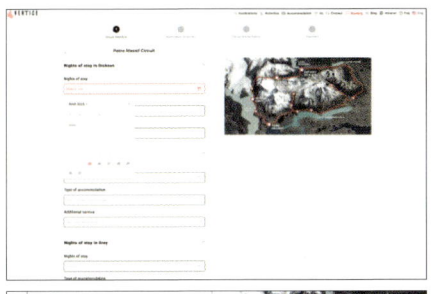

❼ 캠핑장 선택이 모두 끝나면 첫 번째 캠핑장인 딕슨 캠핑장 이용 날짜를 선택한다. 이 날짜를 기준으로 나머지 캠핑장에도 연달아 각각 다음 날로 날짜가 자동 입력된다. 날짜가 자동 완성되면 숙박 형태(Type of Accommodation)를 선택한다. 캠핑 사이트(Camping site), 산장 도미토리(Simple Bed), 산장 도미토리 침구류 포함(Bed with bedding)을 선택할 수 있다. 만약 옵션 중에 나오지 않는 것이 있다면 서비스 불가 또는 매진되었다는 의미다. 마지막으로 추가 서비스(Additional Service)를 선택한다. 식사 옵션, 텐트 등의 장비를 선택할 수 있다. 원하지 않으면 아무것도 선택하지 않으면 된다. 캠핑장 네 곳의 옵션 선택을 끝내면 Continue를 클릭한다.

❽ 선택한 옵션이 모두 맞는지, 최종 가격까지 확인한다.

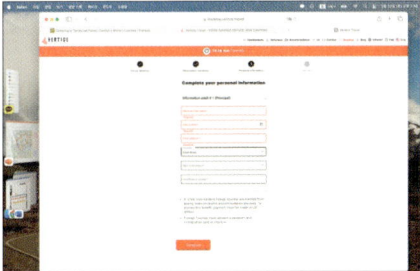

❾ 예약자의 정보를 정확히 입력한다. 그리고 Continue를 클릭하고 결제를 완료한다.

토레스 델 파이네 국립공원
캠핑장 이용 ABC

토레스 델 파이네 국립공원 캠핑장은 비싼 가격만큼 편리하지는 않다. 그러나 대안이 없다. W나 O 트레킹을 하려면 무조건 캠핑장을 이용해야 한다. 비록 캠핑장 조건이 좋은 편은 아니지만, 주어진 조건을 최대한 활용해서 이용하자.

여권과 PDI 입국 영수증을 반드시 챙기자
산장과 캠핑장에 도착 후 체크인을 하게 되는데 여권과 PDI 입국 영수증을 확인한다. 일부 여행자 가운데 칠레 입국 시 받는 PDI 입국 영수증을 챙기지 않아 문제가 생기는 경우가 있다. 여권과 PDI 입국 영수증은 반드시 챙겨가자.

뜨거운 물이 무료로 제공된다
캠핑장에서는 유료로 간단한 음식(샌드위치, 즉석 피자류)과 맥주를 판매한다. 미니 마켓에서도 간단한 식재료와 스낵류를 판매한다. 가격은 일반 마트와 비교해 2~3배 비싸다. 하지만 뜨거운 물은 무료로 제공된다. 텀블러를 챙겨가면 정말 좋다. 아침 저녁으로 캠핑장에서 뜨거운 물을 텀블러에 담아 커피 또는 차를 마시면 좋다. 또 빈 페트병, 실리콘 재질의 물통을 준비해 뜨거운 물을 받아 침낭 안에 넣고 자면 상당히 따뜻하다.

모든 캠핑장에서 유료 와이파이가 가능하다
토레스 델 파이네 국립공원에서는 인터넷 데이터가 터지지 않는다. 다만, 모든 캠핑장에서 유료로 와이파이를 사용할 수 있는데, 가격이 상당히 비싸다. 1시간 9,990CLP, 1일 24,990CLP, 3일은 62,990CLP다. 하루 와이파이 사용료가 약 3만6,000원 정도다. 급한 상황이 아니라면 굳이 와이파이를 사용할 필요는 없다. 문명과 거리를 두고 대자연 속에서 디지털 디톡스를 하는 시간을 갖아보자.

침낭은 꼭 준비해 가자
침낭이 포함된 프리미엄 캠핑Camping Premium으로 모든 숙박을 하는 경우가 아니라면 침낭을 준비하도록 하자. 산장과 캠핑장에서도 침낭 등의 장비를 대여할 수 있지만 가격이 상당히 비싸다. 현장 대여 가격은 텐트 4만1,000CLP, 침낭 2만6,000CLP, 매트 1만2,000CLP다. 푸에르토 나탈레스 시내 렌탈샵 가격보다 3배가량 비싸다. 꼭 본인의 침낭을 준비하거나, 반드시 푸에르토 나탈레스 렌탈숍에서 대여하도록 하자.

핫샤워는 너무 기대하지 말자
로스 페로스 캠핑장을 제외하면 모든 캠핑장에서 핫샤워가 가능하다. 하지만 호텔의 샤워실을 생각하면 안 된다. 수압이 세지 않고 물의 온도도 썩 만족스럽지는 않다. 샤워 후에는 젖은 머리와 추운 날씨로 감기에 걸리지 않게 바로 따뜻한 옷을 입도록 하자. 또한 로션, 립밤 등을 듬뿍 발라 보습에도 신경쓰자.

취사는 조리 공간에서만 가능하다
캠핑장에서는 실내에 마련된 조리 공간에서만 취사가 가능하다. 조리 공간에서 본인이 챙겨온 장비와 식재료로 요리해 식사를 한다. 식수와 설거지를 할 수 있는 싱크대는 마련되어 있다. 조리 공간 한켠에 트레커들이 남기고 간 식재료나 가스가 있는 박스가 있다. 원한다면 이곳의 식재료는 가져갈 수 있다.

EAT

푸에르토 나탈레스는 작은 마을이지만 많은 트레커들이 모이는 곳이다 보니 식당 선택지가 다채롭다. 목재와 돌로 꾸며진 아늑한 로컬 식당부터 세련된 감각의 고급 레스토랑까지 있다. 메뉴는 피자, 파스타, 스테이크류의 일반적인 양식 메뉴들이다. 캐쥬얼한 식사는 1만~1만5,000CLP 정도 한다. 골목골목 작은 마트가 많으며, 대형 마트 우니마르크Unimarc가 아르마스 광장 근처에 있다.

카우 롯지 Kau Lodge

모뉴먼트 알 비엔토 앞 바닷가와 설산 풍경을 가득 품고 있는 예쁜 브런치 카페다. 통창으로 보이는 전망이 매우 좋아 햇살 좋은 날 편안히 앉아 커피 한 잔 하기 정말 좋은 곳이다. 간단한 식사류도 판매하고, 노트북 놓고 일하기에도 좋은 분위기다.

주소 Ave Pedro Montt 161
영업 시간 12:00~23:00(일요일 휴무)
추천 메뉴 아메리카노 3,400CLP, 훈제 송어 브런치Brunch Trucha Ahumada 1만2,000CLP

메시타 그란데 Mesita Grande

피자에 맥주 한잔 마시며 저녁 먹기 좋은 캐쥬얼 식당이다. 이탈리아 사람들도 추천할 만큼 정통 스타일의 화덕 피자부터 생면 파스타, 스테이크까지 모든 음식의 평이 좋다. 물가가 비싼 파타고니아에서 합리적인 가격으로 만족도가 더 높다. 마늘에 볶은 시금치가 올라간 뽀빠이 피자가 독특하고 맛있다.

주소 Arturo Prat 196
영업 시간 12:00~23:00, 일요일 13:00~20:00
추천 메뉴 뽀빠이 피자La Popeye 1만2,900CLP, 파타고니카 파스타Patagonica 1만6,900CLP

라 코시나 크리오야 La Cocina Criolla

칠레 전통 가정식을 맛볼 수 있는 식당이다. 친절한 서비스와 포근한 분위기 속에서 맛있는 식사를 할 수 있다. 한국인 입맛에 맞는 뚝배기 국물 요리 카주엘라Cazuela를 추천한다. 옥수수를 주재료로 한 칠레 전통요리 파스텔 데 초클로Pastel de Choclo도 맛보면 좋다.

주소 Manuel Bulnes 242
영업 시간 11:30~22:00(일요일 휴무)
추천 메뉴 카주엘라Cazuela 1만500CLP, 파스텔 데 초클로Pastel de Choclo 1만2,000CLP

파타고니아 푸드 Patagonia Food

점심시간이면 항상 사람들로 가득 차는 로컬 식당이다. 관광객보다는 현지인이 많고, 가성비 좋은 현지 음식을 맛볼 수 있다. 매일 바뀌는 9,800CLP짜리 런치 메뉴가 상당히 괜찮다. 식전빵, 음료, 수프, 샐러드를 포함한 메인 요리를 제공한다. 치즈 돈가스 같은 칠레 음식 밀라네사Milanesa도 큼직하고 맛있다. 파타고니아의 과일, 칼라파테로 만든 칼라파테 사워 칵테일도 곁들여 맛보자.

주소 Bernardo Philippi, 6160367 **영업 시간** 12:00~22:00(일요일 휴무)
추천 메뉴 런치 메뉴Menu del día 9,800CLP, 밀라네사 나폴리타나Milanesa Napolitana 1만3,500CLP, 칼라파테 사워Calafate Sour 4,500CLP

라 과나카 엔트레 푸에고스 La Guanaca entre fuegos

육류부터 해산물, 피자와 파스타까지 다양한 메뉴에 전반적인 맛도 호불호 없이 평이 좋다. 가격도 적당하고 분위기도 좋아 트레킹 후 지친 체력을 보충하며 여행을 기념하기 좋다. 이 집만의 전통 레시피로 만든 라쟈냐가 유명하다. 해산물이 듬뿍 올라간 피자도 추천한다.

주소 Magallanes 167
영업 시간 12:00~23:00(일요일 휴무)
추천 메뉴 전통 레시피 라쟈냐Lasagne de la Casa 1만2,500CLP, 포세이돈 피자Poseidon 2만6,000CLP

SLEEP

토레스 델 파이네 트레킹을 위해 전 세계의 백패커들이 모이는 마을답게 정말 많은 호스텔이 있다. 거의 모든 골목마다 있다고 봐도 될 정도다. 호스텔 규모의 차이일 뿐 시설은 크게 다르지 않다. 도미토리 가격은 평균 2만CLP로 형성되어 있다. 많은 숙박업소에서 캠핑 용품 렌탈도 운영하니 필요시 문의해 보자. 대부분의 숙박업소에서는 트레킹을 하는 동안 짐을 보관해 주는 서비스를 제공한다. 백패킹 성지답게 캠핑장 시설도 매우 훌륭하다. 1박에 1만CLP 미만의 저렴한 가격으로 숙박이 가능하다.

코너 호스텔 Corner Hostel

다른 곳보다 꽤 저렴한 가격으로 도미토리 숙박이 가능한 호스텔이다. 물론 시설이 조금 불편하고 서비스가 안 좋다는 평도 있다. 하지만 최저가 도미토리를 찾는 1인 여행자에게는 좋은 선택지가 될 것이다. 위치도 중심가와 매우 가까워 편리하다.

주소 Miraflores 798
가격 6인실 도미토리 1만5,000CLP, 더블룸 4만CLP

호스텔 엘 파타고니코 Hostel El Patagonico

푸에르토 나탈레스에서 매우 인기가 많은 호스텔이다. 특히, 여러 사람이 함께 이용하는 호스텔에서 청결함이 매우 중요한데, 이곳의 최대 장점이 바로 청결함이다. 공용시설도 넓직하고 쾌적하다. 단점을 꼽기 힘든 호스텔로 조식 포함 가격도 합리적이어서 추천한다.

주소 Bernardo O'Higgins N° 741
가격 6인실 도미토리 2만4,000CLP, 개인실 6만5,000CLP

야간 하우스 Yagan House

매우 깨끗하고 관리가 잘 된 호스텔이다. 집 같은 포근한 분위기가 좋고, 다른 호스텔에 비해 푸짐한 조식(모든 요금에 포함)도 장점이다. 버스터미널, 시내 중심 모두 가까운 거리로 위치도 매우 좋다. 여행사 겸 트레킹 장비 렌탈도 같이 하니 편하게 문의하고 이용할 수 있다.

주소 Bernardo O'Higgins 584,
가격 4인용 도미토리 2만5,000CLP, 트윈룸 7만6,000CLP

캠핑 구이노 Camping Güino

버스터미널 바로 앞에 있는 캠핑장으로 트레커들에게 매우 인기가 많은 곳이다. 도심과 멀지 않아 위치도 좋으며, 심지어 사이트에서 바라보는 전망까지 좋다. 사이트마다 바람을 막아주는 나무벽이 쳐져 있다. 온수 샤워, 공용 공간 등의 시설이 깨끗하다. 텐트, 침낭 등도 대여해 준다. 날씨가 추워지고 비수기가 시작되는 4월부터 영업을 중단한다.

주소 21 de Mayo 1199
가격 1인 8,000CLP

캠핑 옐로우 프룸 Camping Yellow Plum

시설, 위치, 분위기 어느 하나 빠지지 않는 캠핑장이다. 보통 캠핑장은 도심 외곽에 있는 경우가 대부분인데, 이 캠핑장은 중심가에 있는 것이 큰 장점이다. 자신의 장비로 저렴하게 캠핑을 할 수도 있고, 텐트와 침낭을 대여해 캠핑을 할 수도 있다. 텐트 등의 장비가 없더라도 캠핑을 경험해볼 수 있다.

주소 Eleuterio Ramírez 444
가격 1인 1만5,000CLP,/ 텐트, 침낭 포함 1인 2만6,000CLP

05
푼타 아레나스
Punta Arenas

푼타 아레나스는 마젤란 해협의 거친 바람을 맞으며 서 있는 칠레 파타고니아 최남단 도시다. 이 도시에는 역사적으로 매주 중요한 해상 경로였던 마젤란 해협의 해양 역사가 고스란히 남아 있다. 역사적인 건축물이 자리한 차분한 거리를 걷다 보면 유럽풍 도시 분위기를 느낄 수 있다. 파타고니아에서의 모험을 꿈꾸는 여행자들에게 완벽한 관문이 되어주는 도시다.

TRAVEL INFO

푼타 아레나스는 칠레 최남단 도시로 파타고니아 여행의 관문이자 남극으로 가는 출발점이다. 1520년 페르디난드 마젤란Ferdinand Magellan이 푼타 아레나스 지역을 포함한 마젤란 해협을 처음으로 발견했다. 마젤란 해협은 파나마 운하가 건설되기 전까지 대서양과 태평양을 잇는 유일한 바닷길이었다. 19세기 중반부터 도시가 건설되기 시작하였고, 현재 파타고니아 지역에서 세 번째로 큰 도시로 성장했다. 하지만 도시 중심지는 크지 않아 걸어다녀도 충분하다.

• 공항

푼타 아레나스 공항은 칠레 파타고니아 여행의 주요 관문이 되는 곳이다. 칠레 수도 산티아고에서 라탐 항공, SKY항공, JetSMART가 자주 운행한다. 공항은 도심에서 북쪽으로 약 20km 떨어져 있다. 자동차로 20~30분 정도 걸린다. 공항에서 도심까지 대중교통은 없다. 택시를 이용해야 한다. 공항에서 푼타 아레나스 도심까지 택시요금은 1만3,000CLP 정도다. 공항에서 토레스 델 파이네 트레킹 전초기지라 할 수 있는 푸에르토 나탈레스로 바로 갈 수 있다. 공항에서 푸에르토 나탈레스까지 소요시간은 3시간 30분, 요금은 8,000CLP이다. BUS SUR, Buses Fernándes에서 07:00~21:00까지 1시간 간격으로 운행한다. 이 버스는 푼타 아레나스를 출발해 공항을 들러 푸에르토 나탈레스로 가기 때문에 출발시간이 유동적이다.

• 버스터미널

푼타 아레나스에는 공통된 하나의 버스터미널이 없다. 버스 회사마다 정류장이 다르다. 푼타 아레나스를 기반으로 가장 활발하게 운영되는 버스 회사는 BUS SUR다. BUS SUR는 북쪽으로 푸에르토 나탈레스, 엘 칼라파테, 남쪽으로 우수아이아 등 파타고니아 내 주요 도시를 연결한다. 우선 BUS SUR 버스를 예약해보자. 만약 표가 매진되었다면 다른 버스 회사를 찾아간다. 푼타 아레나스에서 토레스 델 파이네 국립공원 전초기지라 할 수 있는 푸에르토 나탈레스까지는 모든 버스회사에서 1~2시간 간격으로 자주 운행한다. 특별한 경우가 아니라면 언제든 표를 구매할 수 있다. 가격은 8,000CLP다.

주요 버스회사 터미널

BUS SUR
홈페이지 www.bussur.com
주소 Av. Cristobal Colón 842

Buses Fernández
홈페이지 www.busesfernandez.com
주소 Armando Sanhueza 745

Terminal de Buses Marga Taqsa
홈페이지 www.margachile.cl
주소 Armando Sanhueza 712

Buses Barria
홈페이지 www.busesbarria.cl
주소 Av. España 264

푼타 아레나스

푼타 아레나스 버스 시간표

출발지	도착지	요금	소요시간	출발시간(요일)	버스 회사
푼타 아레나스	우수아이아	5만8,000CLP	10시간	08:00(월·수·금)	BUS SUR
		4만8,000CLP	10시간	06:00(홀수날)	MARGA TAQSA
	엘 칼라파테	4만CLP	9시간	10:00~15:30 (푸에르토 나탈레스 경유) ~20:30(매일)	BUS SUR
		5만7,200CLP	9시간	15:30~19:30 (리오 가예고스 경유)~20:00 (월·수·금)	MARGA TAQSA

• 관광 안내소

푼타 아레나스 중심 아르마스 광장에 관광 안내소가 있다. 규모는 크지 않지만 푼타 아레나스의 명소가 안내된 지도, 각종 투어 팜플렛 등 다양한 정보를 얻을 수 있다.

\# Photo Sketch

1 마젤란 해협을 품은 푼타 아레나스 전경
2 십자가 언덕에는 전 세계의 주요 도시와 나라까지 거리가 적힌 마일 포스트가 서 있다
3 푼타 아레나스 입구에 서 있는 마을 사인
4 마젤란 항해 기념 조형물. 푼타 아레나스에는 마젤란을 기리는 조형물이 많다
5 푼타 아레나스 앞으로 펼쳐진 마젤란 해협

TRAVEL MORE

ADVENTURE TIME

05 푼타 아레나스

SEE & ACTIVITY

아르마스 광장 Plaza Armas Muñoz Gamero

푼타 아레나스의 중심이 되는 광장이다. 광장 가운데에는 페르디난드 마젤란 동상이 우뚝 서 그가 발견한 마젤란 해협을 바라보고 있다. 동상 아래 원주민이 앉아 있는 조형물이 있다. 이 원주민 조형물의 발을 만지면 행운이 오고 다시 파타고니아에 올 수 있다고 해서 관광객 대부분 발을 만지고 사진을 찍는다. 광장 주변에는 현지 공예품을 저렴한 가격에 팔고 있다.

주소 Pl. Benjamín Muñoz Gamero

십자가 언덕 Cerro de la Cruz

붉은 지붕이 매력인 푼타 아레나스의 전경과 가슴이 뻥 뚫리는 마젤란 해협의 풍경이 한눈에 들어오는 멋진 전망대다. 날씨가 좋은 날에는 티에라 델 푸에고 섬까지 보인다. 아르마스 광장에서 걸어서 20~30분이면 충분히 오를 수 있다. 전망대로 올라가는 길에 오래된 주택과 벽화들을 구경하는 재미도 있다.

주소 Almte. Manuel Señoret 1012

푼타 아레나스 센트로 앞으로 펼쳐진 마젤란 해협

푼타 아레나스 센트로 안내도

- 나오 빅토리아 박물관(10.5km)
- 면세 쇼핑 구역(3km)
- 푼타 아레나스 공동 묘지 Cementerio Municipal Sara Braun
- 오스탈 아스카 파타고니아 Hostal Aska Patagonia
- 세르베사 아우스트랄 맥주 공장 Cerveza Austral
- 콰트로 에스타시오네스 핏제리아 Cuatro Estaciones Pizzeria
- 알로하미엔토 에밀리아 Alojamiento Emilia House y Camping
- 마트 우니막 Unimarc
- 시아오얀 구르멧 Xiaoyan Gourmet
- 십자가 언덕 Cerro de la Cruz
- 버스 터미널 Terminal de Ómnibus de Bus Sur
- 카페 이미그란테 Cafe Inmigrante
- 아르마스 광장 Plaza Armas
- 오스탈 부스타멘테 Hostal Bustamente
- 관광 안내소 Kiosko Centro de Información Turística Municipal
- 오스페다헤 인데펜덴시아 Hospedaje Independencia y Camping
- 키오스코 로카 Kiosko Roca
- 웨이크 업 Wake Up
- 해양 공원 Costanera
- 펍 콜로니알 Pub Colonial
- 경찰서 Policía De Investigaciones
- 마트 우니막 Unimarc
- 카를로스 보리에스 도로 Av. Gobernador Carlos Bories
- 푼타 아레나스 항구 Puerto de Punta Arenas
- Ruta9 종점 Fin de Camino 70km
- 주립 시장 Mercado Municipal

N 0 100 200m

주립 시장 Mercado Municipal

푼타 아레나스의 대표적인 전통 시장으로 현지 해산물과 지역 특산물을 한자리에서 경험할 수 있는 곳이다. 1층에서는 신선한 해산물을 판매하며, 해산물 요리도 맛볼 수 있는 작은 식당들이 있다. 또 지역 사람들이 직접 만든 수공예품도 판매한다. 마그넷과 같은 기념품을 사기 좋다. 현지인들과 어울려 활기찬 분위기를 느껴볼 수 있는 곳이다.

주소 Ruta 9 1548
찾아가기 푼타 아레나스 항구 바로 옆
오픈 10:00~18:30

푼타 아레나스 공동묘지 Cementerio Municipal Sara Braun

공동묘지가 어떻게 관광 명소가 될까? 우리나라라면 불가능하겠지만, 이곳은 마치 공원처럼 잘 꾸며져 있다. 고풍스러운 묘비와 커다란 사이프러스 나무들이 잘 어울려 마치 유럽의 어느 정원 속에 들어온 기분이 든다. 푼타 아레나스에서 가장 유명한 사업가이자 자선가였던 사라 브라운 Sara Braun의 화려한 가족묘도 볼 수 있다. 공동묘지의 명칭도 이 사람의 이름을 붙였다. 공동묘지에는 푼타 아레나스가 마젤란 해협의 중요한 항구 도시로 발전하는 데 기여한 많은 탐험가, 무역상, 해군 장교들이 잠들어 있다.

주소 Av. Pdte. Manuel Bulnes 29
입장료 5,000CLP
오픈 08:00~19:00

나오 빅토리아 박물관 Museo Nao Victoria

마젤란이 최초 항해 시 탐험했던 배 나오 빅토리아Nao Victoria 복제선이 전시된 해양 역사 박물관이다. 나오 빅토리아는 마젤란 함대 중 유일하게 세계 일주를 완수한 배다. 박물관의 이름도 이 배의 이름에서 따온 것이다. 박물관에는 나오 빅토리아를 비롯해 찰스 다윈의 탐험선 HMS 비글호, 파타고니아 개척군함 ANCUD호 등 모두 세 척의 배가 전시되어 있다. 박물관은 도심에서 7km 떨어진 해안가에 위치해 있어 택시나 우버를 타야 한다.

오픈 09:00~19:00
입장료 10,000CLP

면세 쇼핑 구역 Zona Franca

푼타 아레나스 외곽의 면세 쇼핑 구역이다. 현지인뿐만 아니라 외국인 모두 이용이 가능한 쇼핑몰이 입점해 있다. 남미는 공산품이 비싼데, 이곳에서는 다양한 제품을 저렴한 가격에 구매할 수 있다. 만약 푼타 아레나스에서 캠핑이나 트레킹 용품, 식료품 등을 구매해 파타고니아를 여행할 계획이라면 이곳에서 쇼핑하면 좋다. 특히 BALFER 매장에서는 트레킹 의류, 이소가스, 다양한 장비 등을 매우 합리적인 가격에 판매한다. 면세 혜택을 위해 외국인에게 여권을 요구하는 경우도 있으니 챙기도록 하자.

오픈 10:00~21:00
찾아가기 아르마스 광장 앞 21 de Mayo esq. Julio Argentino 버스정류장에서 8번 버스 탑승, 약 20분 소요

Special Page

푼타 아레나스에서 떠나는 투어

마젤란 해협에 자리한 푼타 아레나스에서는 색다르고 멋진 투어를 할 수 있다. 막달레나섬에서는 수십 만 마리의 펭귄을 가까이서 볼 수 있다. '불의 섬' 티에라 델 푸에고에서는 극지방의 독특한 자연 환경을 체험하고 킹 펭귄도 만날 수 있다. 또 세계 최남단에 위치한 맥주공장에서는 '파타고니아의 맛'이 담긴 맥주 공장을 견학하며 시음까지 할 수 있다. 파타고니아 여행을 시작하기 위해, 또는 여행을 마친 후 푼타 아레나스에 머문다면 투어에 참가해 보자.

막달레나섬 펭귄 투어 Isla Magdalena

푼타 아레나스에서 북동쪽으로 35km 떨어진 마젤란 해협에 위치한 작은 섬 막달레나는 마젤란 펭귄의 천국이다. 이 섬에는 12만 마리 이상의 마젤란 펭귄이 서식한다. 관광객들은 1월~3월까지 막달레나섬에 방문해 펭귄을 관찰할 수 있다. 이 시기 마젤란 펭귄들은 막달레나섬에 둥지를 틀고 번식한다. 셀 수 없이 많은 펭귄들을 가까이서 볼 수 있는 투어라 추천한다. 우수아이아 마르티요섬 펭귄 투어와 비슷하지만, 가격이 상대적으로 저렴하다. 펭귄 투어를 위해 한 곳을 골라야 한다면 푼타 아레나스에서 하는 것이 낫다.

막달레나섬까지는 푼타 아레나스 항구에서 페리를 타고 1시간 30분 걸린다. 섬에 상륙하면 1시간 동안 지정된 경로를 따라 걸으며 마젤란 펭귄을 관찰한다. 섬 중심 언덕에 서 있는 등대 풍경도 아주 멋지다.

여행사	TABSA	COMAPA	FDS
가격(성인)	8만5,000CLP	8만5,000CLP	10만CLP 픽업 포함: 13만CLP
가격(5~13세)	4만2,500CLP	4만2,500CLP	5만CLP 픽업 포함: 7만5,000CLP
출발시간	09:30	09:30	07:00, 13:30
섬 방문시간	1시간	1시간	1시간
웹사이트	www.tabsa.cl/rutas/parenas-imagdalena	www.comapa.com/en/tours/penguin-tour	www.fiordosdelsur.com/en/navigation-magdalena-island

티에라 델 푸에고 및 킹 펭귄 공원 투어
Parque Pingüino Rey y Tierra del Fuego

푼타 아레나스에서 페리를 타고 칠레 파트의 티에라 델 푸에고섬을 탐험하는 투어다. 티에라 델 푸에고의 자연환경 체험과 이곳에 서식하는 펭귄을 찾아간다. 당일로 진행되지만 투어 시간만 꼬박 10시간 이상 걸린다. 푼타 아레나스에서 페리를 타고 포르베니르 Porvenir 마을로 가 섬의 자연 경관을 감상하고 티에라 델 푸에고 박물관도 방문한다. 그런 다음 오프로드를 달리며 티에라 델 푸에고 산악 지대와 극지방의 풍경을 감상한다. 마지막으로 킹 펭귄 보호구역을 방문해 킹 펭귄 무리를 만난다. 투어를 마친 후 페리를 타고 다시 마젤란 해협을 건너 푼타 아레나스로 돌아온다.

투어 시간 07:00~21:30, 07:30~21:30
투어 가격 8만9,000CLP (펭귄 보호구역 입장료 불포함)

세르베사 아우스트랄 맥주 공장 투어 Cerveza Austral Tour

세계 최남단에 있는 파타고니아의 대표적인 맥주 공장을 돌아보는 투어다. 1896년 독일 맥주 양조장 주인 호세 피셔가 세운 양조장이다. 지금은 칠레를 비롯해 세계적으로 유명한 맥주가 되었다. 세르베사 아우스트랄은 파타고니아를 여행하다 보면 자주 볼 수 있는 브랜드로, 푼타 아레나스에서는 직접 공장을 방문에 가이드 투어를 할 수 있다. 투어 끝에는 맥주 종류별로 테이스팅도 제공한다. 맥주를 좋아한다면 추천하는 투어다. 아래 QR로 들어가 투어를 신청하면 된다.

투어 시간 화~금 11:00, 15:30, 토 11:00, 15:00(일~월요일 휴무)
투어 가격 1만2,000CLP

TREKKING

푼타 아레나스는 파타고니아의 관문 역할을 하는 도시지만 다른 도시들과 비교해 특별한 국립공원이나 트레킹 코스가 없다. 그 이유는 다른 파타고니아의 험준한 산악지대와는 달리 해안선을 따라 도시가 형성되어 비교적 평탄한 지형을 가졌기 때문이다. 하지만 본격적인 파타고니아 트레킹 전, 저지대 중심의 트레일과 바다 풍경을 감상할 수 있는 이곳만의 트레킹 코스도 충분히 매력적인 경험이 될 것이다. 또한 아직 한국에는 잘 알려지지 않은 코스들이라는 점도 매력이다.

산 이시드로 등대 트레킹 Faro San Isidro

푼타 아레나스에서 남쪽으로 75km 떨어진 아메리카 대륙 땅끝에는 마젤란 해협을 100년이 넘도록 밝혀주고 있는 등대가 홀로 서 있다. 바로 산 이시드로 등대Faro San Isidro다. 1904년에 첫 불빛을 밝힌 칠레 최남단의 역사적인 등대로 마젤란 해협을 따라 항해하는 선박들의 길잡이 역할을 해왔다. 파나마 운하가 개통하기 전 대서양과 태평양을 이어주는 유일한 물길이었던 마젤란 해협. 하지만 거친 바람과 빠른 해류, 그리고 심한 안개로 위험한 항로였다. 이에 이 등대를 설치하고, 등대지기가 거주하며 불을 밝혀 왔다. 현재 산 이시드로 등대는 자동화되어 무인 운영되고 있으며, 남극 연구선, 관광 크루즈, 화물선 등을 위한 등대로 유지되고 있다. 또 역사적 상징물로 남아 하이킹 명소로 인기를 끌고 있다.

등대가 자리 잡은 카보 산 이시드로Cabo San Isidro는 생태학적으로도 잘 보존되어 극지방의 색다른 풍경과 동식물들을 만나볼 수 있다. 무엇보다도 아메리카 대륙이 끝나는 지점이라는 상징적 의미가 매우 크게 다가온다. 하지만 이곳에 도착하면 예상과는 다른 표지판을 볼 수 있다. 'Hito geográfico donde comienza el continente americano señalado por la cruz de los mares (바다의 십자가로부터 아메리카 대륙이 시작되는 지리적 지점)' 북반구에 사는 이들은 아메리카 대륙이 북쪽 알래스카에서 시작해 미국, 멕시코를 지나 남쪽 아르헨티나와 칠레에서 끝난다고 생각한다. 하지만 이곳 사람들은 반대로 이야기한다. 바로 이곳에서 아메리카 대륙이 시작한다고. 이곳을 방문해 동그란 지구를 반대로 뒤집어 생각해 보는 것도 의미 있는 시간이 될 것이다.

100년 넘게 마젤란 해협을 밝혀온 산 이시드로 등대

산 이시드로 등대
트레킹 가이드

푼타 아레나스에서 약 1시간 30분, 9번 국도(RUTA9)를 따라 내려가면 길의 종점과 주차장이 나온다. 이 지점에 '길의 끝'을 뜻하는 'Fin de Camino'라는 표지판이 서 있다. 강조하지 않아도 알아서 다들 하겠지만, 아메리카 대륙 끝에 온 기념 사진을 찍도록 하자.

주차장부터 산 이시드로 등대까지는 마젤란 해협을 따라 이어지는 해안길이다. 조약돌 해변과 작은 숲길이 섞여 있다. 평탄한 길이지만 바닷물이 깔린 자갈길을 계속 걸어야 해서 상당히 피곤하다. 심지어 일부 구간은 시냇물도 건너야 한다. 이처럼 길 상태가 좋지 않아 트레킹화나 등산화를 신고 가는 것이 좋다. 마젤란 해협에서 불어오는 거센 바닷바람도 유의하자.

출발 지점부터 등대까지는 4km. 편도 2시간 정도 소요된다. 해안을 따라 걷다 보면 마지막 지점에 등대로 진입하는 숲길로 들어간다. 터널 같은 숲길을 빠져나오면 그림 같은 풍경 속 산 이시드로 등대가 나타난다. 등대에 올라서면 마젤란 해협과 그 주변의 섬, 설산 풍경이 아름답게 펼쳐진다. 운이 좋으면 마젤란 해협에서 유영하는 고래와 돌고래를 볼 수도 있으니 유심히 살펴보자!

등대 바로 옆에 아길라 만Bahía el Aguila이 있다. 이곳에서 백패킹을 원한다면 캠핑을 하며 머물 수도 있다. 다만 이 지역에는 아무런 시설도 없어 먹을 것과 물은 반드시 챙겨야 한다. 아길라 만에서 카약 투어를 시작하기도 한다. 아길라 만을 지나 계속 가면 마젤란 해협 유산 트레일 서킷 카보 프로워드Circuito Cabo Froward가 이어진다.

아쉽게도 산 이시드로 등대 트레킹 들머리까지는 대중교통이 없다. 차를 렌트하거나 투어 상품을 이용해야 한다.

1 산 이시드로 등대로 진입하는 숲길
2 아메리카 대륙의 끝을 알리는 이정표
3 산 이시드로 등대에서 바라본 풍경

Special Page

마젤란 해협 유산 트레일

📍 서킷 카보 프로워드 Circuito Cabo Froward

모험과 자연을 사랑하는 트레커들을 위한 고난도 트레킹 코스다. 아메리카 대륙 최남단 지점 카보 프로워드Cabo Froward를 다녀오는 왕복 7일이 걸리는 트레일이다. 위에서 언급한 산 이시드로 등대 트레일을 남미 대륙의 땅끝이라고 말하지만 지리적으로 정확한 남미 대륙의 끝은 브룬스윅 반도의 끝 카보 프로워드다. 카보 프로워드에는 거대한 순백의 십자가 크루즈 데 로스 마레스Cruz de Los Mares가 서 있다. 산 이시드로 등대에서 카보 프로워드까지는 사실상 사람의 발길이 닿지 않은 진짜 야생의 길을 걷는다. 3일 동안 험난한 산길과 두 개의 강을 건너야 그 끝에 도착할 수 있다. 서킷 카보 프로워드 트레일에는 3개의 노지 캠핑장만 있을 뿐 아무런 시설이 없다.

캠핑 장비, 7일간의 식량, 트레킹 용품 등을 모두 챙겨 가야 해서 상당한 체력과 철저한 준비가 필요하다. 그야말로 날것 그대로의 파타고니아 자연 속을 걷는 도전이다. 이 트레일에 도전한다는 것은 탐험가와 개척자가 되어 아메리카 대륙의 최남단을 밟아보는 것과 같다. 서킷 카보 프로워드 트레일은 아직 한국에는 거의 알려지지 않았다. 트레일에 대한 자세한 내용은 홈페이지(https://rutas.bienes.cl)를 참고하자. 트레킹 시 입장료, 캠핑장 이용료, 필수 등록 절차는 없다. 가이드 동반도 필수는 아니다.

몬테 탄 트레킹 Monte Tarn

몬테 탄Monte tarn(825m)은 칠레 본토의 끝이자 아메리카 대륙의 가장 남단에 있는 산이다. '탄Tarn'이란 산 이름은 1827년 최초로 이 산을 오른 영국 외과의사 존 탄John Tarn의 이름에서 비롯되었다고 한다. 몬테 탄은 푼타 아레나스에서 남쪽으로 약 70km 떨어져 있으며, 산 이시드로 등대와 같은 카보곶Cabo San Isidro 지역에 있다.

몬테 탄 트레킹은 길이 매우 험하다. 일단 사람들이 많이 찾는 트레일이 아니다 보니 길을 구분하기 힘들다. 중간중간 트레일 표식판을 주의해서 보도록 하자. 또 진흙 구간이 매우 많다. 특히 비가 온 다음 날은 걷기가 불가능할 정도다. 질퍽한 진흙을 피해가며 걷는 게 힘들고, 미끄러져 넘어지는 경우도 많으니 조심하도록 하자. 트레일 입구에서 정상까지는 5.4km, 편도 4시간이 걸린다. 왕복 기준 하루가 꼬박 걸리는 코스다. 트레일에는 편의시설이 없다. 트레킹에 나선다면 먹을 것과 물을 반드시 준비해야 한다. 비가 오거나 날씨가 궂은 날은 트레킹을 하지 않는 게 좋다.

트레킹 난이도 어려움 **트레킹 길이** 5.4km(편도) **트레킹 시간** 4시간(편도)
최고 높이 825m(몬테 탄 정상) **사전 예약** 없음 **입장료** 없음 **캠핑장** 없음

1구간

트레일 헤드~몬테 탄 전망대

거리 414m
소요시간 20분
고도 100m 상승

몬테 탄 트레일 헤드는 산 이시드로 등대로 가는 길과 마찬가지로 9번 국도가 끝나는 지점에서 출발한다. 주차장에서 약 10분 정도 걸으면 몬테 탄 트레일 안내판이 서 있고 뒤로 바위에 매달린 밧줄이 보인다. 밧줄을 잡고 가파른 바위를 올라가 숲 속으로 들어가면 몬테 탄 트레킹이 시작된다. 1구간은 높이 솟아 있는 나무들 사이를 걷는 짧은 코스다. 트레킹 초입까지만 해도 철썩이던 마젤란 해협의 파도소리가 사라지며 고요함 속을 걷는다. 이곳에는 마젤란 딱따구리Carpintero Magallanes가 많이 서식한다. 빨간 머리가 독특한 마젤란 딱따구리를 찾아보는 것도 하나의 재미다.

트레킹을 시작해 20분가량 올라가면 숲을 빠져나와 탁 트인 몬테 탄 전망대Mirador Monte Tarn가 나타난다. 몬테 탄의 전경이 한눈에 들어오는 멋진 풍경이 보인다. 고개를 뒤로 돌리면 마젤란 해협과 주변의 섬들도 조망할 수 있다. 정상까지 오를 체력이나 시간이 없다면 이곳까지만 올라서 몬테 탄을 조망한 뒤 다시 내려가 산 이시드로 등대 트레일을 걸어도 좋다.

산 이시드로 등대와 몬테 탄 트레킹 방법

산 이시드로 등대와 몬테 탄 트레킹은 출발지가 같다. 트레킹 출발지까지는 푼타 아레나스에서 70km 거리다. 이곳까지는 대중교통이 없다. 우버 택시를 이용해야 하거나 투어를 이용한다. 대부분의 여행자들은 투어 상품을 통해 다녀온다. 투어 상품은 가이드가 동반해 트레킹을 하기 때문에 안전하다. 또 숙소 픽업 서비스도 제공한다. 투어는 보통 3~4명이 모여야 출발한다. 예약 전에 여행사 홈페이지에서 원하는 날짜에 맞춰 트레킹이 가능한지 문의하자. 토도 파타고니아Todo Patagonia에서 산 이시드로 등대 트레킹과 몬테 탄 트레킹 투어를 한다. 산 이시드로 등대 트레킹은 08:00 숙소 픽업, 16:30 숙소 복귀다. 가격은 5만8,000CLP(입장료, 식사 미포함). 몬테 탄 트레킹은 07:00 숙소 픽업, 18:30 숙소 복귀다. 가격은 8만CLP(입장료, 식사 미포함). 자세한 것은 토토 파타고니아 홈페이지(https://todopatagonia.net) 참조. 택시를 대절해 푼타 아레나스에서 왕복으로 다녀올 수도 있다. 일행이 4명이라면 이 방법이 가장 저렴하고 좋다. 다만 하루를 온전히 써야 하기 때문에 어느 정도 택시 기사와의 흥정이 필요하다. 왕복 택시 대절 비용은 7만~8만CLP 정도면 괜찮은 편이다.

2 구간

몬테 탄 전망대~보스케 렌토~투르베라~ 마젤란 해협 전망대

거리 2km
소요시간 1시간 30분
고도 340m 상승

몬테 탄 전망대Mirador Monte Tarn를 지나면 다시 무성한 숲길을 걷는다. 트레일 맵에서는 보스케 렌토Bosque Lento라고 명명했다. 번역하면 '느린 숲'이다. 이 길을 걸으면 바로 이 의미를 몸으로 체감한다. 트레일에 커다란 몸통의 나무가 곳곳에 쓰러져 있다. 마치 극기훈련 하듯 쓰러져 있는 나무들을 손으로 짚고 건너야 한다. 또 땅 위로 노출되어 있는 나무 뿌리는 매우 미끄럽다. 상당히 험한 숲길이니 천천히 주의하며 걷도록 하자.

보스케 렌토 구간을 빠져나오면 투르베라Turbera 구간이 시작된다. 이름만큼이나 독특한 길이다. 번역하면 '이탄 습지'인데, 이탄은 완전히 탄화할 정도로 오래되진 않은 석탄의 일종이다. 이탄이 쌓여 만들어진 습지를 이탄 습지라고 한다. 시대별 퇴적물을 간직하고 있어 자연사 연구에 중요 자료가 되는 곳이다. 파타고니아 최남단 극지방에서 많이 볼 수 있는 이탄 습지 위에 서면 마치 스폰지를 밟고 걷는 듯한 느낌이 든다. 투르베라 구간부터 조금씩 가파른 오르막이 시작된다.

독특한 자연조건을 볼 수 있는 보스케 렌토와 투르베라 구간을 지나 오르막을 오르면 허리 높이의 나즈막한 수풀이 우거진 탁 트인 곳이 나온다. 마젤란 해협 전망대Mirador del Estrecho다. 앞으로는 몬테 탄 정상, 뒤로는 마젤란 해협의 풍경이 펼쳐져 매우 아름답다. 마젤란 해협에 있는 크고 작은 섬과 바다 위로 펼쳐진 설산 봉우리는 이곳이 아니면 마주하기 힘든 풍경이다. 동쪽으로는 마젤란 해협을 비추는 산 이시드로 등대Faro San Isidro도 보인다. 마젤란 해협을 천천히 항해하는 배들도 신비롭다.

1 독특한 자연식생을 보여주는 몬테탄 트레킹 중반부 마젤란 해협 전망대 부근
2 보스케 렌토 구간의 쓰러진 나무를 밟고 가는 트레커

3 구간

마젤란 해협 전망대~라구니야~브룬스윅 전망대~몬테 탄 정상

거리 2km
소요시간 1시간 30분
고도 340m 상승

이등변 삼각형 모양의 몬테 탄 정상. 이곳에서 바라보는 마젤란 해협이 장관이다

마젤란 해협 전망대를 지나면서 몬테 탄 트레킹의 힘든 구간이 본격적으로 시작된다. 시냇물이 흐르고 작은 호수들이 모여 있는 라구니야Lagunillas 구간을 지난다. 시냇물들은 폭은 좁지만 깊이가 있다. 흐르는 물에 의해 깎인 바위도 보인다. 물빛은 커피색과 흡사하다. 마치 더러운 물처럼 보인다. 물빛이 탁한 것은 이곳이 투르베라(이탄 습지)라서 그렇다. 땅 속의 풍부한 탄소가 물빛을 탁하게 만드는 것이다. 물맛이 좋지는 않지만 식수로도 사용할 수 있다. 라구니야 구간에는 100개 이상의 작은 호수들이 있어 장관을 이룬다. 천천히 걸으며 감상하면 좋다.

라구니야 구간을 지나면 점점 풍경은 사막처럼 변한다. 주변에 꽃과 나무들은 사라져 척박하고 건조한 지역이 된다. 경사는 가팔라지며 작은 돌들이 바닥에 많아 미끄럽다. 몬테 탄 정상 직전에 브룬스윅 전망대Mirador Brunswic가 있다. '브룬스윅'은 몬테 탄이 있는 브룬스윅 반도을 탐험한 영국인 브룬스윅의 이름을 따왔다. 마젤란 해협은 물론이고 이곳에서 멋진 몬테 탄 정상의 사진도 남길 수 있다.

브룬스윅 전망대에서 마지막 정상까지는 800m 거리다. 이등변 삼각형 모양의 몬테 탄 정상까지의 황량한 길은 마치 외계의 행성 같기도 하다. 꼭대기에는 이곳이 정상임을 알려주는 기둥이 하나 꼽혀 있다. 몬테 탄 정상은 남미 대륙의 끝에서 가장 높은 곳이다. 날씨가 좋다면 바로 앞의 마젤란 해협을 시작으로 뒤로 티에라 델 푸에고 섬까지 볼 수 있다.

EAT

아르헨티나에 비하면 칠레는 딱하고 떠오르는 대표 음식이 없는 편이다. 하지만 푼타 아레나스는 칠레 남부 파타고니아의 가장 큰 도시로 다양한 레스토랑에서 여러 음식을 만날 수 있다. 칠레 전통 음식부터 캐쥬얼한 메뉴까지 다양하다. 일반적인 식사 가격대는 1만~2만CLP 정도다. 큰 도시답게 대형 마트 우니마르크Unimarc가 항구 앞과 센트로에 두 곳 있다.

키오스코 로카 Kiosco Roca

푼타 아레나스 사람들이 가장 사랑하는 작은 샌드위치 가게다. 아르마스 광장 옆에 있는 가게는 항상 현지인들로 북적거린다. 1932년에 문을 연 이 가게는 추운 극지방에서 바닷일을 하는 노동자들에게 간단하면서도 칼로리가 높은 음식을 판매하기 시작해 지금까지 이어지고 있다. 빵 사이에 초리초 소시지 페이스트와 수제 마요네즈가 듬뿍 발라져 나오는 간단한 음식이다. 실제 바나나를 갈아 넣어 만든 바나나 우유와 함께 먹는다. 특별한 맛이 있다기 보다는 현지 분위기를 느껴보며 간식으로 먹으면 좋다.

주소 Pdte. Julio A.Roca 875
오픈 07:00~19:00(토요일 08:00~13:00, 일요일 휴무)
추천 메뉴 초리판Choipan 1,100CLP, 바나나 우유Leche con Plátano 1,800CLP

펍 콜로니알 Pub Colonial

현지인들이 자주 찾는 캐주얼 펍이다. 맥주 한 잔 하기에도, 간단한 식사를 하기에도 좋은 곳이다. 오후가 되면 동네 사람들이 하나 둘 모여 흥겨운 분위기가 된다. 푼타 아레나스에서 양조되는 신선한 생맥주 세르베사 아우스트랄Cerveza Austral이나 칠레 대표 칵테일 테레모토Terremoto를 추천한다.

주소 Pdte. Federico Errázuriz 859
오픈 10:00~04:00(일요일 휴무)
추천 메뉴 비페 아 라 포브레Bife a la Pobre 1만1,000CLP, 테레모토 칵테일Terremoto 7,000CLP

시아오얀 구르멧 Xiaoyan Gourmet

푼타 아레나스에서 한국인들에게 극찬받는 중식집이다. 중국 현지인이 운영하는 곳으로 한국인 입맛에 딱 맞는 밥류, 면류부터 다양한 중국 요리를 판매한다. 우육탕 같은 라면과 몽골리안 덮밥은 한끼 식사로 가격과 맛 모두 만족스럽다. 특히 마라탕과 매우 흡사한 요리가 있는데, 매콤하고 아주 맛있다. 이 음식은 일반 메뉴판에는 없고 사진을 보여주면 요리해 준다.

주소 Pdte. Federico Errázuriz 859
오픈 11:00~22:00(일요일 휴무)
추천 메뉴 소고기 매운 마라탕 2만2,000CLP, 완탕면Sopa Wantan 8,000CLP, 탕수육밥Cerdo Oriental 9,000CLP

카페 이미그란테 Cafe Inmigrante

역사가 매우 오래된 지역에서 유명한 카페다. 아담한 공간에 푼타 아레나스의 역사가 빼곡히 담긴 느낌이다. 커피부터 케이크, 다양한 디저트, 샌드위치류 같은 간단한 식사도 가능하다. 온세 이미그란테 메뉴를 주문하면 애프터눈 티 세트처럼 커피, 초콜라떼, 케이크 등이 모두 포함된 세트로 나온다. 할머니 레시피로 만든 케이크도 유명하다.

주소 Quillota 599 **오픈** 12:30~20:30(일, 월요일 휴무)
추천 메뉴 온세 이미그란테Once Inmigrante 1만7,000CLP, 후아나 할머니 케이크Torta Abuelita Juana 7,000CLP, 믹스 케이크Torta Mixta 7,000CLP

콰트로 에스타시오네스 핏제리아
Cuatro Estaciones Pizzeria

물가 비싼 파타고니아에서 매우 합리적인 가격에 피자를 먹을 수 있는 식당이다. 아르헨티나처럼 맛있는 피자는 아니지만, 가볍게 가성비 좋은 한끼로 추천한다. 활기찬 분위기 속에서 피자와 시원한 파타고니아 맥주 한 잔은 완벽한 조합이다. 닭고기, 옥수수, 그리고 베이컨이 올라간 토레스 델 파이네 피자가 독특하고 맛있다.

주소 Pdte. Federico Errázuriz 859
오픈 11:00~22:00(일요일 휴무)
추천 메뉴 토레스 델 파이네 피자Torres del paine 7,500CLP, 콰트로 에스타시오네스 피자Cuatro Estaciones 8,400CLP

웨이크 업 Wake Up

푼타 아레나스에서 가장 인기 있는 카페 중 한 곳이다. 주기적으로 커피 교육을 할 만큼 커피 수준이 높은 곳이다. 푼타 아레나스에서 찾기 힘든 젊은 분위기와 신선하고 맛있는 커피, 여기에 합리적인 가격까지! 모두가 만족하는 카페다. 하지만 와이파이가 제공되지 않아 스마트폰이나 노트북 작업을 하기에는 좋지 않다.

주소 Pdte. Federico Errázuriz 940
오픈 08:00~20:00(토 11:00~19:30, 일요일 휴무)
추천 메뉴 플랫 화이트 2,400CLP, 드립 커피 2,900CLP

> TIP

푼타 아레나스 추천 요리

비페 아 로 포브레 Bife a lo Pobre

칠레를 대표하는 전통 요리 중 하나. 직역하면 '가난한 스타일의 스테이크'다. 이름과 달리 실제로는 풍성하고 맛있는 한 접시의 요리가 서빙된다. 두툼한 소고기 스테이크를 기본으로 감자 튀김이 넉넉히 깔린다. 그 위에 반숙 계란 프라이를 얹는다. 이 요리의 또 다른 특징은 캐러멜라이즈드 양파가 추가되어 단맛과 감칠맛을 더한다는 것. 고기 위의 노른자를 터트려 다 같이 먹으면 좋다.

테레모토 칵테일 Terremoto

테레모토는 스페인어로 '지진'이라는 뜻으로 칠레에서 인기 있는 전통 칵테일이다. 특히 칠레의 독립기념일이 있는 9월에 주로 마신다. 매우 강렬하고 달콤한 칵테일인데, 마시고 나면 지진이 난 것처럼 머리가 아프고 어지럽다고 해서 이런 이름이 붙여졌다고 한다. 파인애플 아이스크림에 피페뇨Pipeño라는 수제 화이트 와인을 섞는다. 마지막에 붉은 그레나딘 시럽을 뿌려준다. 신선하고 달콤한 맛이 특징이고 양도 맥주만큼 넉넉하다. 칠레에서 꼭 한 잔 마셔보길 추천한다.

드라마틱한 풍경이 펼쳐지는 몬테 탄 정상

몬테 탄 트레일 초입 '느린 숲'이라는 뜻의 보스케 렌토 구간을 알리는 이정표. 이 구간은 극기훈련을 하듯 쓰러진 나무를 밟고 가는 일이 많다

SLEEP

칠레 파타고니아의 관문 역할을 하는 푼타 아레나스는 백패커를 위한 합리적인 가격대의 호스텔부터 고급 호텔까지 다양한 옵션의 숙소가 있다. 호스텔은 2만CLP, 일반적인 숙소는 5만~7만CLP 정도 한다. 푼타 아레나스는 다른 도시에 비해 캠핑 여행자를 위한 전용 캠핑장 등의 시설은 찾기 힘들다. 호스텔 마당에 간이 캠핑장을 같이 운영하는 경우가 전부다.

오스탈 아스카 파타고니아 Hostal Aska Patagonia

호스텔이라기보다는 하숙집 같은 따뜻한 분위기가 좋은 곳이다. 주인 아주머니도 매우 친절해 더욱 가족 같은 분위기가 난다. 방마다 침대가 3개까지 있는데, 가격은 동일해서 동행이 있다면 일반 도미토리 호스텔보다 이득이다. 공용 공간과 주방도 깔끔하고 가격까지 저렴하다.

주소 Pdte. Jorge Montt 847
가격 더블룸 4만5,000CLP(조식 포함)

오스탈 부스타멘테 Hostal Bustamente

1920년에 문을 연 푼타 아레나스의 전통적인 숙소다. 문을 들어서는 순간 과거로 들어간 듯 고풍스러운 분위기가 매력적이다. 물론 오래된 만큼 불편한 점도 있겠지만, 관리가 잘 되어 이용에 불편하지는 않다. 오히려 삐걱거리는 나무바닥이 매력적으로 다가온다. 조식(포함)을 먹는 식당마저 오래된 카페처럼 고풍스럽고 아름답다. 가격도 합리적이고 위치도 좋아 푼타 아레나스의 전통 가옥을 느껴보고 싶다면 추천한다.

주소 Pedro Sarmiento de Gamboa 578
가격 더블룸 4만CLP

오스페다헤 인데펜덴시아 이 캠핑
Hospedaje Independencia y Camping

십자가 언덕에서 가까운 숙소로 도미토리와 함께 마당에서 캠핑까지 가능하다. 주방이 큼직하고 간이 매점까지 갖추고 있어 캠핑을 해도 편하게 지낼 수 있다. 캠핑카로 여행하는 오토 캠퍼들도 자주 찾는다.

주소 Av. Independencia 374
가격 도미토리 6인실 1만5,000CLP,
캠핑 1인당 8,000CLP

알로하미엔토 에밀리아 이 캠핑
Alojamiento Emilia House y Camping

마젤란 해협과 가깝고 아르마스 광장까지 멀지 않아 위치가 좋다. 가격도 매우 저렴한 편이다. 규모가 크지 않아 숙박객이 많으면 약간 번잡할 수는 있다. 하지만 시설이 깨끗히 관리가 잘 되어 있고, 도미토리도 깨끗하다. 안쪽 작은 마당에 캠핑도 할 수 있다. 자리가 넓지 않아 텐트 몇 동 정도만 펼 수 있는데, 텐트 간 간격이 좁아서 불편할 수 있다. 숙박 이용자와 캠핑 이용자가 사용하는 화장실(샤워실)과 주방이 각각 분리되어 있다.

주소 esquina sarmiento - Pje. Caupolicán 411
가격 도미토리 4인실 1만3,000CLP,
캠핑 1인당 7,000CLP

06
우수아이아
Ushuaia

세상의 끝 Fin del Mundo으로 불리는 우수아이아, 남미 대륙에서 가장 상징적인 곳 중 하나이다. 만년설로 덮인 산맥과 눈부신 바다가 만나는 이곳은 남미 대륙이 끝나는 지점이자 남극으로 향하는 관문이다. 우수아이에서는 비글 해협의 바다를 항해하고, 티에라 델 푸에고의 척박하지만 아름다운 자연을 탐험할 수 있다. 남미의 최남단, 작은 땅끝 마을에서만 느낄 수 있는 특별한 순간을 즐겨보자.

TRAVEL INFO

우수아이아는 세상의 끝이라는 상징성 때문에 파타고니아에서 가장 관광객이 많이 찾는 도시가 되었다. 성수기에는 많은 관광객이 몰리고 크루즈도 정박해 작은 도시에 활기가 넘친다. 여행자들을 위한 여러 가지 액티비티, 식당과 카페, 다양한 옵션의 숙소까지 있다. 도시 자체는 크지 않아서 걸어 다녀도 충분하다.

• 공항

대부분의 여행자들은 우수아이아에 오기 위해 항공편을 이용한다. 아르헨티나 부에노스 아이레스 또는 엘 칼라파테에서 아르헨티나항공, 플라이본디Flyboondi가 자주 운항한다. 성수기에는 항공권 가격이 비싸지니 미리 구매하길 추천한다. 공항 출구 옆 작은 창구에 관광 안내소가 있어 도움받을 수 있다. 공항에서 시내까지 대중교통은 없고 택시만 운행한다. 가격 흥정 없이 미터기를 이용하는 택시다. 공항에서 시내 중심까지 15분 정도 걸린다. 택시 요금은 8USD(1만ARS) 내외.

• 버스터미널

우수아이아는 칠레 푼타 아레나스에서 버스편으로 오는 경우가 많다. 성수기에는 엘 칼라파테에서도 버스를 타고 우수아이아로 오기도 한다. 푼타 아레나스와 우수아이아를 오가는 버스는 주로 BUS SUR를 이용한다. 이 버스는 약 10시간이 걸린다. 푼타 아레나스에서 우수아이아가 있는 티에라 델 푸에고 섬으로 오려면 페리에 버스를 태워 마젤란 해협을 건너야 한다. 페리를 타는 비용은 버스비에 포함되어 있다. 우수아이아에서 엘 칼라파테로 가는 버스는 리오 가예고스Rio Gallegos에서 미니버스로 갈아 타서 간다. 소요시간은 약 22시간이다. 성수기에는 우수아이아로 오가는 버스가 금방 매진된다. 비수기에는 버스 운행편이 매우 줄어든다.

⋯▶ **주소** Av. Maipú & Juana Genoveva Fadul

우수아이아 버스 시간표

출발지	도착지	요금	소요시간	출발시간(요일)	버스 회사
우수아이아	푼타 아레나스	50USD (6만ARS)	10시간	08:00(화·목·토)	BUS SUR
				08:00(수~일)	Buses Barria
	엘 칼라파테	85USD (10만1,600ARS)	22시간	03:00~20:00 (리오 가예고스 경유) ~23:45(화·목·토)	MARGA TAQSA

• 우수아이아 명소 투어 승합 버스

버스터미널 옆에 우수아이아 주변 명소로 가는 콤비(합승 승합차) 서비스 사무실이 있다. 우수아이아 주변에 있는 거의 모든 관광 명소를 운행한다. 사무실은 작은 컨테이너 건물로 되어 있으며, 원하는 목적지의 시간과 가격을 문의 후 티켓을 구매하면 된다.

우수아이아

티에라 델 푸에고 국립공원
요금 왕복 25USD(3만ARS)
출발 09:00, 10:00, 11:00, 12:00, 14:00
복귀 15:00, 17:00, 19:00

라구나 에스메랄다
요금 왕복 17USD(2만ARS)
출발 09:00, 10:00, 11:00, 12:00
복귀 15:00, 17:00

• 우수아이아 관광 안내소

여행을 시작하기 전 우수아이아 항구 바로 앞에 위치한 관광 안내소를 방문해 보길 추천한다. 세계적인 관광지답게 다양한 정보와 편의시설을 제공한다. 화장실과 뜨거운 물을 무료로 이용할 수 있고, 우수아이아 관광 지도를 제공한다. 날씨가 춥다면 잠시 쉬어가기에도 좋다. 또한 우수아이아가 그려진 기념 스탬프를 찍어갈 수도 있다.

영업시간 08:30~20:30(주말 09:00~20:00)

• 티에라 델 푸에고 국립공원 사무소

우수아이아에 위치한 티에라 델 푸에고 국립공원 사무소 겸 안내소다. 국립공원 트레일에 대한 정보, 지도, 입장권 구매 등 도움을 받을 수 있다.

주소 Av. San Martín 1395

• 투어회사와 투어

우수아이아에는 아주 다양한 투어가 있다. 시내 중심가를 따라 많은 투어사가 있는데, 인포 데 우수아이아Info de Ushuaia는 가장 대표적인 투어회사다. 우수아이아에서 가능한 거의 모든 투어를 다룬다. 홈페이지에서도 모든 투어와 가격 확인이 가능하다. 우수아이아의 가장 대표적인 투어는 세상의 끝 등대와 함께 비글 해협을 돌아보는 페리투어(3시간 소요, 75USD), 세상의 끝 기차를 타고 티에라 델 푸에고 국립공원을 당일 트레킹 하는 투어(6시간, 105USD)가 있다.

›› **인포 데 우수아이아**
주소 Av. San Martín 775 홈페이지 www.infodeushuaia.com

• 우체국

세상의 끝, 우수아이아에서 한국으로 엽서를 보내보자! 티에라 델 푸에고 국립공원 또는 시내에 위치한 우체국에서는 기념 엽서를 구매해 발송할 수 있다. 우수아이아 우표와 도장이 찍힌 엽서는 잊지 못할 추억이 될 것이다. 한국까지 엽서가 도착하는 데는 약 한 달 정도 걸린다.

›› **주소** Av Gral, Av. San Martín 309 오픈 09:00~16:00(토요일 09:00~13:00)

진짜 남미 끝은 어디? 우수아이아 VS 푼타 아레나스

칠레와 아르헨티나는 자기 나라에 세상의 끝이자 남미에서 가장 남쪽에 있는 도시가 있다고 주장하며 열띤 마케팅 전쟁을 벌이고 있다. 아르헨티나 우수아이아와 칠레의 푼타 아레나스가 그 주인공인데, 그렇다면 어느 도시가 진짜 남미 대륙의 끝일까? 보통 세상의 끝으로는 우수아이아가 더 많이 알려졌다. 우수아이아가 푼타 아레나스보다 더 남쪽에 있기 때문이다. 그러나 우수아이아는 남미 대륙 본토가 아니라 티에라 델 푸에고 섬에 있다. 이 때문에 칠레는 남미 대륙 끝에 있는 푼타 아레나스가 진짜 남미의 끝이라고 주장한다. 칠레의 주장도 일리는 있다. 하지만 일반적으로는 우수아이아가 세상의 끝이자 가장 남쪽 도시로 불린다. 우수아이아보다 더 남쪽에 칠레 푸에르토 윌리엄스라는 마을이 있다. 그러나 이 마을은 인구가 약 3,000명에 불과해 도시로 보기 어렵다는 의견이 지배적이다.

\# Photo Sketch

1 우수아이아 앞 비글 해협의 평화로운 풍경
2 세상의 끝을 안내하는 펭귄 벽화
3 우수아이아 앞 바다에 좌초된 영국 선박 크리스토퍼 호
4 기념 사진 찍기 좋은 우수아이아 글자

SEE & ACTIVITY

세상의 끝 표지판 Cartel de Ushuaia Fin del Mundo

우수아이아에서 반드시 찍어야 하는 인증샷 포인트다. 우수아이아 항구 바로 앞에 있어 찾기 힘들지 않다. 이 표지판에 서면 도시와 자연의 경계 끝에 있는 느낌이 든다. 이 세상의 끝에서 멋진 사진을 꼭 남겨보자. 또한 이 주변으로 여러 여행사들이 모여 있다. 원하는 투어가 있다면 이곳에서 가격과 내용을 비교할 수 있다.

찾아가기 우수아이아 항구 앞

우수아이아 해양 박물관 Museo Marítimo y del Presidio de Ushuaia

과거 죄수들을 가두던 감옥으로 사용된 곳이 현재는 박물관으로 운영되고 있다. 1947년까지 감옥으로 사용되었으며, 지금은 우수아이아의 역사와 해양 문화에 대한 전시가 되어 있다. 당시 죄수들을 가두던 방이 고스란히 남아 있다. 내부 전시 퀄리티에 비해 입장료가 비싼 게 흠이다. 하지만 우수아이아의 역사를 그대로 느껴볼 수 있는 박물관이다.

주소 Gobernador Paz y Yaganes Ex Presidio
찾아가기 우수아이아 항구에서 도보로 10분
오픈 10:00~20:00(스페인어 가이드 투어 11:30, 16:30, 18:00)
입장료 33USD(4만ARS)

우수아이아 안내도

- 마르시알 빙하 Glaciar Martial 3km
- 마르시알 빙하 트레일 헤드 Trailhead Glaciar Martial
- 아야스 전망대 Mirador Las Hayas
- 에스메랄다 호수 Laguna Esmeralda 10.5km
- 우수아이아 항구 Puerto de Ushuaia
- 우수아이아 센트로(255p 하단)
- 비글 해협 Canal Beagle
- 세상의 끝 등대 Faro Les Éclaireurs 10km
- 경비행장 Aeroclub Ushuaia
- 3.5km 티에라 델 푸에고 국립공원 Parque Nacional Tierra del Fuego
- 세상의 끝 철도 역 Tren del Fin del Mundo
- 우수아이아 공항 Aeropuerto Internacional de Ushuaia

우수아이아 센트로 안내도

- 우수아이아 해양&감옥 박물관 Museo Marítimo y del Presidio de Ushuaia
- 마트 라 아노니마 La Anónima
- 밤부 레스토랑 Restaurant Bamboo
- 타베르나 델 비에호 로보 Taberna Del Viejo Lobo
- 경찰서 Policía de la Provincia
- 우체국 Correo Argentino - Sucursal Ushuaia
- 엘 레푸히오 롯지 호스텔 El Refugio Lodge Hostel
- 도디 Dody
- 보데곤 푸에귀노 Bodegón Fueguino
- 인포 데 우수아이아 Info de Ushuaia
- 엘 비에호 마리노 El Viejo Marino
- 우수아이아 시티버스 Ushuaia City Tour
- 플로르 아우스트랄 호텔 Flor Austral Hostería
- 국립공원 사무소 Administración de Parques Nacionales
- 산마르틴 도로 Av. San Martín
- 세상의 끝 표지판 Cartel de Ushuaia Fin del Mundo
- 관광 안내소 Secretaría de Turismo de Ushuaia
- 호텔 모나코 Hotel Mónaco
- 아눔 호스텔 Anum Hostel
- 버스 터미널 Terminal de Ómnibus de Ushuaia
- 우수아이아 항구 Puerto de Ushuaia
- 마트 라 아노니마 La Anónima
- 라모스 헤네랄레스 Ramos Generales El Almacén
- 수공예품 시장 Feria de Artesanos
- 우수아이아 글자 표지판 Cartel Ushuaia

0 100 200m

라스 아야스 전망대 Mirador Las Hayas

우수아이아는 바다를 앞에 두고 산이 병풍처럼 둘러싸고 있다. 이 때문에 도심을 벗어나 산에 오르면 비글 해협에 접한 멋진 풍경을 감상할 수 있다. 조망이 좋은 곳에는 전망대가 여럿 있는데, 가장 전망이 좋은 곳이 라스 아야스 전망대다. 전망대에 서면 비글 해협과 남미의 땅끝마을 우수아이아 풍경이 파노라마처럼 펼쳐진다. 아야스 전망대까지는 우수아이아 도심에서 도보로 1시간쯤 걸린다. 산책 삼아 걸어가도 되고, 택시를 이용해도 된다. 택시를 이용하면 10분 정도 걸린다.

 주소 Luis Fernando Martial 1723

세상의 끝 기차 Tren del Fin del Mundo

과거 죄수들이 벌목한 목재를 운반하기 위해 건설한 철도다. 감옥이 폐쇄되면서 중단되었던 것을 1994년부터 관광용으로 새롭게 꾸며 운행하고 있다. 20세기 초에 운행하던 증기기관차를 복원한 열차는 연기를 내고 경적을 울리며 달려 독특한 분위기를 만들어준다. 기차 운행 구간은 7km. 왕복 2시간 정도 걸린다. 중간에 마카레나 폭포에 정차하는데, 죄수 복장을 한 직원들과 기차 앞에서 사진을 찍을 수 있다

주소 Gobernador Paz y Yaganes Ex Presidio **찾아가기** 시내에서 택시로 25분 **기차 시간** 09:30, 12:00, 15:00(9월~4월) / 09:45, 12:15, 15:00(5월~8월) **요금** 일반석 53USD (6만2,000ARS) / 일등석 118USD (14만ARS) **홈페이지** www.trendelfindelmundo.com.ar

수공예품 시장 Feria de Artesanos

우수아이아에서 특색있는 기념품을 사기 좋은 곳이다. 일반적인 기념품샵에서 취급하는 제품은 공장에서 만든 동일한 기성품이 많다. 하지만 이곳은 손수 만든 특별한 작품을 판매한다. 공간이 크지는 않지만 마그넷부터 조각, 악세서리까지 파는 제품은 다양하다.

찾아가기 우수아이아 항구 맞은편
오픈 10:00~20:00

우수아이아 시티투어 버스 Ushuaia City Tour

우수아이아 항구 앞에 엔틱하고 예쁜 하늘색 2층 버스가 서 있다. 누구나 사진을 찍게 될 만큼 눈길을 끄는 우수아이아의 상징 같은 버스다. 이 버스는 우수아이아의 주요 명소를 돌아보는 시티투어 버스다. 우수아이아 항구에서 출발해 일반 관광객들이 흔히 가지 않는 중심지 주변 동네들까지 간다. 특히 산 중턱의 우수아이아 전망대, 악마의 호수Laguna del Diablo, 이곳 최초의 교회 등 총 21곳을 들른다. 운행 거리는 약 15km, 소요 시간은 1시간 15분 정도다. 버스 앞에는 티켓을 판매하는 직원이 있고 시간을 선택해 구매하면 된다.

주소 Av. Maipú 450
찾아가기 우수아이아 항구 앞
출발 시간 10:30, 12:30, 15:30, 17:30 **요금** 17USD(2만ARS)

세상에서 가장 멀고 혹독했던 우수아이아 감옥

남미 끝에 있는 '땅끝마을' 우수아이아는 현재 세계적인 관광지로 변모했다. 하지만 과거에는 죄수들을 가두어 두던 감옥으로 악명이 높았다. 아르헨티나 정부는 1902년 우수아이아 감옥Presidio de Ushuaia을 지어 가장 위험한 죄수들과 정치범들을 수용하기 시작했다. 고립된 지역에 가두어진 죄수들은 강제로 노동에 동원되었다. 우수아이아 감옥은 1947년 공식적으로 폐쇄되기까지 '아르헨티나의 알카트라즈'로 불리며 악명을 떨쳤다.

당시 강제 노동에 동원된 죄수들은 벌목에 동원되었다. 죄수들은 숲에서 목재를 벌채하는 작업을 했다. 또 벌채한 목재를 운반하기 위한 철로 건설에도 동원됐다. 이렇게 죄수들이 강제 노동을 하며 닦아 놓은 철길과 도로는 우수아이아 도시 건설의 기반이 되었다. 당시 목재와 물자를 운반하던 철로는 지금 세상의 끝 기차로 재탄생해 관광객을 실어 나르고 있다. 또한 죄수를 수감하던 감옥은 박물관으로 운영되고 있다.

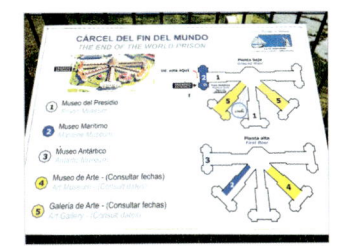

Special Page

우수아이아에서 떠나는 스페셜 투어

세상의 끝 우수아이아에는 아주 특별한 투어가 있다. 비글 해협 보트 투어는 최남단의 바다와 동물을 가까이서 볼 수 있는 투어다. 펭귄 집단 서식지 마르티요 섬으로 펭귄을 찾아갈 수도 있고, 경비행기를 타고 하늘을 날며 '세상 끝'을 돌아볼 수도 있다. 또한 남극까지 가는 크루즈는 일생일대의 여행을 꿈꾼다면 추천한다. 우수아이아에서 떠나는 여행을 소개한다.

📍 비글 해협 보트 투어 Navegación Canal Beagle

세계 최남단의 바다와 동물들을 가까이에서 경험할 수 있는 대표적인 투어다. 우수아이아에 오는 여행자들이 가장 많이 하는 투어이기도 하다. 이 투어는 우수아이아 항구에서 배를 타고 비글 해협을 항해하며 진행된다. 바다사자 섬과 새의 섬을 지나 일명 세상의 끝 등대로 불리는 에끌레어 등대Faro Les Éclaireurs를 마지막으로 보고 돌아온다. 이 등대는 영화 <해피 투게더>에서 주인공이 걱정과 슬픔을 세상의 끝에 묻어 두고 온다는 장면으로 유명하다. 투어를 하면서 운이 좋으면 고래도 볼 수 있다. 비글 해협 보트 투어는 대부분의 투어사에서 어렵지 않게 예약이 가능하다. 3시간 투어가 기본이지만, 투어 상품에 따라 더 오랫동안 항해하며 더 많은 섬을 둘러보는 코스도 있다. 세상의 끝 표지판 주변에 있는 투어사들에서 가격과 코스를 비교하고 선택하면 된다. 요금은 기본 코스 기준 75USD(8만8,000ARS)다.

📍 마르티요섬 펭귄 투어 Isla Martillo Caminata en Pingüinera

마르티요섬은 티에라 델 푸에고 지역에서 유일하게 펭귄이 집단적으로 서식하는 섬이다. 이 섬에서는 약 5,000쌍의 마젤란 펭귄Magellanic Penguin이 번식과 생활을 하고 있다. 마젤란 펭귄 외에도 험볼트 펭귄Humboldt Penguin과 운이 좋으면 킹 펭귄King Penguin도 볼 수 있다. 펭귄 번식기인 11월~3월이 투어에 가장 좋은 시즌이다. 투어는 섬에 상륙하는 것과 보트를 타고 섬을 둘러보는 것 두 종류가 있다. 가격이 비싸더라도 섬에 상륙하는 투어를 추천한다. 섬에 상륙하면 수많은 펭귄을 직접 가까이서 보는 특별한 체험을 할 수 있다. 섬 상륙 투어는 PIRA 투어사만 가능하며, 섬 상륙 1시간 포함 약 6시간이 걸린다.

 **요금** 220USD(26만5,000ARS)

📍 경비행기 투어

경비행기를 타고 세상의 끝, 우수아이아를 하늘에서 감상할 수 있는 특별한 액티비티이다. 험준한 산맥과 설산, 빙하와 비글 해협까지 드라마틱한 풍경을 한눈에 감상할 수 있다. 기본 투어는 30~40분 동안 진행된다. 파일럿과 함께 간단한 안전 교육 후 이륙하여 우수아이아를 한 바퀴 돌게 된다. 하늘에서 바라본 극지방의 광활한 풍경은 다른 곳에서는 느끼기 힘들 것이다.

 **홈페이지** www.aeroclubushuaia.com
요금 145USD(최소 2인 이상부터 가능)

📍 남극 크루즈 투어

세상의 끝 우수아이아는 남극 대륙으로 가는 전초 기지 역할을 한다. 남극을 탐험하거나 연구기지로 들어가는 이들 대부분은 우수아이아에서 남극으로 간다. 특히, 여름철 성수기인 12월부터 2월까지는 특별한 여행을 꿈꾸는 여행자들을 위한 남극 크루즈를 운행한다. 남극 크루즈 투어는 비용이 많이 드는 편이지만, 지구 어디에서도 만날 수 없는 환상적인 풍광 속에서 인생 최고의 경험을 하는 매력이 있어 인기가 높다. 남극 크루즈는 일반적으로 10~20일 일정으로 진행된다. 남극까지는 우수아이아를 출발해 지구에서 가장 위험한 해협이라는 드레이크 해협을 건너 2~3일이 걸린다.

남극 크루즈 투어는 남극 상륙 여부, 크루즈 시설, 항해 코스에 따라 가격이 천차만별이다. 보통 대형 크루즈를 이용하는 투어와 남극 상륙을 목표로 중소형 크루즈를 이용하는 투어로 나뉜다. 남극에 상륙해 생생한 남극의 풍광과 그곳에 서식하는 펭귄, 물범 같은 동물들을 만나고 싶다면 남극에 상륙하는 투어를 선택해야 한다. 다만, 남극 상륙 크루즈 투어는 가격이 상당히 비싸다. 최소 1,000만 원 이상 비용이 든다. 또 비교적 작은 소형선박을 이용해 배멀미를 심하게 할 수 있다. 또한 험한 남극의 날씨 속에서 투어를 진행해 체력적으로 힘들 수 있다. 반면 대형 크루즈는 남극을 직접 밟지는 못하더라도 다양한 부대시설을 이용하며 남극의 풍경을 편하게 감상할 수 있다. 투어 가격도 비교적 합리적이고, 남극뿐만 아니라 남미의 여러 도시를 함께 여행할 수 있는 장점이 있다.

남극 크루즈 투어는 운이 좋으면 대폭 할인된 가격에 이용할 수 있다. 여행자들은 출발일이 얼마 남지 않는 투어 중에 모객이 부족하면 가격을 크게 내린다. 이런 경우 여행사마다 문 앞에 광고를 걸기도 하며, 운이 좋다면 반값에도 크루즈 티켓을 살 수도 있다. 그러나 모객이 항상 부족한 것은 아니다. 만약 남극 크루즈 투어를 일생일대의 여행으로 생각한다면 미리 예매하는 게 좋다.

남극 크루즈 투어 비교

구분	남극 상륙 O	남극 상륙 X
크루즈 회사	Viking, Altas, Quark, Lindblad	Princess, Holland America, Celebrity
특징	오로지 남극 탐험에만 집중된 크루즈다. 남극 및 주변 섬에 직접 상륙하거나 조디악(고무보트)을 타고 남극을 자세히 탐험하고 동물들을 관찰할 수 있다. 실제 남극 땅을 밟는 투어라서 펭귄, 물범 등의 동물을 가까이 관찰할 수 있다. 다만 남극에 상륙하기 때문에 투어 규모가 적다. 또 상대적으로 작은 배를 이용해 배멀미가 심할 수 있다. 대형 크루즈의 호화로운 편의시설이나 부대시설도 없다. 가격도 상당히 높다.	관광용 대형 크루즈선으로 남극 주변과 남미의 도시를 함께 여행한다. 남극에 상륙하지 않아 다소 먼 거리에서 남극의 풍광과 동물을 간접적으로 경험한다. 보통 남극 주변 항해는 4~5일, 나머지는 다른 남미의 도시를 방문한다. 생각보다 남극 가까이 접근해서 남극의 분위기와 풍경을 감상하기에 부족하지 않다. 또 크루즈 내의 다양한 부대시설을 즐기며 편안하게 여행이 가능하다. 낮은 등급 객실을 이용하면 가격도 괜찮다.
가격	1,000만~2,000만 원	200만~1,000만 원
크루즈 규모	200명 이하의 중소형	2,000명 내외의 대형

* **추천 크루즈 할인 사이트**

베케이션스투고는 미국 사이트로 남극 크루즈를 포함해 전 세계의 크루즈를 큰 폭의 할인율로 판매한다. 특히 모객이 부족한 90일 미만 출발 크루즈는 80% 이상으로 가격을 할인하기도 한다. 홈페이지(www.vacationstogo.com)에서 왼편 90-Day Ticket을 클릭, Antarctica(남극)을 보면 소위 땡처리 남극 크루즈를 확인할 수 있다.

TREKKING

우수아이아는 '세상의 끝'이자 '남극으로 가는 전진기지'라는 수식어 외에 볼 것 많은 여행지다. 특히 극지방의 다양한 풍경과 자연을 만날 수 있는 트레킹도 빼놓을 수 없다. 티에라 델 푸에고 국립공원은 여행자들이 편하게 찾아갈 수 있는 트레킹 여행지다. 엘 찰텐이나 토레스 델 파이네처럼 파타고니아의 극적인 풍경은 아니지만 안데스 산맥 가장 남쪽의 산과 바다가 어우러진 특별한 풍경을 만날 수 있다. 마르티알 빙하 트레킹은 빙하를 찾아가는 트레킹이다. 마르티알 빙하는 우수아이아에서 가장 쉽게 만날 수 있는 빙하로 한때 스키장이 있던 곳이다. 빙하 전망대에서 보는 비글 해협이 인상적이다. 에스메랄다 호수 트레킹은 빙하가 녹아 만든 옥빛 호수를 보러 간다. 맑은 날에는 에메랄드빛으로 빛나는 호수가 장관이다.

> **TIP**
> 우수아이아에서 떠나는 대부분의 트레킹 코스는 일부를 빼놓고는 난이도가 높은 곳이 아니다. 반나절이나 한나절이면 충분하다. 다만, 날씨가 변수다. 비가 내리거나 바람이 심한 날은 트레킹을 나서지 않는 게 좋다.

비글 해협의 작은 섬에서 바라본 우수아이아와 설산

티에라 델 푸에고 트레킹

우수아이아 시내에서 서쪽으로 12km 떨어진 지점, 칠레와 국경을 맞닿은 곳에 티에라 델 푸에고 국립공원이 있다. 이 국립공원에는 우수아이아에서 가장 대표적인 트레킹 코스가 있고, 세상의 끝에서 느껴보는 극지방의 풍경을 만날 수 있다. 파타고니아의 다른 국립공원처럼 유명한 포인트나 봉우리가 있지는 않지만, 남미에서 가장 남쪽에 위치한 안데스 산맥 끝자락의 독특한 풍경을 만날 수 있다. 티에라 델 푸에고 국립공원은 설산과 산맥, 계곡, 호수, 습지가 아름답게 어우러져 있으며, 파타고니아 숲이 해안까지 닿는 아르헨티나의 유일한 국립공원이다.

티에라 델 푸에고 국립공원에는 분위기가 각기 다른 다섯 개의 트레킹 코스가 있다. 이 가운데 한 코스만 선택해 반나절이나 당일 코스로 트레킹을 할 수 있다. 또 원한다면 국립공원 내 캠핑장에서 캠핑을 하면서 모든 코스를 트레킹할 수도 있다. 자신의 취향과 여건에 맞게 선택하면 된다. 주의할 점은 국립공원 내 캠핑장은 무료지만 화장실만 있을 뿐 다른 시설은 없다. 따라서 필요한 백패킹 용품을 모두 준비해야 한다. 트레킹 코스는 전반적으로 우리의 둘레길 정도의 수준으로 크게 어렵지 않다.

티에라 델 푸에고 국립공원 엠블럼

티에라 델 푸에고 국립공원 정보

소재지 아르헨티나 티에라 델 푸에고, 남극 및 남대서양 제도 Tierra del Fuego, Antártida e Islas del Atlántico Sur

면적 689.09㎢

지정연도 1960년

특징
① 아르헨티나 최남단 국립공원
② 안데스 산맥과 바다가 만나는 곳
③ 숲, 호수, 강, 피오르드가 어우러진 독특한 지형
④ 다양한 트레킹 루트와 자연경관

입장시간 08:30~21:00

입장료 25USD(3만ARS)

입장권 구매 QR 코드

아르헨티나 국립공원 홈페이지(ventaweb.apn.gob.ar) 또는 QR 링크로 들어가 이메일 등록 ➡ 티에라 델 푸에고 국립공원 (Parque Nacional Tierra del Fuego) 선택 ➡ Portal de acceso a través de Ruta Nacional 3 선택 (세상의 끝 기차를 타고 간다면 Portal de acceso estación ferroviaria Tren del Fin del Mundo 선택)

1구간 📍 센다 팜파 알타 Senda Pampa Alta

트레킹 난이도 중급
트레킹 길이 4.7km(편도)
트레킹 시간 2시간(편도)
고도변화 250m 상승

높지는 않지만 비글 해협과 안데스 산맥을 한눈에 내려다볼 수 있는 트레일이다. 티에라 델 푸에고 국립공원의 탁 트인 전망을 원한다면 좋은 선택이다. 또한 다른 트레일보다 사람들이 덜 붐벼 고요한 시간을 보내기 좋다. 국립공원 매표소부터 약 20분 걸어 들어오면 세상의 끝 기차역이 나온다. 이곳에서 조금 더 걸어 들어가면 센다 팜파 알타 트레일 헤드가 있다. 초반에는 원시림과 숲 구역을 지나고 점점 초원지대가 나와 시야가 트인다. 출발 후 약 1.5km 구간(30분 소요)에 팜파 알타 전망대가 있다. 이곳에서는 티에라 델 푸에고 국립공원을 360도로 조망이 가능하다. 팜파 알타 전망대에서 계속 트레일을 따라 걸으면 피포 폭포Cascada Río Pipo까지 갈 수 있다. 폭포로 가는 길에 캠핑장이 있다. 전망대에서 왔던 길을 다시 돌아나와 다른 트레일을 이어가도 된다.

2구간 센다 코스테라 Senda Costera

트레킹 난이도 평이함
트레킹 길이 8km(편도)
트레킹 시간 4시간(편도)

티에라 델 푸에고 국립공원에서 가장 아름다운 해안 트레일 중 하나다. 파타고니아에서 유일하게 숲과 바다를 함께 바라보며 걷는 코스다. 상대적으로 쉬운 난이도 덕분에 많은 여행자들에게 인기 있다. 센다 코스테라 트레킹은 세상의 끝 우체국Correo Fin del Mundo부터 라파타이아 구역Bahía Lapataia까지 걷는다. 국립공원 입구에서 세상의 끝 우체국까지는 차로 10분, 걸어서는 약 40분이 걸린다. 세상의 끝 우체국에서는 진짜로 기념 엽서를 보낼 수 있다. 만약 기념 엽서를 보내려면 이 기회를 놓치지 말자! 트레일 초반은 라파타이아 만의 해변을 따라 걷는다. 중간중간 작은 해변이 있어 휴식하기 좋다. 5km 지점부터 조용한 숲길 구간이 시작된다. 이곳부터는 지저귀는 새소리를 들으며 조용한 트레킹이 가능하다. 운이 좋으면 여우 같은 야생동물도 마주칠 수 있다. 3번 국도와 만나는 지점에서 센다 코스테라 트레킹은 끝난다. 여기서 라파타이아 구역으로 들어가 트레일을 이어가도 되고, 방문자 센터를 들른 후 로카 호수 전망대에서 트레킹을 끝내도 좋다.

3구간 센다 이토 24 Senda Hito XXIV

트레킹 난이도 평이함
트레킹 길이 3km(편도)
트레킹 시간 2시간(편도)

방문자 센터에서 북쪽으로 올라가면 라고 로카 전망대Lago Roca Point에 도착한다. 호수와 설산이 파노라마로 펼쳐지는 아름다운 전망대다. 이 전망대를 시작으로 트레일이 시작된다. 티에라 델 푸에고 국립공원의 대표적인 빙하 호수와 주변을 둘러싼 안데스 산맥을 바라보며 걷게 된다. 대부분의 구간은 완만한 오솔길이라 초보자도 전혀 부담이 없는 수준이다.
이 트레일은 아르헨티나-칠레 국경인 Hito XXIV까지 걷게 된다. 안데스 산맥을 기점으로 아르헨티나-칠레 국경이 있다. 실제 국경을 넘을 수는 없지만, 트레킹을 하며 국경까지 만나보는 신기한 경험을 하게 된다. 이 트레킹은 왕복 코스라 왔던 길을 다시 되돌아가야 한다.

4 구간
센다 세로 과나코 Senda Cerro Guanaco

트레킹 난이도 높음
트레킹 길이 6km(편도)
트레킹 시간 4시간(편도)
고도변화 970m 상승

티에라 델 푸에고 국립공원에서 가장 도전적인 트레일이다. 가파른 오르막과 진흙길, 여기에 거센 바람까지 뚫고 가야 한다. 체력과 인내력이 필요한 코스다. 하지만 정상에 오르면 다른 트레일에서는 볼 수 없는 360도 파노라마 뷰를 감상할 수 있다. 우수아이아 시내, 비글 해협, 로카 호수, 안데스 산맥까지 한눈에 들어오는 경이로운 풍경을 경험할 수 있다. 이 코스는 반드시 사전 등록을 해야 한다. 사전 등록은 아래 QR 코드를 통해 구글폼을 작성하거나, 방문자 센터Centro de Visitantes Alakush에서 할 수 있다. 이 트레일은 편도 4시간이 걸린다. 돌아오는 시간까지 생각하면 오전에 트레킹을 시작하도록 하자.

센다 세로 과나코 트레킹 코스는 3번 트레일 센다 이토 24와 시작이 같다. 트레일 헤드를 출발해 15분쯤 가면 1km 지점에서 갈림길이 나온다. 여기서 오른쪽으로 진입하면 본격적으로 센다 세로 과나코 트레일이 시작된다. 갈림길부터 정상까지 꾸준한 오르막이다. 5km 거리에 표고 970m를 올라야 하기 때문에 쉽지 않다. 비가 온 뒤에는 트레일이 진흙길이라 더욱 힘들다. 갈림길에서 3km 지나면 숲을 빠져 나와 험준한 바위 지형이 나타난다. 바람이 강하게 불 때는 조심해야 한다.

정상에 도착하면 티에라 델 푸에고 국립공원을 비롯해 국경 너머 칠레의 안데스 산맥까지 훤히 감상할 수 있다. 하산길은 왔던 길로 되돌아가야 한다. 내리막길에서는 더욱 주의해서 하산하도록 하자.

 센다 세로 과나코 트레킹 사전 등록 QR

5구간

라파타이아 구역 트레일 Caminatas del Sector Lapataia

트레킹 난이도 평이함
트레킹 길이 총 5km(트레일별로 다름)
트레킹 시 총 소요시간 3시간

티에라 델 푸에고 국립공원의 서쪽 끝 라파타이아 만Bahía Lapataia 주변을 걷는 트레일이다. 이곳은 남아메리카를 관통하는 국도 3번(RUTA 3)의 최종 지점이자, 세계에서 가장 남쪽에 위치한 도로의 끝으로도 유명하다. 트레일 난이도가 낮고 경관이 뛰어나 누구나 부담 없이 즐길 수 있는 트레킹 코스다.

라파타이아 구역 트레일은 라파타이아 만과 습지, 숲을 잇는 여러 개의 짧은 트레일로 구성되어 있다. 각각의 트레일은 최대 1.3km(30분 소요)부터 짧게는 500m(15분 소요)까지 다양하다. 국립공원에서는 모든 트레일을 구분해 소개하고 있지만, 사실 걷다 보면 모두 자연스럽게 이어지는 길이기 때문에 큰 의미는 없다. 전체 구간을 다 걸어도 3시간 정도면 충분하다. 경사가 거의 없어 누구나 가벼운 마음으로 트레킹이 가능하다. 호수와 습지 지대를 걸으며 조류를 관찰하고, 잔잔한 세상의 끝의 풍경을 느끼기에 최적인 코스다. 티에라 델 푸에고 국립공원 당일 투어 관광객들은 대부분 이곳에서 1~2시간가량 시간을 보낸다.

1, 2, 3 티에라 델 푸에고 트레킹 5구간 라파타이아 트레일은 여러 개의 짧은 트레일로 연결되어 있으며, 누구나 가볍게 트레킹을 할 수 있을 만큼 쉽다

① 센다 파세오 데 라 이슬라
Senda Paseo de la Isla

라파타이아 만으로 진입하며 이 구역의 트레일을 시작하는 지점이다. 해변을 따라 걷게 되며 트레일 끝에 캠핑장이 위치한다. 트레일 길이는 1.3km, 소요 시간은 30분이다.

② 센다 라구나 네그라
Senda Laguna Negra

라구나 네그라 호수 전망대로 이어지는 길이다. 호수 뒤로는 우뚝 솟은 설산이 있다. 이 설산이 호수에 비치는 반영이 매우 멋지다. 트레일 길이는 500m, 소요 시간은 15분이다.

③ 센다 카스토레라 Senda Castorera

매우 짧은 트레일이지만, 길 끝에 매우 독특한 풍경이 있다. 바로 비버들이 만든 비버댐Beaver Dam이다. 비버댐에는 흥미로운 역사가 있다. 과거 티에라 델 푸에고 지역에는 비버가 서식하지 않았다. 비버는 1946년 모피 산업을 목적으로 캐나다에서 25마리를 들여왔다. 그 후 비버 모피 산업은 실패로 돌아갔다. 그러나 천적이 없는 비버는 빠르게 번식해 지금은 10만 마리 이상으로 급증했다. 거대한 비버댐은 이 지역 우세종으로 자리잡은 비버의 흔적이다. 트레일 길이는 200m, 소요시간은 20분이다.

④ 센다 미라도르 라파타이아
Senda Mirador Lapataia

라파타이아 만과 3번 국도의 종점까지 이어지는 트레일이다. 라파타이아 만의 파노라마 풍경을 만날 수 있다. 트레일 길이는 980m, 소요시간은 30분이다.

⑤ 센다 델 투르발 Senda del Turbal

④번 센다 미라도르 라파타이아 트레일과 끝나는 지점이 같지만 조금 더 돌아가는 길이다. ③번 센다 카스토레라 트레일로 접근하려면 이 길로 가야 한다. 트레일 길이는 1.3km, 소요시간은 40분이다.

⑥ 센다 데 라 바리자 Senda de la Baliza

3번 국도(RUTA 3)의 종점이자 라파타이아 만 구역 마지막 트레일의 시작점이다. 차가 갈 수 있는 도로는 여기가 끝이지만, 트레일을 따라 좀 더 걸어 들어가 세상의 끝을 향해 갈 수 있다. 해안 습지와 개울을 따라 여유롭게 트레킹이 가능하다. 길의 끝에는 바리자 등대Baliza Lighthouse가 외로이 바다를 바라보며 서 있다. 트레일 길이는 1.2km, 소요 시간은 30분이다.

5구간 라파타이아 구역 트레킹 안내도

티에라 델 푸에고 국립공원 찾아가기

우수아이아의 많은 여행사에서 티에라 델 푸에고 국립공원을 방문하는 당일 투어 상품을 많이 판매한다. 하지만 가격도 비쌀 뿐더러 대표적인 전망대나 포인트 몇 곳만 가고 돌아오는 상품이 대부분이다. 그래서 트레킹을 좋아하거나 진짜 이곳의 매력을 느껴보려면 투어 상품 없이 직접 방문하는 것이 좋다.

콤비(합승 승합차)

버스터미널 옆 콤비 티켓 판매 사무실이 있다. 이곳에서 티켓을 구매해 승합차를 타고 국립공원까지 이동이 가능하다. 국립공원 입구, 세상의 끝 기차역, 라파타이아 만 포인트, 방문자 센터 중 하차 지점을 선택할 수 있다. 내릴 때 우수아이아로 복귀하는 시간과 탑승 장소를 말하면 된다. 티켓 가격은 왕복 25USD(3만ARS).
우수아이아 출발 09:00, 10:00, 11:00, 12:00, 14:00 **국립공원에서 복귀** 15:00, 17:00, 19:00.

택시 또는 우버

우수아이아 시내에서 택시나 우버를 이용해 국립공원 입구까지 갈 수 있다. 소요시간은 약 20분, 요금은 16USD(2만ARS) 정도 한다. 택시나 우버는 국립공원 내부로 들어갈 수 없다. 국립공원 입구에서 하차해 걸어 들어가야 한다.

세상의 끝 기차

세상의 끝 기차를 타고 국립공원 내에 위치한 기차역까지 갈 수 있다. 증기기관차가 끄는 예스러운 기차를 타고 트레킹을 하는 특별한 경험을 할 수 있다. 우수아이아에서 국립공원 내 기차역까지 소요시간은 1시간.
기차 출발시간 09:30, 12:00, 15:00(9월~4월)

마르티알 빙하 트레킹

마르티알 빙하Glaciar Martial는 우수아이아에서 가장 쉽게 접근할 수 있는 빙하 중 하나다. 거리도 가깝고 접근성이 좋아 반나절 혹은 하루 일정으로 트레킹을 즐기기에 좋다. 비교적 짧은 트레킹이지만, 끝까지 오르면 탁월한 조망을 즐길 수 있다. 마르티알 빙하의 장엄한 풍경과 우수아이아 시내, 그리고 비글 해협의 절경을 감상할 수 있다.

우수아이아 도심에서 트레일 시작점까지는 택시를 이용하는 게 편하다. 트레일 시작점까지는 택시로 15분 소요(요금 8USD)된다. 트레일 입구에 라 카바냐 티 하우스La Cabaña Tea House라는 카페(주소: Luis Fernando Martial 3560)가 있어 이정표로 삼으면 된다. 시간과 체력이 있다면 우수아이아 시내에서 트레일 입구까지 걸어갈 수도 있다. 구불구불한 도로를 따라 걸으며 약 2시간 정도 걸린다.

트레일 시작점은 과거 스키장으로 사용되었던 곳이다. 지금은 스키장이 폐쇄되었으며 리프트 흔적만 남아 있다. 트레일 초반은 넓고 완만한 흙길이다. 과거 스키장 슬로프가 있던 곳이라 길이 매우 넓다. 이곳을 지나 30분쯤 가면 울창한 숲으로 이어진다. 트레일은 완만한 오르막이라 크게 힘들지는 않다. 다만 비가 온 뒤에는 길이 질퍽해질 수 있어 주의가 필요하다.

트레킹을 시작해 한 시간가량 지나면 숲을 빠져나와 시야가 넓어진다. 뒤를 돌아볼 때마다 우수아이아 시내와 비글 해협이 한눈에 들어오기 시작한다. 경사도 조금씩 가팔라진다. 오르막길도 흙길에서 자갈과 돌길로 변한다. 트레킹 중간에 과거 스키장 리프트 정류소로 사용되었던 곳에서 휴식을 취하며 우수아이아의 전망을 즐길 수 있다. 이 포인트부터 본격적인 등반 구간이다. 가파른 오르막길에 바람도 강하게 분다. 여름에도 길 주변으로는 눈과 얼음이 쌓여 있어 주의해야 한다.

스키장 리프트 정류소에서 40분쯤 가파른 돌길을 오르면 마르티알 빙하 전망대에 도착한다. 산 꼭대기에 있는 마르티알 빙하는 흙이 섞여 있어 우리가 상상하는 눈부시게 파란 빙하는 아니다. 그래도 정상에서 바라보는 파노라마 뷰는 그야말로 장관이다. 날씨가 좋다면 하늘 아래 펼쳐진 우수아이아 시내, 비글 해협, 그리고 멀리 있는 섬들까지 모두 감상할 수 있다.

트레킹 난이도 중급 **트레킹 일정** 당일 **트레킹 길이** 왕복 7km **트레킹 시간** 왕복 4시간
최고 고도 835m **입장료** 8USD(1만ARS)

1 마르티알 빙하 트레일 초반의 넓고 완만한 길
2 트레일을 따라 조금만 올라가면 우수아이아가 한눈에 담긴다
3 마르티알 빙하와 눈으로 덮인 트레일

에스메랄다 호수 트레킹

라구나 에스메랄다Laguna Esmeralda는 빙하가 녹아 만들어진 옥빛(에메랄드) 호수와 멋진 산세가 펼쳐지는 곳이다. 울창한 숲부터 설산 봉우리들까지 다채로운 풍경을 감상할 수 있는 매력적인 트레킹 코스다. 매우 완만한 코스라 초보자도 도전할 수 있다.

트레킹 시작점은 우수아이아 시내에서 국도 Ruta 3을 따라 약 20km 떨어진 지점에 있다. 거리가 멀어 이곳까지는 차량으로 이동해야 한다. 대부분 택시나 투어 차량, 버스터미널의 콤비(합승 승합차)를 이용한다. 트레킹 출발 지점에 'Laguna Esmeralda'라는 작은 표지판이 있다. 이 표지판을 따라 들어가면 순간 신비로운 분위기에 휩싸인다. 트레킹을 나선 지 1분 만에 도로를 벗어나 얇고 길다란 나무들이 빼곡히 차 있는 독특한 느낌의 숲 속으로 들어서게 된다.

트레일은 직선으로 라구나 에스메랄다까지 이어져 있다. 길도 완만해서 전혀 어렵지 않다. 하지만 비나 눈이 내린 뒤에는 트레일 대부분이 진흙탕으로 변한다. 트레킹을 나설 때 이에 대한 준비를 반드시 해야 한다. 진흙탕길은 일반 운동화로는 걷는 게 꽤 힘들다. 등산 스틱이 있다면 꼭 챙겨가자. 큰 도움이 된다. 트레일 중간중간 나무 데크를 설치하는 공사를 하고 있다. 데크가 있는 구간은 대부분 주변 풍경이 매우 아름답다.

30분 정도 숲길을 걷고 나면 넓은 개활지와 습지 구간을 지나게 된다. 경사는 완만하지만, 길이 미끄러울 수 있으니 주의하자. 마지막 구간으로 갈수록 점차 바위가 많은 지형으로 바뀌며 오르막길이 시작된다. 길 자체는 많이 힘들지는 않다. 올라갈수록 점점 빙하와 호수의 존재감이 느껴진다. 라구나 에스메랄다에 도착하면 말 그대로 에메랄드빛의 호수가 펼쳐진다. 맑은 날 햇빛을 받아 빛나는 청록색 호수빛이 정말 아름답다. 호숫가는 편하게 앉아 쉬며 간식을 먹기 좋다. 호숫가 바로 옆에 캠핑장도 있다. 화장실 조차 없는 완전한 노지 캠핑장이지만, 준비만 잘 해서 오면 특별한 하룻밤을 보낼 수 있다.

트레킹 난이도 평이함 **트레킹 일정** 당일 **트레킹 길이** 왕복 9.6km **트레킹 시간** 왕복 4시간
최고 고도 450m **입장료** 무료

1 에스메랄드 호수 트레일은 중간중간 나무 데크가 있어 걷기 편하다
2 높이 치솟은 나무 사이로 이어진 트레일
3 트레일 정상에 있는 에메랄드빛 에스메랄다 호수와 빙하를 이고 있는 산

EAT

우수아이아는 세계적인 관광지 답게 전통적인 식당부터 팬시한 레스토랑까지 다양한 식당이 있다. 특히 신선한 해산물이 유명한데, 남극해에서 잡히는 킹크랩Centolla과 대구Merluza가 가장 대표적이다. 다만 관광지이다 보니 물가는 비싼 편이다. 일반 식당에서는 2만 원 내외, 고급 레스토랑에서는 5만 원 이상을 생각해야 한다. 카페나 빵집에서 샌드위치류를 1만 원 정도에 구매해 트레킹에 가져갈 수 있다.

엘 비에호 마리노 El Viejo Marino

우수아이아에서 가장 유명한 식당이다. 언제 가도 대기줄이 있고 사람이 많다. 킹크랩Centolla이 가장 유명하다. 여럿이 간다면 킹크랩 한 마리 통째로 삶아주는 센토야 엔테라Centolla Entera를 주문하자. 큰 사이즈의 킹크랩 가격은 130USD 정도로 합리적이다. 혼자라면 킹크랩을 이용한 요리를 비롯해 다른 해산물 요리도 먹어보자. 단, 스노우크랩Snowcrab은 킹크랩과 비슷한 모양에 크기는 절반쯤 되는 게인데, 킹크랩보다 맛이 떨어져 추천하지 않는다.

주소 Av. Maipú 227 **오픈** 11:00~14:30 / 19:00~22:30 (일요일 휴무) **추천 메뉴** 킹크랩 큰 사이즈Centolla Entera Tamaño Grande 130USD(16만ARS), 해산물 카수엘라 Cazuela de Mariscos 16USD(2만ARS)

라모스 헤네랄레스 엘 알마센 Ramos Generales El Almacén

우수아이아에서 가장 유명한 명소이자 카페다. 과거 이민자가 살던 집으로 100년이 넘는 세월이 그대로 묻어 있다. 1906년에 지어진 건물을 100년 후인 2006년 카페로 개조했다. 초기 이민자 가족이 사용하던 물품이 잘 보존되어 있어 마치 박물관에 들어온 듯한 느낌마저 든다. 커피, 디저트, 간단한 식사까지 가능하다. 펭귄잔에 담아주는 수제 맥주가 유명하다.

주소 Av. Maipú 749
오픈 09:00~24:00
추천 메뉴 커피류 2.5USD~ (3,100ARS~), 시금치 말파티 파스타 Malfatis de Espinacas 20USD (2만3,000ARS)

타베르나 델 비에호 로보 Taberna Del Viejo Lobo

우수아이아 메인 도로 Av. San Martín에서 가장 유명한 식당 중 하나다. 항상 관광객들로 북적인다. 레스토랑 창밖으로 우수아이아 항구와 비글 해협의 오션뷰가 아름답다. 또 내부 인테리어도 테마파크에 온 것처럼 재미있게 꾸몄다. 메뉴가 다양하다. 킹크랩을 레몬 크림에 요리해 빵에 담아 나오는 신메뉴와 오징어 튀김이 특히 맛있다.

 주소 Av. San Martín 160 **오픈** 12:00~24:00(월요일 휴무) **추천 메뉴** 킹크랩 빠네Centolla en Pan de Campo 50USD(6만500ARS), 오징어 튀김Rabas con Salsa Brava 15USD(1만8,000ARS)

보데곤 푸에귀노 Bodegón Fueguino

꽤 큰 레스토랑이지만 항상 줄이 길게 서 있다. 따뜻한 분위기와 맛있는 음식, 합리적인 가격까지 평이 정말 좋다. 양고기 요리가 특히 맛있다. 한식을 먹기 힘든 파타고니아에서 밥이 그리울 때 맛있는 쌀 요리도 먹을 수 있다.

 **주소** Av. San Martín 859 **오픈** 12:00~14:45, 20:00~23:45 (월요일 휴무) **추천 메뉴** 호박 푸레를 곁들인 양파 소스 양고기 요리Cordero en Salsa de Verdero con Pure de Calabaza 13.5USD(1만6,100ARS), 해산물밥Arroz con Mariscos 15.5USD(1만8,500ARS)

도디 Dody

합리적인 가격에 다양한 빵을 파는 작은 베이커리다. 가격은 마트보다 저렴하지만, 맛은 월등히 뛰어난 빵집이다. 츄러스 전문점이지만, 도너츠Dona, 페스츄리Pastelito, 쫄깃한 치즈빵Pan de Queso도 맛있다. 테이크아웃만 가능하다.

 **주소** Av. San Martín 857 **오픈** 09:30~20:30(일요일 휴무) **추천 메뉴** 페스츄리 1.3USD(1,550ARS), 도너츠 0.8USD~ (1,000ARS~)

> **TIP**
>
> **우수아이아 마트와 장보기**
>
> 우수아이아 중심가에서 도보로 갈 수 있는 마트 라 아노니마La Anónima 가 두 곳 있다. 엄청 크진 않지만, 식료품을 비롯해 일상생활에 필요한 대부분의 상품을 취급한다. 중심 거리인 Av. San Martín에는 캠핑용품을 취급하는 매장이 꽤 많아 이소가스, 트레킹 용품 등을 구하는 게 어렵지 않다.

밤부 레스토랑 Restaurant Bamboo

물가 비싼 우수아이아에서 아르헨티나 정통 바비큐 아사도를 무제한으로 먹을 수 있는 레스토랑이다. 고기 질은 다른 레스토랑과 비교해 크게 다르지 않고 맛이 좋은 편이다. 중국인이 운영하는 레스토랑으로 고기 외에 여러 음식들도 뷔페식으로 즐길 수 있다. 한국인 입맛에 잘 맞는 음식도 많다. 정통 양고기 아사도를 포함해 소고기, 각종 아시아풍 요리가 무제한 제공된다.

주소 Av. San Martín 98
오픈 12:00~15:30, 19:30~23:30
추천 메뉴 뷔페 Tenedor Libre 27USD(3만2,800ARS)

백패커보다 관광객이 많은 우수아이아는 파타고니아의 다른 도시들과는 달리 호텔, 리조트 위주의 숙소가 많고 가격대도 비싸다. 백패커를 위한 호스텔도 없진 않지만, 다른 도시들에 비해 수가 적다. 캠핑장은 도시 중심과 트레킹 포인트에서 상당히 멀어 사실상 이용하기 힘들다. 호스텔은 평균 1박에 30USD, 중급 호텔은 80USD 정도로 가격이 형성되어 있다.

엘 레푸히오 롯지 호스텔 El Refugio Lodge Hostel

우수아이아에서 많은 배낭 여행자들에게 사랑 받는 호스텔이다. 메인 거리에서 한 블럭 떨어진 곳에 있어 위치도 좋고 조용하다. 조금 오래된 건물이지만 물품 보관소, 식당, 공용 공간 모두 깔끔하게 운영된다.

주소 25 de Mayo 231
가격 4인용 도미토리 27.5USD (3만3,000ARS), 개인실 58USD (7만ARS)

아눔 호스텔 Anum Hostel

우수아이아 중심 거리 산 마르틴 중심가에 있어 위치가 정말 좋다. 도미토리 침대가 매우 깔끔하고, 개별 커텐이 설치되어 있어 좋다. 침대마다 콘센트가 있는 것도 매우 편리하다. 좋은 시설과 좋은 위치, 가격도 저렴해서 추천하고 싶은 호스텔이다.

주소 Cmte. Luis Piedrabuena 118
가격 6인용 도미토리 25USD(3만ARS), 개인실 66.5USD(8만ARS)

플로르 아우스트랄 호텔 Flor Austral Hosteria

우수아이아 중심의 끝 낮은 언덕에 자리 잡은 부티크 호텔이다. 호텔 로비와 레스토랑 통창으로 보이는 우수아이아 풍경이 아름답다. 따뜻하고 아늑한 분위기와 바다 전망을 보며 편히 쉴 수 있는 곳이다. 조식도 매우 맛있다. 객실 가격도 비교적 합리적이다. 중심까지는 걸어서 15분 정도 걸린다.

주소 Gdor. Deloqui 1522
가격 더블룸 75USD(9만ARS)

호텔 모나코 Hotel Mónaco

우수아이아에서 가성비가 매우 좋은 호텔이다. 호스텔의 개인실과 가격은 거의 비슷하지만, 호텔 수준의 서비스와 시설을 제공한다. 객실은 심플하면서도 만족스럽다. 호텔 위치도 시내 중심과 멀지 않아서 편리하다. 높은 층에서는 우수아이아의 시내와 앞바다가 보이는 전망도 아름답다.

주소 Av. San Martín 1355 **가격** 더블룸 70USD(8만4,000ARS)